U0606768

说耻

邓
剑
华　著

新华出版社

图书在版编目（CIP）数据

说耻 / 邓剑华著 . -- 北京：新华出版社，2022.9

ISBN 978-7-5166-6461-2

Ⅰ.①说… Ⅱ.①邓… Ⅲ.①高等学校－德育－研究

－中国 Ⅳ.① G641

中国版本图书馆 CIP 数据核字 (2022) 第 178854 号

说耻

作　　者：邓剑华	
责任编辑：唐波勇　张云杰	封面设计：优盛文化

出版发行：新华出版社

地　　址：北京石景山区京原路 8 号　　　邮　　编：100040

网　　址：http://www.xinhuapub.com

经　　销：新华书店、新华出版社天猫旗舰店、京东旗舰店及各大网店

购书热线：010-63077122　　　　中国新闻书店购书热线：010-63072012

照　　排：优盛文化

印　　刷：石家庄汇展印刷有限公司

成品尺寸：170mm×240mm

印　　张：15.75　　　　　　　　字　　数：282 千字

版　　次：2022 年 9 月第一版　　　印　　次：2022 年 9 月第一次印刷

书　　号：ISBN 978-7-5166-6461-2

定　　价：88.00 元

版权专有，侵权必究。如有质量问题，请与印刷厂联系调换：0311-68099701

序

　　新冠肺炎疫情居家期间，幸喜读湘南学院邓剑华老师新著的《说耻》，总算打发了一些时光。该书虽说有导论和4章，分为13节，大约20万字的篇幅，却因其近乎散文，比较好读。作者既有思想政治教育的学术背景，又有一定的写作功底，对内容和文字驾轻就熟，使我读之受益匪浅。

　　"说耻"是中华民族的一个古老话题，至今仍然演绎不衰，前些年人们还在背诵"八荣八耻"就是明证。为何作者要围绕一个"耻"字来做文章呢？"耻"虽然是人们极其避讳的字眼，却是人生走向成功的必经之路。"知耻近乎勇"这句出自《礼记·中庸》的话饱含哲理性，亦有一定的真理性，人们一直对其津津乐道。正如孟子所说："羞恶之心，义之端也。"这种道德感体现着人性的尊严，是社会正义的心理基础。殊知，知耻而后勇，正是千百年来中华美德的结晶。

　　说耻必先"知耻"，即知道羞愧和荣辱，这是自尊的表现。明代吕坤说过："五刑不如一耻，百战不如一礼，万劝不如一悔。"明末清初大儒顾炎武则认为，礼义廉耻四维，耻尤为要，是礼、义、廉的基础和前提。唯有知耻，才有自尊。"知耻"方能不乱为。"知耻"是一个正常人所具有的基本道德感。人之有所不为，皆赖有知耻之心。自不知耻，何以为勇？遇事知耻而后勇，便成为自古以来许多名家志士的真实写照。

春秋时期的政治家管仲，是在治国实践中注重社会耻感的第一人。历史上"知耻而后勇"的故事有很多，面对"耻"而能坦然处之，宠辱不惊，其待人接物或处世之度必非等闲之辈。例如，越王勾践兵败做了吴国的奴隶，他含羞忍辱，获释回国，卧薪尝胆，十年报仇；亡国之君南唐后主李煜，回首往事，写下"故国不堪回首月明中"等大量诗词，成为千古绝唱；唐代诗人杜牧饱受战火和颠沛流离之苦，叹息"隔江犹唱后庭花"，道出了忧国忧民的一片深情……但凡承认耻辱而不甘沉沦的人，即使像微弱的一点火星，最终也可以形成燎原之势。人若达此境界，也不枉此生。

一个人具有正确的荣辱观，知善知恶、知是知非、知荣知耻，就会有所为，有所不为。一个民族如此，一个人也是如此。因此，不仅个人的文明生活是与人的知耻之心紧紧联系在一起的，而且一个社会的治乱也是与人们的知耻之心紧紧联系在一起的。社会主义荣辱观是社会主义先进文化的组成部分，这种先进文化不是少数社会精英的文化，而是大众文化。树立社会主义荣辱观和建设良好的社会风气，只靠少数先进分子是不够的，而要广泛动员人民群众参与其中，使一切邪恶和不良现象在光天化日之下曝光，无所遁形。

人人知耻，则正义流行；人人无耻，则邪恶大行其道。历史上所有政治家在治国之时，无不注重对人心的治理。行自身出，身由心使。正因为人们的"耻感"即"荣辱观"不是一件小事，关乎国家的生灭、民族的存亡，启发了作者写作的冲动。作者成书的初衷，基于"学校教育，育人为本；德智体美，德育为先"的育人理念，而当前高校德育的中心地位却发生了偏移，乃至于被边缘化。作者在写作时广泛收集资料，加上平日的知识积累和研究心得，终于写出了一本雅俗共赏的读物——从"说耻"入手到引导学生怎么"做人"，供扶正培本、正本清源，达到立德树人的目的。看来，这个目的作者做到了。

该书是作者 2016 年度湖南省社科基金项目"高校开展耻感教育以提升大学生思想道德素质的研究"和 2020 年湖南省社科基金高校思政教育项目"高校立德树人视域下传承弘扬中华优秀传统文化的研究"之成果，此书对"耻文化"有进一步的认知。"耻文化"对个体成人有其重要性，从某种角度来说，对医治当前社会道德滑坡亦可谓是一剂良方。如果每一个个体都能够涵养耻德，并随时矫正自身言行，那么我们构建文明社会的目标指日可待。相信此书对良好社会道德的树立和个人的成长成材会大有裨益。

　　特撰以上话语，权且为序，顺祝邓剑华的新作问世，并在今后取得更多成果。

曾长秋

2022 年 4 月于长沙梅溪湖寓所

（序作者为中南大学教授、博士生导师，湖南省网络德育研究基地首席专家）

目 录

导 论

教之耻为先。

——（清）龚自珍

第一节　探究耻文化缘由

青年是祖国的未来、民族的希望。党和国家领导人历来高度重视青年教育培养、关怀青年成长成才、信任青年担当作为，始终坚持把青年作为推进党和国家事业发展的生力军。党和国家领导人寄望通过一代又一代青年的接续奋斗，确保在 21 世纪中叶实现第二个百年奋斗目标，把我国建成富强民主文明和谐美丽的社会主义现代化强国，最终一圆鸦片战争以来仁人志士所追寻的中华民族伟大复兴的中国梦，在世界民族之林中彰显中华民族之伟大荣光，最终一洗"国家蒙辱、人民蒙难、文明蒙尘"的屈辱。1957 年 11 月 17 日，时任主席毛泽东访问苏联时，在莫斯科大学接见了留苏大学生代表，毛泽东语重心长地对他们说："世界是你们的，也是我们的，但是归根结底是你们的。你们青年人朝气蓬勃，正在兴旺时期，好像早晨八九点钟的太阳。希望寄托在你们身上。" 2021 年 4 月 19 日，习近平总书记在清华大学与青年大学生座谈时，谆谆教导他们，说："广大青年要肩负历史使命，坚定前进信心，立大志、明大德、成大才、担大任，努力成为堪当民族复兴重任的时代新人，让青春在为祖国、为民族、为人民、为人类的不懈奋斗中绽放绚丽之花。" 2021 年 7 月 1 日，在天安门广场举办的庆祝中国共产党成立一百周年的隆重集会上，习近平总书记站在天安门城楼，铿锵有力地向全国青年说："未来属于青年，希望寄予青年。一百年前，一群新青年高举马克思主义思想火炬，在风雨如晦的中国苦苦探寻民族复兴的前途。一百年来，在中国共产党的旗帜下，一代代中国青年把青春奋斗融入党和人民事业，成为实现中华民族伟大复兴的先锋力量。" 习近平总书记在讲话中向新时代的中国青年再一次发出号召，"要以实现中华民族伟大复兴为己任，增强做中国人的志气、骨气、底气，不负时代，不负韶华，不负党和人民的殷切期望！"党和国家领导人还将对青年的关注、关怀、关爱还写入了党的十九大报告中，旗帜鲜明地说："青年兴则国家兴，青年强则国家强。青年一代有理想、有本领、有担当，国家就有前途，民族就有希望。中国梦是历史的、现实的，也是未来的；是我们这一代的，更是青年一代的。中华民族伟大复兴的中国梦终将在一代代青年的接力奋斗中变为现实。全党要关心和爱护青年，为他们实现人生出彩搭建舞台。广大青年要坚定理想信念，志存高远，脚踏实地，勇做时代的弄潮儿，在实现中国梦的生动实践中放飞青春梦想，在为人民利益的不懈奋斗中书写人生华章！"大学生作为青年中的优秀群体，务必在"功成不必在我，功成必定有我"信念指引下，以"为世界进文明，为人类造幸福，以青春之我，创建青春之家庭，青春之国家，青春之民族，青春之人类，青春之地球，青春之宇宙"的雄心壮志，切实担负起社会进步、国家发展的历史重任，在实现中国梦的长征路上共画同心圆、共筑中国梦，创造出更好更辉煌的成绩，让青春在奉献中焕发出流光溢彩！

一、当前高校德育所面临的困境

党和国家领导人对于大学生的培养在政策制定上给予了大力的扶持，如本专科教育对大学生的资助政策，包括"奖贷助勤补免＋绿色通道"等多元混合资助，确保大学生不因家庭困难而失学。各级教育管理部门和学校在落实政策上予以了不折不扣的兑现，为大学生成长成才提供了坚强保障。同时，党和国家期望大学生在推进国家发展、服务地方建设上提供智力支撑，实现教育强国、科教兴国的战略目标。在实施《高校开展耻感教育以提升大学生思想道德素质的研究》的过程中，笔者对在校大学生思想道德现状进行问卷调查，通过分析获取的数据得到的结果显示：积极、健康、向上是当代大学生思想道德的主流。但是部分大学生的表现差强人意，与党和国家的期望相距甚远，有的大学生乃至背道而驰。他们在社会上各种消极因素的影响和冲击下，在道德取向上产生了扭曲，在价值观念上出现了错位，在科学探索上发生了偏移，导致他们的思想道德、文化素质等方面严重滑坡。这部分令人担忧的大学生的思想道德现状主要表现为：理想信仰逐渐淡化，价值取向逆转；道德觉悟每况愈下，公德意识日渐缺乏，是非、善恶、美丑、荣辱界限混淆；考试舞弊、论文抄袭、恶意欠费、借贷不还等非诚信思想受到热捧；拜金主义、享乐主义、极端个人主义等思想渐渐抬头且呈蔓延之势。这与笔者这些年在从事大学生教育管理工作过程中观察、了解到的情况基本吻合，高校德育工作者对此必须予以高度重视，并将其扼杀于萌芽状态之中。须知若不遏制这股苗头，任其蔓延其势必会由"星星之火"发展成"燎原"之势。那时首先受到冲击的是高校德育，高校将无法完成为党育人、为国育才的立德树人的根本任务；无法有效引导大学生培育和践行社会主义核心价值观①；无法为构建社会主义和谐社会②和创建"三清"③社会奠定坚实的基础；无法坚持"为人民服务，为中国共产党治国理政服务，为巩固和发展中国特色社会主义制度服务，为改革开放和社会主义现代化建设服务"④的社会主义办学方向；无法贯彻落实"坚持教育为社会主义现代化建设服务、为

① 社会主义核心价值观是社会主义核心价值体系的重要体现，社会主义核心价值体系基本内容凝练为富强、民主、文明、和谐，自由、平等、公正、法治，爱国、敬业、诚信、友善。在社会主义核心价值观基本内容中，富强、民主、文明、和谐是国家层面的价值目标，自由、平等、公正、法治是社会层面的价值取向，爱国、敬业、诚信、友善是公民个人层面的价值准则。
② 社会主义和谐社会是中国共产党 2004 年提出的一种社会发展战略目标，指的是一种和睦、融洽并且各阶层齐心协力的社会状态。2004 年 9 月 19 日，中国共产党第十六届中央委员会第四次全体会议上正式提出了"构建社会主义和谐社会"的概念。和谐社会的主要内容包括民主法治、公平正义、诚信友爱、充满活力、安定有序、人与自然和谐相处。社会主义和谐社会的具体含义：一是个人自身的和谐，二是人与人之间的和谐，三是社会各系统、各阶层之间的和谐，四是个人、社会与自然之间的和谐，五是整个国家与外部世界的和谐。
③ "三清"指"干部清正、政府清廉、政治清明"。这是党的十八大报告中提出的和谐社会建设的新观点、新要求。
④ 习近平.用新时代中国特色社会主义思想铸魂育人贯彻党的教育方针落实立德树人根本任务 [N].经济日报，2019-03-19（16）.

人民服务，把立德树人作为教育的根本任务。全面实施素质教育，培养德智体美劳全面发展的社会主义建设者和接班人，努力办好人民满意的教育"①的新时期党的教育方针。凡此种种，将令肩负"人才培养、科学研究、社会服务、文化传承创新、国际交流合作"②的象牙塔蒙羞。随之而来的社会问题是"物质丰富了，道德沦陷了"③。社会风气不会随大学毕业生的融入而得到改善、净化，即将要实现的中华民族伟大复兴的中国梦也会变成"水中月，镜中花"，变得可望而不可即。恶性循环的结果将使这些年来社会主义经济建设、政治建设、文化建设、社会建设、生态文明建设的"五位一体"总体布局所取得的成果化为乌有。

进一步研究发现，造成当前部分大学生价值取向多元困境的因素是多方面的，集中体现在如下方面：

（一）家庭教育有瑕疵

习近平总书记在许多的重要场合强调要有良好的家风，父母是子女的第一任老师，一定要帮助子女扣好人生的"第一粒扣子"。然而，部分家庭忘记了老祖宗奉为育子圭臬的"教妇初来，教儿婴孩"（颜之推《颜氏家训·教子》）早教思想。对于早教思想，颜之推④认为"生子咳提，师保固明孝仁礼义，导习之矣。凡庶纵不能尔，当及婴稚，识人颜色，知人喜怒，便加教

---

① 中华人民共和国教育部.中华人民共和国教育法 [EB/OL].（2019-12-23）[2022-01-02].http://www.moe.gov.cn/jyb_sjzl/sjzl_zcfg/zcfg_jyfl/202107/t20210730_547843.html.
② 王晓平，朱俊颖.高校五大职能，音乐院系何为？——"海口国际音乐教育论坛"述评 [J].交响：西安音乐学院学报，2019，38（2）：3.
③ 邓剑华.《论语》修身论 [M].济南：山东大学出版社，2015：133.
④ 颜之推（531 年—约 597 年），字介，生于江陵（今湖北省江陵县），祖籍琅琊临沂（今山东省临沂市），中国古代文学家、教育家。出身名儒世家，然生逢乱世，历经波折，先后在南梁、北齐、北周和隋四朝为官。博学多识，一生著述甚丰，所著书大多已亡佚，今存《颜氏家训》和《还冤志》两书，《急就章注》《证俗音字》和《集灵记》有辑本。

诲，使为则为，使止则止。比及数岁，可省笞罚。父母威严而有慈，则子女畏惧而生孝矣"（颜之推《颜氏家训·教子》），落实早教思想让孩子在青少年时期养成良好的社会伦理道德行为习惯，孩子长大后在社会生活中将很好地遵循社会伦理道德规范，轻松地融入主流社会，所谓"少成若天性，习惯如自然"（颜之推《颜氏家训·教子》）。然而，当前大学生多数是独生子女，即便不是独生子女，他们在家中依然拥有"小皇帝""小公主"的身份与地位，父辈祖辈为他们提供的是"含在嘴里怕化了，捧在手里怕摔了"的溺爱成长环境，以至于出现"饮食运为，恣其所欲，宜诫翻奖，应诃反笑，至有识知，谓法当尔。骄慢已习，方复制之，捶挞至死而无威，忿怒日隆而增怨，逮于成长，终为败德"（颜之推《颜氏家训·教子》）的家庭教育乱象，长大后成为不受约束的"一粒老鼠屎，打坏一锅汤"的班级刺头①。由于他们从小过着"衣来伸手，饭来张口"的养尊处优的神仙日子，惯成了自私自利的个人中心主义，从内心深处认为"人人为我"是天经地义的，也是理所当然的，信奉"人不为己，天诛地灭"的人生信条。他们在集体生活中一旦需要"我为人人"，在接受他人的服务也要为他人奉献爱心之时，便无法正确面对，造成与他人的人际关系异常紧张，对磕磕碰碰的小问题也会小题大做，甚至大打出手。笔者曾经遇到这样一名大学生，其特立独行的行为引起班级同学尤其是寝室室友的不快，找其谈话不自省，依旧我行我素。一次与同学拌嘴之后他把状告到他爷爷那儿，他爷爷不分青红皂白就打电话来质问辅导员，要替孩子强出头讨要说法，辅导员告知其真相后，他爷爷便说学校对其孙子不公，扬言要到学校闹事。可以想见，这样的家庭教育环境培养出来的孩子，其德性会高到哪儿？李天一强奸案、复旦大学上海医学院研究生林森浩投毒案就是典型的家庭教育出了问题的极端案例，足以引起父母对子女教育的深思。

---

① 刺头指遇事刁难不好对付的人，多指处处与人不和，不理解他人的所为，与人针锋相对。

（二）学校德育有落差

学校没有扎实开展行之有效的德育，没有很好地引导学生涵养正确的"三观"和社会主义核心价值观。虽然国家一再强调"学校教育，育人为本；德智体美，德育为先"的育人理念，但是学校德育的中心地位依旧发生了偏移，乃至于被边缘化，这是无可争辩的事实。

在中小学阶段德育的中心地位因为应试教育而被淡化，学校为了追求升学率，对学生的评价只以成绩论英雄。"一俊遮百丑"的现象比较普遍，只要学生学习成绩好，就是"三好学生""优秀学生干部"；"双差生"没人管或不敢管，任其自生自灭，成为社会弃儿。这就注定了中小学学生的德性养成处于"先天不足，后天失养"的窘境，导致"三观"尽毁的案例屡屡见诸报端，犯罪年龄下降就是这一社会现象的真实反映。

大学阶段德育中心地位受高校各类评估与检（巡）查、就业率排名等工作的挤压也逐渐被边缘化，辅导员整天忙于应对各类繁杂的事务性工作，无法保证把时间和精力全部投入到大学生思想政治教育工作中，真正应了"说起来重要，干起来次要，忙起来不要"的口头禅。加之大学生片面追求个性解放，进入大学校园后升学压力骤然释放，没有了父母和班主任的严加看管，他们全身心地感受到从束缚中解脱出来的轻松与惬意，因此，他们渴望过悠闲自在没有人说教的轻松日子，虽然他们表面唯唯诺诺，但是逆反心理让他们难于接受师长的谆谆教诲。

高校一些德育工作者的德育方式过于"简单粗暴"，流于形式，使德育效果落差更大。他们的德育方式表现为：一是德育内容单薄，缺少文化底蕴；二是德育形式单一，缺少有效的育人途径；三是不具有时代性，缺少与时俱进的激情。[①] 在德育过程中，还有一些德育工作者太过理想化，追求个

---

① 赵辛辰."文化"润"德"思考与实践 [J]. 中国教育学刊，2011（9）：87-89.

体成圣成贤，须知过于推崇"子贡赎人①"的道德境界，不能让人模仿学习因而没有宣传、示范、推广的意义。据《吕氏春秋·察微》记载，孔子②听闻子贡③赎人拒领赎金之后，并没有表扬子贡的德性高尚，相反却给予了严肃的批评，说"赐失之矣。自今以往，鲁人不赎人矣"。做好事不留名，这是常人可以做到的；但是像子贡这样贴钱做好事，常人根本没有办法做到，也就不会学习子贡，更不会在社会生活中做类似"子贡赎人"的价值选择。如果我们一开始就提倡"子贡赎人"的道德境界，让大学生感觉即使自己拼尽全力去提升自己的道德修为，自身德行也无法达到圣贤的境界，于是便放弃了对美好德行的追求，甚至抵制这样的道德教育。所以，我们要实施"子路受牛"④的底线伦理道德教育，在做好事的过程中，能够得到他人赞许，甚

---

① 出自《吕氏春秋·先识览·察微》："鲁国之法，鲁人为人臣妾于诸侯，有能赎之者，取其金于府。子贡赎鲁人于诸侯，来而让，不取其金。孔子曰：'赐失之矣。自今以往，鲁人不赎人矣。取其金则无损于行，不取其金则不复赎人矣。'"

② 孔子（公元前551年—公元前479年），子姓，孔氏，名丘，字仲尼，春秋末期鲁国陬邑人。孔子是春秋末期著名的思想家、政治家、教育家，为儒家学派的创始人，开创了私人讲学的先河。孔子被时人誉为"天纵之圣""天之木铎"，是当时社会上最博学的学者之一，被后世统治者尊为孔圣人、至圣、至圣先师、万世师表、文宣皇帝、文宣王，是当今"世界十大文化名人"之首。相传他有弟子三千人，其中贤弟子七十二人，曾带领部分弟子周游列国。孔子晚年修《诗》《书》，定《礼》《乐》，序《周易》，作《春秋》。孔子去世后，其弟子及其再传弟子把孔子及其弟子的言行语录和思想记录下来，整理编成著名的儒学经典《论语》。孔子所创立的儒家思想对中国乃至世界都有深远的影响，世界各地都有孔庙祭祀孔子。

③ 端木赐（公元前520年—公元前456年），复姓端木，字子贡，孔子学生，春秋末年卫国人。子贡是孔子的得意门生，位列孔门十哲，是孔子"受业身通"的弟子之一，孔子曾称其为"瑚琏之器"。子贡在孔门十哲中以言语闻名，利口巧辞，善于雄辩，且有济世才干，办事通达，曾任鲁国、卫国之相。子贡善货殖，曾经商于曹国、鲁国两国之间，富致千金，为孔子弟子中首富，后世有人奉之为财神。"端木遗风"指子贡遗留下来的诚信经商的风气，其"君子爱财，取之有道"之风，为后世商界所推崇。

④ 出自《吕氏春秋·先识览·察微》："子路拯溺者，其人拜之以牛，子路受之。孔子曰：'鲁人必拯溺者矣。'孔子见之以细，观化远也。"

至会得到物质奖赏，这样人人都会乐于行善，向上、向善的社会风气就会蔚然成风，乐善好施的行为自然在社会上风行。

高校德育内容一般化与一刀切现象严重，缺少层次性，缺乏有序性，缺欠科学性，没有针对性也就失去了德育开展的"土壤"，德育倡导价值理念的"种子"便注定无法生根发芽，这极大地挫伤了受教育者接受教育的积极性。那种"假大空"的口号主义教育，那种应付式的形式主义教育，让大学生觉得在浪费光阴、浪费感情，会在内心深处对德育产生一股强烈的抵制情绪，德育效果也就可想而知。

（三）社会风气有弊端

在改革开放逐渐深入的进程中，西方多元化的价值观也随着外资的引进在不知不觉中使人们的思维发生了潜移默化的改变，媚俗化①的社会风气越来越盛行，如"理想理想，有利就想；前途前途，有钱就图"。媚俗文化的段子起自底层，因其带有草根性②的"帽子"，让没有道德价值判断力的大学生也乐此不疲地进行跟风。可以说在西方价值取向多元化思潮的推波助澜下，媚俗文化越来越理直气壮地否定并欲取代传统的经典文化，这使得传统经典文化及其承载的传统美德在青年群体中的传承变得越来越难以为继，突出表现在社会生活中不再以谈吐温文尔雅为美，取而代之的是粗俗浅薄为时尚；婚姻不再以琴瑟和鸣从一而终为美，取而代之的是以曾经占有的异性多寡为荣；交往不再以诚实守信为美，取而代之的是成功骗取他人的财物为傲。这一社会现象的衍化，表现在学校德育中曾经占据重要位置的传统经典

---

① 媚俗即媚世，系蓄意讨好世俗之人和世俗之见。媚俗化与社会艺术的通俗化、大众化是毫不相干的，只不过是打着大众的、通俗的幌子贩卖庸俗的、低俗的乃至恶俗的文化垃圾或精神鸦片。

② "草根"直译自英文的 grass roots。有人认为它有两层含义：一是指同政府或决策者相对的势力；一是指同主流、精英文化或精英阶层相对应的弱势阶层。草根性包含两层意涵：一是群众的，基层的；二是基础的，根本的。

文化及其承载的传统美德已经从中心挤向边缘，传统社会所提倡的教育应教学生"明理、修身、治学、处事、接物之要"①被部分学生抛之脑后，以至于深入国人骨髓的伦理道德规范"孝悌忠信礼义廉耻"八德也在大学生群体中逐渐被冷落，引发了学校德育的文化困境与价值危机。导致高校德育效果出现这一怪相的原因主要集中在如下三方面。一是没有坚定的文化自信，漠视中华优秀传统文化的德育价值。高校在德育观念上缺乏对中华优秀传统文化的结晶——传世的经典、美文的"以文化人"德育价值的高度认同，体现出淡漠的文化情感。高校忽视经典也就意味着忽视传承传统美德的载体。二是传统文化被解构，导致中华优秀传统文化的传承碎片化。高校的德育目标没有经典文化的支撑，丧失了文化品格的建构，导致学生的文化品位降低，沉迷于消费文化与通俗文化，显得无知与无趣；导致文化道德的解构②，引起道德滑坡，使学生无法从内心深处激发出道德责任心和道德使命感。三是未落实"以文化人"理念，无视中华优秀传统文化的存在。德育形式缺乏传世经典文化的浸润，德育内容没有传世经典文化的覆盖，传世经典文化所倡导的"仁义礼智信"等传统价值观念在年轻一代身上的延续已经变得越来越困难。没有文化的德育，不是真正的德育。文化和德育理应彼此依存，互相浸润。为此，高校要充分利用中华优秀传统文化中的德育资源，用文化来引领德育，用文化来浸润德育，发挥文化引发、认同、固化及传承的价值功能，使德育走进人的心灵，走进人的精神，走进人的生命，从而达到以文化人的根本目的。

---

① 参见《白鹿洞书院学规》，是朱熹为了培养人才而制定的教育方针和学生守则。它集儒家经典语句而成，便于记诵。首先，它提出了教育的根本任务，是让学生明确"义理"，并把它见之于身心修养，以达到自觉遵守的最终目的。其次，它要求学生按学、问、思、辨的"为学之序"去"穷理""笃行"。再次，它指明了可以将修身、处事、接物之要作为实际生活与思想教育的准绳。

② "解构"概念源于海德格尔《存在与时间》中的"deconstruction"一词，原意为分解、消解、拆解、揭示等，德里达在这个基础上补充了"消除""反积淀""问题化"等意思。

二、高校德育成效欠佳的成因分析

韩愈[①]在《师说》中对教师的职责进行了明确的界定："师者，所以传道受业解惑也"。党的十九大报告明确指出，高校的根本任务是立德树人。然而在现实社会中"知识是谋生的手段""文凭是入职的敲门砖"的催动下，在各种教学检查、合格评估、专业认证的挤压下，专职从事大学生思想政治教育工作的辅导员成了跑龙套的角色，忙于应对各类繁杂的"副业"工作，其"主业"思想政治教育工作倒被束之高阁，导致高校所承担的"大学之道，在明明德，在亲民，在止于至善"（《礼记·大学》）的布道使命，即立德树人挂了"空挡"。社会上不良风气的影响，大学生逐渐走上了"重现实，轻理想；重技能，轻人文"的死胡同，使得从大学校园走出来的毕业生成了"知识技能相对较强，道德关怀几近冷漠"、"金钱与权力至上，崇尚自由与自我"的"次品"或"废品"，有的甚至成了影响社会稳定的"爆炸品"或"毒品"。考究高校德育成效欠佳的原因，主要集中在如下几方面：

（一）高校德育目标人为淡化

2014年5月4日，习近平总书记在北京大学师生座谈会上的讲话，对青年大学生提出"四要"寄语，强调"一是要勤学，下得苦功夫，求得真学问；二是要修德，加强道德修养，注重道德实践；三是要明辨，善于明辨是非，善于决断选择；四是要笃实，扎扎实实干事，踏踏实实做人"。可以说，"四要"寄语是大学生成长成才的方向，也是高校德育的目标。中国

---

① 韩愈（768年—824年），字退之，河南河阳（今河南省孟州市）人，汉族，自称"郡望昌黎"，世称"韩昌黎""昌黎先生"。唐代杰出的文学家、思想家、哲学家，政治家。唐代古文运动的倡导者，被后人尊为"唐宋八大家"之首，与柳宗元并称"韩柳"，有"文章巨公"和"百代文宗"之名。后人将其与柳宗元、欧阳修和苏轼合称"千古文章四大家"。他提出的"文道合一""气盛言宜""务去陈言""文从字顺"等散文的写作理论，对后人很有指导意义。著有《韩昌黎集》四十卷，《外集》十卷等。

共产党第十九次全国代表大会将高校德育目标准确概括为立德树人，换句话说高校要"全面落实党的教育方针，紧密结合全面建设小康社会的实际，以理想信念教育为核心，以爱国主义教育为重点，以思想道德建设为基础，以大学生全面发展为目标，解放思想、实事求是、与时俱进，坚持以人为本，贴近实际、贴近生活、贴近学生，努力提高思想政治教育的针对性、实效性和吸引力、感染力，培养德智体美全面发展的社会主义合格建设者和可靠接班人"。[1] 立德树人是指高校培养出来的毕业生必须是德才兼备的社会主义建设者和接班人，德才不可偏废，偏废了就不能实现立德树人这一根本目标。对于德与才之间的关系，司马光[2]说："夫聪察强毅之谓才，正直中和之谓德。才者，德之资也；德者，才之帅也。"（《资治通鉴·周威烈王二十三年》）他还据德才之别，将人分类："才德全尽谓之'圣人'，才德兼亡谓之'愚人'；德胜才谓之'君子'，才胜德谓之'小人'。"（司马光《资治通鉴·周威烈王二十三年》）用当今社会流行语说法就是，有德有才是"精品"或"上品"，有德无才是"次品"，无德无才是"废品"，无德有才是"毒品"。正所谓"聪明用于正路，愈聪明愈好，而文学功名益成其美；聪明用于邪路，愈聪明愈谬，而文学功名适济其奸"（金缨《格言联璧·学问》）。在人才录用上，司马光说："凡取人之术，苟不得圣人、君子而与之，与其得小人，不若得愚人。"（司马光《资治通鉴·周威烈王二十三年》）因为"愚者虽欲为不善，智不能周，力不能胜，譬之乳狗搏人，人得而制之。小人智足以遂其奸，勇足以决其暴，是虎而翼者也，其为害岂不多哉"（司马光《资治通鉴·周威烈王二十三年》）。可见，高校培养出来的毕业生如果是"毒品"，

---

[1]　中共中央国务院．关于进一步加强和改进大学生思想政治教育的意见 [EB/OL]．（2004-10-15）[2022-01-03].http://hitxg.hitwh.edu.cn/2019/1223/c3466a117218/page.htm.

[2]　司马光（1019年—1086年），字君实，号迂叟，陕州夏县涑水乡（今山西省夏县）人，世称涑水先生。北宋政治家、史学家、文学家。为人温良谦恭、刚正不阿；做事用功，刻苦勤奋。以"日力不足，继之以夜"自诩，堪称儒学教化下的典范。生平著作甚多，主要有《温国文正司马公文集》《稽古录》《涑水记闻》《潜虚》等，主持编纂了编年体通史《资治通鉴》。

那将是高校办学莫大的悲哀。然而，当前高校在供大于求的就业市场的挤压下以及政府根据高校毕业生初次就业率的高低来调剂招生人数的压力下，同时也为了在同类学校竞争中有良好的声誉以利于自身的生存与发展，高校千方百计地强化教学内容，努力提升教育质量，使学生掌握一门技能成了高校教育与管理工作的重中之重。① "十年树木，百年树人"，德育工作不可能立竿见影，在急功近利思维的驱动下，高校德育目标被人为淡化，也就不足为奇。

（二）高校德育内容经典缺位

"经典"的狭义解释为传统的、具有权威性的著作，如儒家十三经。广义上的"经典"是指经过漫长历史演进凝结而成的文化结晶与智慧结晶，它构成了现代人的智慧之源和文化之基。英国哲学家培根提到了很多关于读经典书籍的收获，他说"读书足以怡情，足以博彩，足以长才"②，又说"读书使人充实，讨论使人机智，笔记使人准确"③，还说"读史使人明智，读诗使人灵秀，数学使人周密，科学使人深刻，伦理学使人庄重，逻辑修辞之学使人善辩"④。可见，阅读经典和接受经典熏陶在提升现代人的知识智慧、道德智慧以及涵养人文情怀上往往具有事半功倍的效果。罗伯特·赫钦斯（R.Hutchins）、莫蒂默·阿德勒（M.Adler）在美国学校教育中大张旗鼓地提倡经典阅读，要求学生多读经典，从经典中汲取人类一切的文明成果，学以致用。然而，中国拥有上下五千年辉煌历史，其中创作出来的汗牛充栋的传世经典，如先秦散文、唐诗、宋词、元曲、明清小说等经典文献，可惜的是中国高校把这一独具中华优势的、贴近生活的德育宝藏给舍弃了，甚至

---

① 邓剑华.《论语》修身论 [M].济南：山东大学出版社，2015：128.
② 时宝官.培根《谈读书》原文及翻译 [EB/OL].（2019-12-23）[2022-01-05]http：//www.360doc.com/content/20/0319/08/32712951_900253731.shtml.
③ 同②。
④ 同③。

于部分德育工作者把经典文献、文学名著、传世美文当作封建糟粕给否定了，导致当前我国学校德育体系中合理运用经典文献、文学名著、传世美文的教育处于严重缺位状态。出现这一现象的原因有如下几点。一是近代中国落后，国人没有文化自信。鸦片战争后，神州大地在侵略者的践踏下生灵涂炭，陷入国家蒙辱、人民蒙难、文明蒙尘的历史性灾难，国人开始质疑传统文化的优越性，并把传统文化当成了阻碍中国发展的桎梏。为达到西学东渐的目的，激进的国人对传统文化进行了颠覆式的扫荡，致使传统文化成了"过街老鼠"，沦落到人人喊打的地步。在"孩子与洗脚水"一起被倒掉之后，传统文化的传承难以为继，随之而来的是部分人对传统文化的以文化人的育人功能持一种怀疑的态度。

二是科学主义盛行，"现代的"文化形态公然否定传统文化。古人的启蒙读本《三字经》《弟子规》等读来朗朗上口又富涵哲理的书籍现在难见踪迹，很少有人还接受"首孝悌，次谨信，泛爱众，而亲仁，有余力，则学文"（李毓秀《弟子规》）的训诫，聆听"子不学，非所宜。幼不学，老何为。玉不琢，不成器。人不学，不知义"（王应麟《三字经》）的教诲，在不知不觉、有意无意中占据重要位置的传统经典文化及其承载的美德与价值观念在高校教育中渐渐消失，最终导致高校德育内容经典缺位的严峻现实，引发了高校德育的文化困境与价值危机。为此，高校要充分利用传统文化中的德育资源，用文化来引领德育，用文化来浸润德育，发挥文化引发、认同、固化及传承的作用，使德育走进人的心灵，走进人的精神，走进人的生命，从而达到以文化人的根本目的。①

（三）高校德育无的放矢

当前高校师生均对德育的认可度不高，教师认为大学生自以为是，不接受思想政治教育的引导；大学生认为思想政治教育无所得，不甘于接受思想

---

① 邓剑华.《论语》修身论 [M].济南：山东大学出版社，2015：128.

政治教育教师干瘪的说教。让人更揪心的是，高校德育过程中思想政治教育工作者不知道从何入手来引领德育，大学生设法逃避思想政治教育的束缚，使得高校德育流于形式。长期以来，高校德育过程中存在着一个致命的盲点，即缺乏对教育对象起码的理解以及在理解、尊重、宽容基础上的对话，使得德育内容针对性不强，枯燥而又乏味。在德育实施过程中，高校德育工作者没有对大学生的需求进行认真研究，没有站在大学生的角度来思考问题，没有对身边的案例予以情理分析，实现案例蕴涵的伦理情感的"迁移"，让大学生从案例中参悟人生哲理，没有针对大学生的实际情况提出针对性意见，引导大学生纠正不良行为习惯，形塑完美形象。陶行知① 曾经说过"千教万教教人求真，千学万学学做真人"这样一句话，其意思是当老师的要想方设法多路径教育引导学生追求"真善美"的道德境界，当学生的所有学习的唯一归宿是做品行端正的人。反观当前高校德育工作者，他们忽视了成人成才的底线伦理道德教育，一味追求英雄、模范、圣贤的理想主义教育。这就导致高校德育工作者没有做到引导大学生在立身行事中成为"真善美"的化身，大学生也没有在校园生活中学会修养身心、自觉约束自己，成为"一个高尚的人，一个纯粹的人，一个有道德的人，一个脱离了低级趣味的人，一个有益于人民的人"②。这样，"己欲立而立人，己欲达而达人"的道德境界没有办法达到，"己所不欲，勿施于人"的善行人人都可以做到但又不愿意做。同时，高校德育内容的一般化与碎片化以及一刀切现象严重，往往是每年相同的时间节点讲相同的话，没有与时俱进地注入新的元素，带来"年

---

① 陶行知（1891年—1946年），汉族，安徽省歙县人，毕业于金陵大学文学系，中国人民教育家、思想家，伟大的民主主义战士，爱国者，中国人民救国会和中国民主同盟的主要领导人之一。曾任南京高等师范学校教务主任，中华教育改进社总干事。先后创办晓庄学校、生活教育社、山海工学团、育才学校和社会大学。提出了"生活即教育""社会即学校""教学做合一"三大主张，生活教育理论是陶行知教育思想的理论核心。著作有：《中国教育改造》《古庙敲钟录》《斋夫自由谈》《行知书信》《行知诗歌集》。

② 毛泽东.毛泽东选集·纪念白求恩：第二卷[M].2版，北京：人民出版社，1991：658.

年岁岁花相似"的审美疲劳，感觉在重温相同的故事，"年年癫子十八岁"肯定会引起大学生的"吐槽"。① 这种缺少层次性、缺乏有序性、缺欠针对性的德育范式，极大地挫伤了受教育者接受教育的积极性，其德育效果毫无疑问一团糨糊糟糕透顶。因此，高校德育工作者首先要掌握扎实的思想政治教育工作的理论和技能，搭建一个有效的德育平台，针对大学生思想道德现状寻求对症下药的良方，以抽丝剥茧的手法循序渐进地采取相关措施，不断填充涵养社会主义道德所欠缺的"营养"，夯实德性基础，净化大学生浮躁的心灵，引导他们树立起正确的人生观、世界观、价值观，培育和践行社会主义核心价值观，不断提升全心全意为人民服务的思想境界。

三、中华优秀传统文化是破解高校德育困境的金钥匙

对于高校德育中存在的中华优秀传统文化缺位的现状，习近平总书记对此是明察秋毫、洞若观火，多次在全国顶层会议上旗帜鲜明地指出高校要用中华优秀传统文化来教育引导大学生，古为今用，促进大学生涵养社会主义道德，培育和践行社会主义核心价值观。

中国共产党第十九届中央委员会第六次全体会议通过的《中共中央关于党的百年奋斗重大成就和历史经验的决议》指出："中华优秀传统文化是中华民族的突出优势，是我们在世界文化激荡中站稳脚跟的根基，必须结合新的时代条件传承和弘扬好。"习近平总书记在纪念五四运动一百周年大会上发表重要讲话时强调："新时代中国青年要自觉树立和践行社会主义核心价值观，善于从中华民族传统美德中汲取道德滋养，从英雄人物和时代楷模的身上感受道德风范，从自身内省中提升道德修为，明大德、守公德、严私德，自觉抵制拜金主义、享乐主义、极端个人主义、历史虚无主义等错误思想，追求更有高度、更有境界、更有品位的人生，让清风正气、蓬勃朝气遍

---

① 吐槽：一般是指从对方的语言或行为中找到一个漏洞或关键词作为切入点，发出带有调侃意味的感慨或疑问。而随着使用频次的增加，其含义也变化为：发出调侃或疑问的人；代指调侃的内容；嘲讽；抱怨等。

布全社会！"在中共中央政治局第十八次集体学习时，习近平总书记强调
"对传统文化进行科学分析，对有益的东西、好的东西予以继承和发扬，对
负面的不好的东西加以抵御和克服，取其精华，去其糟粕，而不能采取全盘
接受或者全盘抛弃的绝对主义态度"。习近平总书记还将传承中华优秀传统
文化这一理念写入党的十九大报告中，以求警醒所有德育工作者，并全力探
索"以文化人"的路径说："文化自信是一个国家、一个民族发展中更基本、
更深层、更持久的力量。必须坚持马克思主义，牢固树立共产主义远大理想
和中国特色社会主义共同理想，培育和践行社会主义核心价值观，不断增强
意识形态领域主导权和话语权，推动中华优秀传统文化创造性转化、创新性
发展，继承革命文化，发展社会主义先进文化，不忘本来，吸收外来、面向
未来，更好构筑中国精神、中国价值、中国力量，为人民提供精神指引"。
所以，高校德育工作者要从中华优秀传统文化中发掘德育资源，有效拓展德
育内容，夯实大学生思想与道德基础，帮助大学生检视"第一粒扣子"，使
大学生真正做到"面对复杂的世界大变局，要明辨是非、恪守正道，不人云
亦云、盲目跟风。面对外部诱惑，要保持定力、严守规矩，用勤劳的双手和
诚实的劳动创造美好生活，拒绝投机取巧、远离自作聪明。面对美好岁月，
要有饮水思源、懂得回报的感恩之心，感恩党和国家，感恩社会和人民"①。
高校德育工作者在德育实践中要高度重视对中华优秀传统文化及其所承载的
传统美德的发掘与研究，辩证地看待中华传统文化，做到取其精华、去其糟
粕，实现古为今用；在大学生群体中要大力弘扬中华优秀传统文化，引导大
学生以中华优秀传统文化来涵养德性，内强素质外塑形象，真正成为德才兼
备的"天之骄子"，确保德育内容既连"天线"又接"地气"，做一个"既
有广度，又有深度，还有温度的"文化人。

　　对于在校大学生的社会伦理道德的涵育而言，中华优秀传统文化及其承

①　习近平.习近平：在纪念五四运动 100 周年大会上的讲话 [EB/OL].（2019-04-30）
[2022-01-06].https：//baijiahao.baidu.com/s?id=1632216293296246797&wfr=spider&f=
or=pc.

载的美德就是一剂最好的培养良好德性的"心灵鸡汤"①。因为中华优秀传统文化源远流长，积淀着中华民族最深层的精神追求，是中华民族精神的独特标志，不断激励着中国人民向上向善、奋发图强的情怀，为中华民族的生生不息、发展壮大提供了丰厚的精神滋养。打开中华优秀传统文化这扇大门，扑面而来的传世经典处处洋溢着这样的精神理念：强调"民惟邦本""天人合一""和而不同"；强调"天行健，君子以自强不息""大道之行也，天下为公"；强调"天下兴亡，匹夫有责"，主张以德治国、以文化人；强调"君子喻于义""君子坦荡荡""君子义以为质"；强调"言必信，行必果""人而无信，不知其可也"；强调"德不孤，必有邻""仁者爱人""与人为善""己所不欲，勿施于人""出入相友，守望相助""老吾老，以及人之老；幼吾幼，以及人之幼""扶贫济困""不患寡而患不均"；等等。这些精神理念都是高校立德树人的最好文化"基因"②，在传世经典中可谓比比皆是、俯首可拾。站在两个百年梦想的关键节点，在中国梦即将实现的新时代，高校德育工作者始终要牢记"大学教育以立德树人为目标，所立之'德'是积极进取、健康向上的品性与操守，所树之'人'是中国特色社会主义事业的建设者和接班人。只有扎根中国大地，不断从历史传统与当下实践中汲取养分，大学才不会丢失民族之魂、文化之根和自信之源"③，为我国胜利建成富强民主文明和谐美丽的现代化强国提供智力支撑，实现"教育强国、科教兴国"的战略目标。

　　基于此，针对当前高校德育面临的困境，根据大学生"知情意行"的心理发展规律，高校德育工作者要落实立德树人这一根本任务，破解高校德育成效欠佳的育人现状，需要大力开展弘扬中华优秀传统文化教育尤其是耻感

---

① 心灵鸡汤：具有动机强化（励志）作用的文章语段或者文段。

② 基因指具有遗传效应的 DNA 片段，是控制生物性状的基本遗传单位。

③ 董洪亮，赵婀娜，张烁，等. 努力办好中国特色社会主义高校——习近平总书记在全国高校思想政治工作会议上的重要讲话引起热烈反响 [EB/OL].（2016-12-09）[2022-01-07].http://m.cssn.cn/zx/zx_yw/201612/t20161209_3307914.htm.

文化的教育，使中华优秀传统文化所承载的美德在大学生群体中得到更好的传承与发展，让中华优秀传统文化服务于大学生身心健康发展，使大学生成为"有理想、有道德、有文化、有纪律"的业内精英。"教之耻为先"的古训告诉我们，教化一个人首先要让他（她）涵养耻德，人有了耻德就会自觉约束自身言行，不会因物欲而放弃对自己的德性要求，会确保"视听言动"[1]符合主流社会的道德价值要求。康有为[2]在《孟子微》对耻德做了进一步阐释："人之有所不为，皆赖有耻之心，若无耻心，则无事不可为矣。风俗之美，在养民知耻。耻者，治教之大端。"（康有为《孟子微》）康有为强调个体在社会生活中有知耻心就能做到有所为有所不为，无知耻心就会放纵欲望为所欲为，最终导致"无事不可为"，所以羞耻之心是自觉抵制不良诱惑的一种精神力量。故高校思想政治教育工作者要有坚定的文化自信，要学习古人成功的教育方法和教育手段来培养、教育大学生朝健康方向发展，做到古为今用。高校思想政治教育工作者要用好知耻教育这把"金钥匙"，努力发掘"耻"的内涵与价值的文化宝库，引导大学生纠正自身存在的某些不正确的思想和行为，或矫正大学生的某些不良的品质，使其形成明辨是非、善恶、美丑的道德判断力，引导大学生向真善美看齐，铸就德才兼备的优良品格。在德育实践中，回应党和国家发出的坚定文化自信的号召，力求在传承中华优秀传统文化的过程中实现以"文"化人、以"文"育人的德育效果，培养出"强国有我，请党放心"的新时代大学生。开展耻感文化教育，激励大学生涵养耻德，破解德育难题的意义在于如下几方面。

---

[1] 参见《论语·颜渊》：颜渊问仁。子曰："克己复礼为仁。一日克己复礼，天下归仁焉。为仁由己，而由人乎哉？"颜渊曰："请问其目？"子曰："非礼勿视，非礼勿听，非礼勿言，非礼勿动。"颜渊曰："回虽不敏，请事斯语矣。"

[2] 康有为（1858年—1927年），原名祖诒，字广厦，号长素，又号明夷、更甡、西樵山人、游存叟、天游化人，广东省广州府南海区丹灶苏村人，人称康南海，中国晚清时期重要的政治家、思想家、教育家，资产阶级改良主义的代表人物。光绪二十四年（1898年）与梁启超、谭嗣同等实施戊戌变法，变法失败后逃往日本，自称持有皇帝的衣带诏，组织保皇会，鼓吹开明专制。

（一）耻德的标志功能：激励个体走上"行仁""守礼"的成人之道

有无知耻心、羞耻感是人禽之别最重要的体现。知耻心、羞耻感是人之所以为人的根本性标识，是人类与其他动物相区分的根本标准。孔子孟子是这一思想的首倡者和奠基人。子曰："行己有耻，使于四方，不辱君命，可谓士矣。"（《论语·子路》）孔子告诫弟子对自身的言行要时刻保有一颗知耻心，不断完善自身能力，以胜任各项社会工作，不辜负上级领导的期许。孟子[①]进一步论述："无羞恶之心，非人也。"（《孟子·公孙丑上》）孟子认为一个没有羞恶之心的人，不是真正意义上的人，仅仅是生物意义上的人的躯壳而已。因此，涵养知耻心、羞耻感对于个体成人成才至关重要，孟子对耻德的功用做了进一步论述："耻之于人大矣，为机变之巧者，无所用耻焉。不耻不

[①] 孟子（约公元前 372 年—公元前 289 年），名轲，字子舆，战国中期鲁国邹（今山东省邹城市东南）人。孟子是著名的思想家、政治家、教育家，是儒家的代表人物。他继承了孔子"仁"的思想并将其发展成为"仁政"思想，与孔子并称"孔孟"，世人称其为"亚圣"。他幼年丧父，家庭贫困，曾受业于子思的学生。学成以后，以士的身份游说诸侯，企图推行自己的政治主张，到过魏国、齐国、宋国、滕国、鲁国，当时几个大国都致力于富国强兵，争取通过战争实现统一，孟子的仁政学说被认为是"迂远而阔于事情"，没有得到实行的机会，故终身不得仕。最后退居讲学，和他的学生一起，"序《诗》《书》，述仲尼之意，作《孟子》七篇"。

若人，何若人有？"(《孟子·尽心上》)宋朝的朱熹^①、陆九渊^②等儒学大家对耻德的标志功能予以了拓展，充分揭示了耻德之于人之所以为人的重大意义。朱熹说："耻者，吾所固有羞恶之心也。存之则进于圣贤，失之则入于禽兽，故所系为甚大。"(朱熹《四书章句集注》)陆九渊也是这一思想的支持者，他曾说："夫人之患莫大乎无耻，人而无耻，果何以为人哉？"(陆九渊《陆九渊集》)后来的儒学大家继承和发展了这一思想。明末清初顾炎武^③专门撰文论证了耻德之于人格的内在关联性："人之不廉而至于悖礼犯义，其原皆生于无耻也"(顾炎武《日知录·廉耻》)，"士而不先言耻，则为无本之人"(顾炎武《亭林文集·与友人论学书》)。知耻之人在社会生活中表现为"行仁""守礼"，彰显人性真善美的天使一面，否则如同《礼记》所云"鹦鹉能言，不离飞鸟，猩猩能言，不离禽兽。今人而无礼，虽能言，不亦禽兽之心乎？"(《礼记·曲礼上》)孔子主张"克己复礼为仁"，并认为"不学

---

① 朱熹（1130 年—1200 年），字元晦，又字仲晦，号晦庵，晚称晦翁，谥文，世称朱文公。祖籍江南东路徽州府婺源县（今江西省上饶市婺源县），出生于南剑州尤溪（今属福建省三明市尤溪县）。宋朝著名的理学家、思想家、哲学家、教育家、诗人，闽学派的代表人物，儒学集大成者，享祀孔庙，位列大成殿十二哲者，被后世尊称为朱子。朱熹著述甚多，有《四书章句集注》《太极图说解》《通书解说》《周易读本》《楚辞集注》，后人辑有《朱子大全》《朱子集语象》等。其中《四书章句集注》成为钦定的教科书和科举考试的标准。

② 陆九渊（1139 年—1193 年），字子静，号存斋，抚州金溪（今江西省金溪县）人，汉族江右民系。南宋大臣、哲学家，"陆王心学"的代表人物。讲学于象山书院，人称"象山先生""陆象山"。主张"心即理"说、"发明本心""尊德性""大做一个人""践履工夫"等，言"宇宙便是吾心，吾心即是宇宙""学苟知本，六经皆我注脚"。其思想上承孔孟，下启王守仁，形成"陆王学派"，不仅对中国，也对日本、韩国、新加坡等国的思想和社会变革产生过重大影响。著有《象山先生全集》。

③ 顾炎武（1613 年 7 月 15 日 -1682 年 2 月 15 日），本名顾绛，字宁人，人称亭林先生，南直隶昆山（今江苏省昆山市）人。明末清初杰出的思想家、经学家、史地学家和音韵学家，与黄宗羲、王夫之并称为明末清初"三大儒"。治学主张以"博学于文，行己有耻"为主，合"学与行、治学与经世"为一。著有《日知录》《天下郡国利病书》《肇域志》《音学五书》《韵补正》《金石文字记》《亭林诗集》等。

《礼》，无以立"（《论语·季氏》），"恭近于礼，远耻辱也"（《论语·学而》）。在这里，孔子通过宣扬"仁""礼"的价值取向，实现"仁""礼"与"耻"的关联，最终实现"行仁""守礼"之道德人生。

（二）耻德的导善功能：激励个体修身做道德高尚之人

子曰："不恒其德，或承之羞。"（《论语·子路》）孔子认为耻德具有他律性和自律性，其内在要求就是个体要永葆美好的德性，一言一行都要折射出美好的德行风范。耻感的他律性，以自身言行符合"礼"为指向，是个体对他人和社会负面道德评价的情感反映。个体在社会生活中如何避免他人和社会负面道德评价实现"趋善避恶"的情感诉求，激励个体按"礼"的标准立身行事，从而获得他人和社会良好的道德评价。如何成就君子之德，孔子认为一是对人恭敬并符合礼的要求，就不会有无妄之灾，不会受到侮辱；二是与人交往讲究诚信，把赢得他人的信任放在重要的位置，必定会获得他人的肯定与赞许；三是为人处事一定要谨言慎行，对事对人不妄下结论，不随意评判他人。耻感的自律性，以立身行事符合"善"为导向，是个体内心比对社会伦理道德要求后的情感体验，个体会激励自我按"善"的要求立身行事，获得他人和社会的赞同。耻感的发生基于个体内心对"善"的判断：个体道德行为若有悖于其所秉持的、代表历史发展方向的道德信念，将会给自己带来耻辱，其必定会积极作为避免这类行为的发生；若是遭遇某些强势"道德话语"和"道德势力"的人为打压，自己是正义的一方，这不是耻辱之事应以力争，也必定会因"得道多助"而获得他人的声援。孔子讲"道之以政，齐之以刑，民免而无耻。道之以德，齐之以礼，有耻且格"（《论语·为政》），个体出于道德律令要求，唯恐自身言行招致羞辱，由内向外一心求"善"，因而在内心会具有更高的道德自觉。孔子开启耻感文化先河后，个体的耻感意识成为其道德提升的原动力，它引导人们按社会伦理道德规范要求来涵养自身德性。所以说耻德的导善功能是一切美德的发端，也是个体止于至善成就美德之所系。历代仁人志士正是在耻德的指引下约束自身言行，不断修身养性并积善成德，以期流芳百世，免遭万年骂名遗祸子孙。康有为曾说："人之有所不为，皆赖有耻之心，若无耻心，则无事不可为矣。"（康有为《孟子微》）人有了羞耻感、知耻心，就能明是非、辨善恶、知美丑、别荣辱。一个有羞耻感的人在他律与自律的双重驱动下，内则心存善念，思学正人；外必洁身自好，不做歪人，从而自觉做道德高尚的人。

（三）耻德的自制功能：激励个体"躬自厚而薄责于人"

朱熹曾说："人有耻，则能有所不为。"（朱熹：《朱子语类》）石成金① 也说："耻之一字，乃人生第一要事。如知耻，则洁身励行，思学正人之所为，皆光明正大，凡污贱淫恶，不肖下流之事，决不肯为；如不知耻，则事事反是。"（石成金《传家宝·人事通》）由此可见，耻感对个体的言行予以了很好的自我约束。因此在社会生活中，要充分发掘个体的知耻心、羞耻感，实现道德自觉。一个人内心一旦涵养了羞耻感，它便对个体的言行具有巨大的调节、规范和约束作用。一方面，它能约束个体的行为，使个体做到有所为有所不为，即努力去做引以为荣的事情，而不会去做带来羞耻之事，也就是在社会生活中尽可能地扬荣拒耻；另一方面，它能促使个体发自内心地忏悔，按照"仁"的标准修正自身行为，改过迁善"不贰过"。人最大的弱点是总看不到自身的不足却极易放大他人的缺点，所以容易埋怨他人，喜欢把本应该由自己承担的责任推到他人身上。但社会生活中有道德操守的君子不会这样做，他们遇事会深刻反省，从自身查找原因，找到问题症结后"对症下药"，以提升自身德行，赢得他人的敬重。只有品行不端的小人才会从他人身上寻找不足，推卸责任，文过饰非。这便是孔子所说的"君子求诸己，小人求诸人"（《论语·卫灵公》）的鲜活写照。孟子对此进行了阐发，他进一步说："爱人不亲，反其仁；治人不治，反其智；礼人不答，反其敬。行有

---

① 石成金（约康熙末年间前后在世），字天基，号惺庵愚人，江苏扬州（今江苏省扬州市）人。生平事迹和生卒年亦不详。清代医学家、作家。著有《笑得好》《雨花香》等书籍。

不得者，皆反求诸己"。(《孟子·离娄上》)自己对别人做到了"爱""礼"，但得不到他人善意的回报，一定要从内心对自身的言行予以深刻反省：审视自身言行是否唐突了别人，反躬自问是否做了对不起别人的事，如果是自己的原因，解铃还须系铃人，就要给对方提供台阶为对方解套，从而消除彼此间的误会和怨恨，做到"以直报怨，以德报德"①(《论语·宪问》)。如果自己在立身行事中的确没有做错，但是对方仍然蛮不讲理，"鸡蛋里挑骨头——故意找茬儿"，那么把对方看作是"三季人②"就行了，没有必要再理论下去，让法律来制裁他就好。诚如子夏③所说"大德不逾闲，小德出入可也"(《论语·子张》)，在大是大非的原则性问题上不能逾越界限，而在无关痛痒的小节上有些出入也无伤大雅。奉行"大事讲原则，小事讲风格"的处事之道，对于非原则性的问题，没有必要去斤斤计较他人的行为，这可以减少烦恼、排除隐忧。对于个人而言，则可以净化自身心灵，调整自身心境，平和自身心态，最终实现人与人、人与社会、人与自然的和谐相处；对于社

---

① 参见《论语·宪问》：或曰："以德报怨，何如？"子曰："何以报德？以直报怨，以德报德。"

② "三季人"，多指无知的人，带贬义。出自《子贡问时》，"朝，子贡事洒扫，客至，问曰：夫子乎？"曰："何劳先生？"曰："问时也。"子贡见之曰："知也。"客曰："年之季其几也？"笑答："四季也。"客曰："三季。"遂讨论不止，过午未休。子闻声而出，子贡问之，夫子初不答，察然后言："三季也。"客乐而乐也，笑辞夫子。子贡问时，子曰："四季也。"子贡异色。子曰："此时非彼时，客碧服苍颜，田间蚱尔，生于春而亡于秋，何见冬也？子与之论时，三日不绝也。"子贡以为然。

③ 卜商（公元前507年—公元前400年），字子夏，春秋末年晋国温地（今河南省焦作市温县）人，一说卫国人，位列"孔门十哲"，七十二贤之一，人称卜子。性格勇武，为人"好与贤己者处"。以"文学"著称，曾为莒父宰。孔子殒后，子夏到魏国西河讲学。他是一位具有独创性因而颇具有异端倾向的思想家。他关注的问题已不是"克己复礼"，而是与时俱进的当世之政。因此，子夏发展出一套偏离儒家正统政治观点的政治及历史理论。提出"死生有命，富贵在天"的天命论，提出"仕而优则学，学而优则仕"的思想，还主张做官要先取信于民，然后才能使其效劳。李悝、吴起、商鞅等都是他的弟子，魏文侯也尊他为师。

会而言，则可以缓和人民内部矛盾，不致社会问题激化、尖锐，从而不断净化社会风气，形成良好的社会道德风尚，逐步建立起社会主义和谐社会。

（四）耻德的维稳功能：激励个体杜绝"斗勇好狠"的心态

管仲①说："国有四维，一维绝则倾，二维绝则危，三维绝则覆，四维绝则灭。倾可正也，危可安也，覆可起也，灭不可复错也。何谓四维？一曰礼，二曰义，三曰廉，四曰耻，礼不愈节，义不自进，廉不蔽恶，耻不从枉。"（《管子·牧民》）在"国之四维"中，"耻"既是底线，也是社会治理秩序和国家安全稳定的最后一道道德防线。个体的道德底线是在社会生活中"不从枉"，这个底线需要社会生活中的全体公民共同来守护，守住了这道底线，即便社会生活秩序有些混乱，也会迅速拨乱反正，转危为安。"耻不从枉"，即在社会生活中个体要坚持正道直行，不断释放正能量，不当鸡鸣狗盗之人，不做伤天害理之事，不动有悖天理良心之念，规规矩矩做人、踏踏实实做事。当今社会物欲横流，处处充斥着灯红酒绿的诱惑，容易使人迷失人生的方向。随着中华优秀传统文化在年轻人心中的解构，而种种生活压力又让年轻人喘不过气来，促使人的动物本性无限放大。一旦没有耻德的约束，个体便可能会为所欲为，甚至会为达到目的不择手段。个体涵养耻德就不会从枉，就会心生"三畏"②，就会"不畏人知畏己知"，就会感受到"举

---

① 管仲（公元前 723 年—公元前 645 年），姬姓，管氏，名夷吾，字仲，谥敬，颍上（今安徽省阜阳市颍上县）人，春秋时期法家代表人物。中国古代著名的经济学家、哲学家、政治家、军事家。齐桓公元年（公元前 685 年），得到鲍叔牙推荐，担任国相，辅佐齐桓公成为春秋五霸之首。对内大兴改革、富国强兵；对外尊王攘夷，九合诸侯，一匡天下，被尊称为"仲父"。后人尊称其为"管子"，誉其为"法家先驱""圣人之师""华夏文明保护者""华夏第一相"。

② 参见《论语·季氏》："君子有三畏：畏天命，畏大人，畏圣人之言。小人不知天命而不畏也，狎大人，侮圣人之言。"

头三尺有神明"，就会谨记"手莫伸，伸手必被捉"①的告诫。孔子劝诫血气方刚的年轻人要"戒之在斗"②，曾子③劝导人们"居上不骄，为下不乱，在丑不争"④（《孝经·纪孝行》），如此就不会总想着去违法犯罪、作奸犯科，便能降服心魔，自觉做有知耻心、羞耻感的人，人们心中便会自有道德标准，行为自有处事原则，凡是不合事理违背原则的事情绝对不做。管仲认为知耻远耻便可"邪事不生"⑤，社会伦理就不会失序，道德行为就不会失范。对此，康有为也强调"风俗之美，在养民知耻"（康有为《孟子微》），"耻者，治教之大端"。对于整个社会来说，如果社会成员缺乏耻感，便很容易打开"好勇斗狠"的魔盒，社会安全稳定将不堪设想。对于一个学校、班级而言，

---

① 参见陈毅《手莫伸》诗：手莫伸，伸手必被捉。党与人民在监督，万目睽睽难逃脱。汝言惧捉手不伸，他道不伸能自觉。其实想伸不敢伸，人民咫尺手自缩。岂不爱权位，权位高高耸山岳。岂不爱粉黛，爱河饮尽犹饥渴。岂不爱推戴，颂歌盈耳神仙乐。第一想到不忘本，来自人民莫作恶。第二想到党培养，无党岂能有所作？第三想到衣食住，若无人民岂能活？第四想到虽有功，岂无过失应渐怍。吁嗟乎，九牛一毫莫自夸，骄傲自满必翻车。历览古今多少事，成由谦逊败由奢。

② 参见《论语·季氏》："君子有三戒：少之时，血气未定，戒之在色；及其壮也，血气方刚，戒之在斗；及其老也，血气既衰，戒之在得。"

③ 曾参（公元前505年—公元前435年），字子舆，孔子学生，春秋末期鲁国南武城（今山东省临沂市嘉祥县）人。十六岁拜孔子为师，勤奋好学，颇得孔子真传，被后世称为曾子。曾子积极推行儒家主张，传播儒家思想。他的"修齐治平"的政治观，"省身""慎独"的修身观，"以孝为本"的孝道观影响了中国两千多年，至今仍具有极其宝贵的社会意义和实用价值，是当今建立和谐社会的丰富的思想道德资源。曾子是儒家正统思想的正宗传人，他把孔子的思想和学问悉心传授给弟子，又参与了将孔子的言行整理成《论语》，上承孔子之道，下开思孟学派，对孔子的思想一以贯之。曾子在儒学发展史乃至中华文化史上均占有重要的地位。被后世尊奉为"宗圣"，地位仅次于"复圣"颜渊，是配享孔庙的四配（颜子、曾子、子思、孟子）之一。

④ 参见《孝经·纪孝行》：事亲者，居上不骄，为下不乱，在丑不争。居上而骄则亡，为下而乱则刑，在丑而争则兵。

⑤ 参见《管子·牧民》：何谓四维？一曰礼，二曰义，三曰廉，四曰耻。礼不逾节，义不自进，廉不蔽恶，耻不从枉。故不逾节，则上位安。不自进，则民无巧诈。不蔽恶，则行自全。不从枉，则邪事不生。

则需要全体成员隆礼尊道、贵仁尚义、明荣知耻，这样才能营造良好的校园班级文化。

第二节　立德树人呼唤耻感教育

中国共产党第十九次全国代表大会报告中明确指出高校的根本任务是立德树人。新时代全国高等学校本科教育工作会议提出"四个回归"①的本科办学理念。反观当前高校德育现状，隐隐听到一股这样的声音：大学精神正日渐式微，正逐渐失去其作为精神和道德家园的地位。②这句话听起来有些危言耸听，但它却折射出高校德育确实存在成效欠佳的不争事实，任其发展下去将难以托起实现中国梦的伟大理想。造成德育成效欠佳现状的因素是多方面的，而长期以来忽视对大学生进行底线伦理教育是其中一个重要原因。高校德育工作者深入开展耻感教育，引导大学生涵养知耻心和培育羞耻感，促使他们在"知耻而后勇"的精神感召下，自觉剔除自身存在的不良思想和行为习惯，在大学生群体中构筑抵御诱惑的道德防线，实现高校立德树人的根本任务。

一、耻感教育是培育社会主义核心价值观的基础

个体社会主义核心价值观的培育并不是一蹴而就的，而是在实践社会公

---

① 四个回归：一是回归常识。要围绕学生刻苦读书来办教育，引导学生求真学问、练真本领。对大学生要合理"增负"，真正把内涵建设、质量提升体现在每一个学生的学习成果上。二是回归本分。要引导教师热爱教学、倾心教学、研究教学、潜心教书育人。坚持以师德师风作为教师素质评价的第一标准，在教师专业技术职务晋升中实行本科教学工作考评一票否决制。三是回归初心。要坚持正确政治方向，促进专业知识教育与思想政治教育相结合，用知识体系教、价值体系育、创新体系做，倾心培养建设者和接班人。四是回归梦想。要推动办学理念创新、组织创新、管理创新和制度创新，倾力实现教育报国、教育强国梦。
② 吴昌政.大学德育的价值取向[J].道德与文明，2006（1）：3.

德基础上逐步确立起来的。社会公德是什么？人们对社会公德的解释一般会做出如下表述："社会公德简称'公德'，是指存在于社会群体中的道德，是生活于社会中的人们为了群体的利益而约定俗成的应该做什么和不应该做什么的行为规范。其在本质上是一个国家、一个民族或者一个群体，在历史长河中、在社会实践活动中积淀下来的道德准则、文化观念和思想传统。它对维系社会公共生活和调整人与人之间的关系具有重要作用。'公德'是指与国家、组织、集体、民族、社会等有关的道德，而'私德'则是指个人品德、作风、习惯以及个人私生活中的道德。社会公德是维持良好人际关系的条件，是衡量一个民族进步的标志。社会公德通过劝导力和说服力，调节社会交往和公共生活中的人际关系，有利于良好社会风尚的培育，有利于和谐人际关系的形成，是社会文明进步的最鲜明的标志，是经济社会稳定、健康发展的最基本的保证①。"风俗之美，在养民知耻"（康有为《孟子微》），这句话告诉我们这样一个道理：社会主义核心价值观的遵循需要个体内心拥有强烈的耻感意识，并以之规约自身言行，否则个体在物质欲望的支配下为获取个人私利，可能会采取不法手段以实现不可告人的目的。

　　"耻感文化"是中国传统文化的重要内容之一。儒释道三家对"耻"都有大量的论述，以此来劝导世人向善、行善，以维系社会的和谐稳定。与西方人的"罪感文化"植根于对上帝的"原罪"情结有很大不同的是，中国人的"耻感文化"在很大程度上是植根于人性中的"耻感"情结，是关于"面子"和"尊严"的问题，这是绝对不允许玷污的，用台湾流行歌词来说便是"面子问题，宁死不屈"。俗话说"人要脸，树要皮"，个体如果明知做了某事会给自己带来耻辱，大多都会不再去做。知耻作为道德底线，其伦理意蕴主要有两方面的含义：第一，"耻"是"须臾不可离"的基础性伦理，要求个体胸怀"穷不失义，达不离道。穷不失义，故士得己焉；达不离道，故民不失望焉。古之人，得志，泽加于民；不得志，修身见于世。穷则独善其

---

① 吴潜涛，杨峻岭. 社会公德建设与公民耻感涵育 [J]. 道德与文明，2008（1）：4.

身，达则兼济天下"(《孟子·尽心上》)的情怀，无论"穷"与"达"都能够守住做人的底线；其次，耻德具有基本性和最低限度性，是个体遵循道德规范的起码要求，个体要自觉约束自己力行"己所不欲，勿施于人"(《论语·卫灵公》)的"恕"道。在此基础上，个体的思想道德觉悟进一步升华便可达到"己欲立而立人，己欲达而达人"(《论语·雍也》)的境界，成为助人为乐的雷锋式人物，初步彰显德育引导大学生成人的效果。

（一）"人不可以无耻"促使个体成人

孔子在删述六经①的过程中，对"耻"从正反两方面进行了大量的论述，开创了中华耻感文化的先河。孔子将"行己有耻""不耻下问""恒德"等作为君子理想人格的基础，认为"知耻"才会有所为有所不为，这是激励个体保持"文质彬彬"的君子形象的内在动力。孟子基于"人之初，性本善"(王应麟《三字经》)的逻辑把"羞恶之心"作为先天的、与生俱来的人的本性，认为人拥有"羞恶之心"是人之所以为人的最本质要求。孟子据此提出"四端"说："无恻隐之心，非人也；无羞恶之心，非人也；无辞让之心，非人也；无是非之心，非人也。恻隐之心，仁之端也；羞恶之心，义之端也；辞让之心，礼之端也；是非之心，智之端也。"(《孟子·公孙丑上》)个体耻于去做伤天害理的坏事，才会在社会生活中选择一种最好的处世方式与他人交往，彰显自身良好的德性修养。若是个体没有羞耻憎恶之心，就会胡作非为、为所欲为，导致社会乱象丛生。孟子劝导弟子涵养羞耻心，认为"人不可以无耻，无耻之耻，无耻矣"(《孟子·尽心上》)。个体要在社会生活中涵养羞耻心，并以之来约束自身言行举止。如果个体不按耻德规范来立身行事，或者说连羞耻心都没有了，那便是恬不知耻的无耻之徒，其可能会受到刑法的严厉制裁。荀子继承了孔孟这一思想，认为"人不知羞耻，乃不能成

---

① 六经是指经过孔子整理而传授的六部先秦古籍。这六部经典著作的全名依次为《诗经》《书经》(即《尚书》)《仪礼》《易经》(即《周易》)《乐经》《春秋》。

人"。《元史》中提出成人有三条路径："知畏惧，成人；知羞耻，成人；知艰难，成人。"（《元史·杨忍传》）一个人知耻，有羞耻心就会明是非、知善恶、辨美丑、别荣辱，自觉追求"富贵不能淫，贫贱不能移，威武不能屈"的大丈夫气概。中华传统耻文化把涵养"耻感"同道德提升有机结合起来，将耻与荣相统一，"荣义知耻，德之大端"，其目的就在于促进人们追求理想人格。

（二）"人有耻则能有所不为"促使个体行善

羞耻心是做人的底线，是个体成就美德、追寻善的情感基础，是人们在社会生活中立身行事最基本的德性要求。"底线伦理"是相对于成圣成贤的"理想人格"而提出的伦理概念，是形成"理想人格"的基础，抛开"底线伦理"谈"理想人格"，那必定是海市蜃楼①，难觅踪迹。耻感是道德底线的伦理维度，北京大学伦理学教授何怀宏对底线伦理的要求做出了通俗的阐释：在纷繁复杂的社会文化中，你可以做不到舍己为人，但你不能损人利己；你可以不是圣贤，但你应该认同道义和人道；你攀升不到道德的最高境界，但道德的最低下限必须坚守②。所以，朱熹说："人有耻，则能有所不为。"（朱熹《朱子语类》）石成金进一步阐释，把"耻"与行善统一起来，说道："耻之一字，乃人生第一要事。如知耻，则洁己励行，思学正人，所为皆光明正大。凡污贱淫恶，不肖下流之事，决不肯为。如不知耻，则事事反是。"（石成金《传家宝·人事通》）康有为对"耻"具有的约束功能进行了概括："人之有所不为，皆赖有耻心。如无耻心，则无事不可为矣。"（康有为《孟子微》）所以说个体涵养了羞耻心，在社会生活中就会追寻"善"，乃至积善成德，为世人范。陆九渊另辟蹊径，把"耻"和"良心"等同起来，

---

① 海市蜃楼简称蜃景，是一种因光的折射和全反射而形成的自然现象，是地球上物体反射的光经大气折射而形成的虚像。

② 范水涛.耻感意识：社会主义荣辱观的道德底线 [J].民族论坛，2006（6）：12-13.

说："耻存则心存，耻忘则心忘。"（陆九渊《陆九渊集》）周敦颐 ① 对耻有更加深刻的认知，他认为"耻"是一切美德的发端，说"必有耻，则可教"（周敦颐《通书·幸》）；顾炎武认为立身行事首先要有耻德，说道："士而不先言耻，则为无本之人。"（顾炎武：《日知录·廉耻》）人的美德的养成是个不断改过迁善的过程，美德的养成需要人具有知耻心，而知耻、有耻和羞耻之心就是人之为人的底线，是个体对力行美德的自觉。如果个体对做邪恶之事怀有一种强烈的耻辱感，便能做到"君子去仁，恶乎成名？君子无终食之间违仁，造次必于是，颠沛必于是"（《论语·里仁》），这对于个体"择其善者而从之，其不善者而改之"（《论语·述而》）的美德的养成尤为重要，可以使个体成为"老者安之，朋友信之，少者怀之" ②（《论语·公冶长》）的行善之人。

（三）"风俗之美，在养民知耻"促进社会风气净化

康有为说："风俗之美，在养民知耻。"（康有为《孟子微》）目前，我国正处于社会转型的激荡期，西方价值取向多元化思潮强烈冲击着中国传统社会的价值观念。中西方文化交互碰撞后，社会的包容性在价值折中和多元妥协中模糊了一些基本的道德判断，使得主流社会过去提倡的价值观念被遮蔽乃至消解，"不以耻为耻，反以耻为荣"的现象则经常在身边发生，基本的是非、善恶、美丑、荣辱的界限被模糊、扭曲、混淆。潘多拉魔盒被打开之

---

① 周敦颐（1017 年—1073 年），又名周元皓，原名周敦实，字茂叔，谥号元公，道州营道楼田堡（今湖南省永州市道县）人，世称濂溪先生，北宋文学家、哲学家。周敦颐是北宋五子之一，是宋朝儒家理学思想的开山鼻祖，著有《周元公集》《爱莲说》《太极图说》《通书》（后人整编进《周元公集》）。其所提出的无极、太极、阴阳、五行、动静、主静、至诚、无欲、顺化等理学基本概念，为后世的理学家反复讨论和发挥，构成理学范畴体系中的重要内容。

② 参见《论语·公冶长》：颜渊、季路侍。子曰："盍各言尔志？"子路曰："愿车马衣轻裘，与朋友共，敝之而无憾。"颜渊曰："愿无伐善，无施劳。"子路曰："愿闻子之志。"子曰："老者安之，朋友信之，少者怀之。"

后，人们长期被压抑的原生欲望在社会转轨中强势迸发，滚滚洪流冲毁了传统社会筑起的道德堤坝，给社会文明带来灾难性的后果。对于社会治理体系而言，如果社会成员尤其是执政者缺乏羞耻心，放纵物欲，为所欲为，则社会风气江河日下，不堪设想。诚如顾炎武所说："盖不廉则无所不取，不耻则无所不为。人而如此，则祸败乱亡亦无所不至。况为大臣而无所不取，无所不为，则天下其有不乱，国家其有不亡者乎？"（顾炎武《日知录·廉耻》），这也是当前国家强势反腐、"苍蝇老虎一起打"的原因，以期收到"不敢腐、不能腐、不想腐"的社会治理效果。教人知耻、肃正社会风气是社会治理中的首要任务。"人惟知所贵，然后知所耻。不知吾之所当贵，而谓之有耻焉者，吾恐其所谓耻者非所当耻矣。夫人之所当贵者，固天之所以与我者也，而或至于戕贼陷溺，颠迷于物欲，而不能以自反，则所可耻者亦孰甚于此哉？不知乎此，则其愧耻之心将有移于物欲得丧之间者矣。然则其所以用其耻者，不亦悖乎？由君子观之，乃所谓无耻者也。"（陆九渊《陆九渊集·人不可以无耻》）对于个体而言，在社会生活中应当秉承"耻之一字，乃人生第一要事"的古训，要将涵养知耻心看作人生一等一的大事来做，像习近平总书记在纪念五四运动一百周年大会上的重要讲话中所提到的一样，"积极投身党领导的革命、建设、改革伟大事业，为人民战斗、为祖国献身、为幸福生活奋斗，把最美好的青春献给祖国和人民，谱写了一曲又一曲壮丽的青春之歌"。

二、耻感教育乃历史传统

在中国传统社会里，上至统治阶层下到黎民百姓历来都注重耻感教育。现在有些地方依然延续着这种最质朴的教育方式，而且对孩子的成人成才具有无可替代的作用。如果有人说了对长辈不敬的话，长辈会说这个人是一个没有良心的人，或者说这个人的良心被狗吃了，内心的耻辱感受会让他以后再也不敢说类似的话。如果有人做错了事，他人会说这个人没有教养，言下之意就是诅咒这个人父母双亡，这是最恶毒的骂人语言。因为人们认为只

有父母双亡的人才没有人教导，当然就没有教养，这样在一不小心就可能让
人蒙辱的情况下，人们为人处世自会养成一种格外小心的态度。对于有知识
有文化的人来说，耻感文化中俯首可拾的格言警句全是教育资源，如"女为
君子儒，无为小人儒"（《论语·雍也》)，又如"君子喻于义，小人喻于利"
（《论语·里仁》），这些格言警句可以引导自己不断完善人格，涵养美好德
性，同时为社会稳定提供厚实的文化基础。

（一）耻感教育的传统论断

一是"教之耻为先"。传统耻感文化认为，知耻是人之所以为人的最根
本保证。孟子从性本善的角度出发，通过"四端说"揭示羞恶之心是社会人
与生俱来的一种原生态的道德情感，是人之为人最起码的前提条件，没有羞
恶之心的人不能称之为人。孟子讲"无羞恶之心，非人也"（《孟子·公孙丑
上》)，又讲"人之所以异于禽兽者几希，庶民去之，君子存之。舜明于庶
物，察于人伦，由仁义行，非行仁义也"（《孟子·离娄下》)。孟子认为人
与禽兽的区别不是很大，关键是在于人有羞耻心、能行仁义，羞耻心就是人
与禽兽区别的本质所在。朱熹持与孟子相同的观点，他说："耻者，吾所固有
羞恶之心也。存之则进于圣贤，失之则入于禽兽。"（朱熹《四书章句集注》)
陆九渊则从本体论的维度论述耻感之于人的重要性，阐释了耻感与成人之间
的关系，他说："人之患莫大乎无耻，人而无耻，果何为人哉？"（陆九渊《陆
九渊集·人不可以无耻》）显然，儒家大师都将羞耻心作为人之为人之根本，
强调耻感是成人乃至成圣成贤的德性基础，应予以坚守。这种对耻感的本体
论解释在后世思想家那里也得到了普遍的承袭。

二是"必有耻，则可教"。传统耻感文化认为，知耻是个人美好品德形
成的基础。知耻之人随时会依据社会伦理道德规范对自身言行加以修正，扬
长避短，亲善远恶。孔子从美德论的维度对"耻"进行了大量的阐释，劝
导弟子遵循耻德。孔子说："行己有耻，使于四方，不辱君命，可谓士矣。"
（《论语·子路》）"行己有耻"成为后世儒者修养身心的"起手式"，它要求

个体立身行事要有知耻之心,时刻省视自身言行,即便"从心所欲"也要达到"不逾矩"的道德境界,这是成为君子所必须具备的优良品质。相反,"吮痈舐痔"①之徒,他们立身行事没有底线只有利益,注定会身败名裂。朱熹说:"人有耻则有所不为。"(朱熹《朱子语类》)人有了知耻心,就不会做那些不合礼仪、有悖伦常的事。康有为也曾说过:"人之有所不为,皆赖有耻心。如无耻心,则无事不可为矣。"(康有为《孟子微》)也就是说,个体只有在内心涵养了对邪恶之事及其行为的强烈的耻辱感,才能养成避恶亲善的优良道德品质。

三是"礼义廉耻,国之四维"。传统耻感文化认为,知耻乃"治国平天下"②之基础。管仲说:"国有四维,一维绝则倾,二维绝则危,三维绝则覆,四维绝则灭。倾可正也,危可安也,覆可起也,灭不可复错也。何谓四维?一曰礼,二曰义,三曰廉,四曰耻。"(《管子·牧民》)欧阳修把它概括为:"礼义廉耻,国之四维;四维不张,国乃灭亡。"(欧阳修《新五代史·冯道传》)礼义廉耻是个体德性的四个维度。在传统社会里:第一,道德被看作人性的前提,即《礼记》所说"德者,性之端"(《礼记·乐记》);第二,道德被看作一种普遍而超越的宇宙精神,即古人所说"德也者,包天地之美,配日月之明,立乎四时之调,览乎阴阳之交,寒暑不能动,四时不能化;敛乎太阴而不湿,散乎太阳而不枯,鲜洁清明而备,严威务疾而神"(韩婴《韩诗外传》);第三,道德被看作具有某种绝对价值的存在,《周敦颐周子通书》说"天地间,至尊者道,至贵者德而已矣。"(《周敦颐周子通书》)在社会生活中,耻德是道德提升的前提,德性良好的个体必定是涵养了知耻心的

---

① 吮痈舐痔:给人嘬痈疽的脓,舔痔疮的血,比喻不择手段地谄媚巴结。《庄子·列御寇》记载:"秦王有病召医。破痈溃痤者得车一乘,舐痔者得车五乘,所治愈下,得车愈多。子岂治其痔邪?何得车之多也?子行矣!"

② 参见《礼记·大学》:"古之欲明明德于天下者,先治其国;欲治其国者,先齐其家;欲齐其家者,先修其身;欲修其身者,先正其心;欲正其心者,先诚其意;欲诚其意者,先致其知,致知在格物。物格而后知至,知至而后意诚,意诚而后心正,心正而后身修,身修而后家齐,家齐而后国治,国治而后天下平。"

人，社会在他们的治理下定会呈现歌舞升平的景象。孔子与季康子论政时，孔子劝导季康子不要动不动就使用杀威棒，而是要季康子涵养良好的德性，引领社会风气走向，达到国富民强的景象，《论语·颜渊》对此做出了详细的记载①。《吕氏春秋》也谈到了德性对于国家治理的重要性："得贤人，国无不安，名无不荣；失贤人，国无不危，名无不辱。"（《吕氏春秋·求人》）魏征②在劝谏唐太宗李世民③时，也是从此角度立意的，他说道"陛下为人父母，抚爱百姓，当忧其所忧，乐其所乐。自古有道之主，以百姓之心为心，故君处台榭，则欲民有栋宇之安；食膏粱，则欲民无饥寒之患；顾嫔御，则欲民有室家之欢。此人主之常道也。"（吴兢《贞观政要》）魏征的辅佐，成就了唐太宗"积德、累仁、丰功、厚利"的道德人格，开创了"贞观之治"④的大唐盛世。

---

① 参见《论语·颜渊》：季康子问政于孔子，曰："如杀无道，以就有道，何如？"孔子对曰："子为政，焉用杀？子欲善而民善矣。君子之德风，小人之德草，草上之风，必偃。"

② 魏征（580年—643年），字玄成，唐朝政治家、思想家、文学家和史学家，因直言进谏，辅佐唐太宗共同创建"贞观之治"的大业，被后人称为"一代名相"。其言论多见于《贞观政要》，今存谏文表《谏太宗十思疏》。

③ 唐太宗即李世民（约公元598年—公元649年），唐朝杰出的政治家、战略家、军事家、诗人。李世民为帝之后，积极听取群臣的意见，对内以文治天下，虚心纳谏，厉行节约，劝课农桑，使百姓能够休养生息，国泰民安，开创了中国历史上著名的"贞观之治"。

④ "贞观之治"是唐朝初年唐太宗李世民在位期间出现的政治清明、经济复苏、文化繁荣的治世局面。因其时年号为"贞观"（627年—649年），故史称"贞观之治"。唐太宗任人廉能，知人善用；广开言路，尊重生命，自我克制，虚心纳谏；并采取了以农为本，厉行节约，休养生息，文教复兴，完善科举制度等政策，使得社会出现了安定的局面；并大力平定外患，尊重边族风俗，稳固边疆，最终取得天下大治的理想局面。"贞观之治"为后来全盛的开元盛世奠定了重要基础，将中国传统农业社会推向鼎盛时期。

（二）耻感教育在心理层面的哲学思考

第一，羞耻心是促进个体涵养道德、自省品质的心理基础。"耻"是个体在社会生活中的一种内心感受，一种心理状态，一种内在的否定性情，即羞愧心理感。"耻"是行为主体的人格尊严受损害时行为主体由于自身的思想或行为所产生的羞愧心理。耻感的产生实际上是个体对自身行为的自我评价或他人的无价值的或负价值的评价所产生的一种"自耻"或"耻于人"情感的回应。儒家把这种源于内心的自我道德评价后进行的行为修正称为"内省"。个体不断地将自身言行与主流社会所提倡的"真善美"进行比对，澄清并剔除自身非主流社会的无价值或负价值成分，吸纳、认同并归依主流社会所提倡的善，从而实现德性的不断完善。从心理学角度分析，羞耻感是个体对行为处事不断"内省"的心理基础，只有个体内心涵养了正确的羞耻心态，才能自觉反省并修正自己的不当思想或纠正自己的不当行为；同时，个体在不断的自我反省过程中，内心深处涵养的羞耻感还会得到更进一步的强化与巩固。这种强烈的羞耻心态，促使人们继续反思和纠正自身的行为举止。概而言之，羞耻心激励个体不断进行自省，自省过程又不断强化羞耻心，如此不断的良性循环，使得个体逐渐养成道德自省的优秀品质，德性也得到更进一步的提升。

第二，羞耻心是促进个体涵养道德自律品质的心理保证。社会伦理道德规范在个体内化为道德品质、外化为道德品行之前，都具有异己性特征。此时个体虽然能够按照社会伦理道德规范的要求来立身行事，但这种仅仅依靠他律或外在的强制力来维持的行为是不稳定的，一旦离开外部环境的制约，个体便会立刻表现出其动物性的一面。因此，孔子极力反对"道之以政，齐之以刑"（《论语·为政》）的社会治理模式，期望统治者落实"道之以德，齐之以礼"（《论语·为政》）的治国理想。显而易见，孔子深刻认识到，仅仅用行政命令来训导百姓，用刑法强制力来震慑百姓的非分之想，其结果只能是"民免而无耻"。换句话说，老百姓虽然惧于"政""刑"之威而不敢做有违"政""刑"之事，但却难以产生对"政""刑"的情感认同，当然就不会自觉地践履"政""刑"之规范，更不会产生以违背"政""刑"为耻的心态。相反，用良好的道德行为来引导百姓，用人人遵循的礼法来约束百姓，老百姓能够在"德礼"教化的潜移默化中自觉遵循社会伦理道德规范的要求，主动地避恶亲善，最终达到"有耻且格"的理想境界。有羞耻心的个体，就会自觉对照社会伦理道德规范格正自身的行为，做到"择善而从""见贤思齐"，时时处处对自身的行为动机和行为后果进行权衡和审视，做出符合社会主流价值的选择。个体一旦对自身的行为动机感到"耻"，就会停止做有违社会伦理道德规范要求的事。换句话说，个体只有具备了羞耻心，才能真正在情感上认同并归依外在社会伦理道德规范，消除自身对外在社会伦理道德规范的异己性，逐渐养成道德自律的优秀品质，实现言行与道德规范的协调统一。

第三，羞耻心是个体张扬道德行为的心理动力。羞耻心源于个体自身的行为与社会伦理道德规范（或者说"真善美"）之间存在的差距所带来的内心羞愧感受。面对差距，羞耻心会驱动个体努力缩短或消除这一差距，止于至善。所以说，羞耻心是个体涵养美德的心理动力，是个体不断完善自身德性的情感基础和认识基础。羞耻心促使个体从否定的方面把握"真善美"的本质，使个体在对"真善美"的准确认知的基础上践行"真善美"，努力使自己成为"真善美"的化身。历代儒家学者都十分重视羞耻心的反向激励作用，并以此来教育引导人们向"真善美"看齐。孟子说："耻之于人大矣，为机变之巧者，无所用耻焉。不耻不若人，何若人有？"（《孟子·尽心上》）《礼记》中记载："知耻近乎勇。"康有为说："人必有耻而后能上。"（康有为《论语注》）总之，如果人们把对"真善美"的认识仅仅停留在知识的层面，不在实践层面对"真善美"加以力行，那么"真善美"在社会生活中对于人是没有多大用处的。只有个体涵养了羞耻心，各种社会伦理道德规范才能真正发挥其行为导向作用，个体才会力行社会伦理道德规范。

三、高校传统德育样态存在的问题

如前所述，知耻是社会人的标志，是人之所以为人的基本道德要求。个体知耻就会拥有是非、善恶、美丑、荣辱的价值标尺，从而按照"真善美"的要求立身行事。知耻教育就是引导大学生培养知耻心、羞辱感，使其以遵循社会公序良俗为美，以悖离公序良俗为耻，严格地约束自身言行举止，对自己的人格尊严负责的底线伦理教育。2004年10月，中共中央国务院下发的《关于进一步加强和改进大学生思想政治教育的意见》文件明确提出高校的思想政治教育主要任务之一是："以基本道德规范为基础，深入进行公民道德教育。要认真贯彻《公民道德建设实施纲要》，以为人民服务为核心、以集体主义为原则、以诚实守信为重点，广泛开展社会公德、职业道德和家庭美德教育，引导大学生自觉遵守爱国守法、明礼诚信、团结友善、勤俭自强、敬业奉献的基本道德规范。坚持知行统一，积极开展道德实践活动，把道德实践活动融入大学生学习生活之中。"然而这些年来，高校依然没有从根本上改变过去那种过于重视大学生理想人格教育而忽视底线伦理教育，特别是知耻教育的教育方式，造成不少大学生耻感意识淡化，甚至丧失耻感，以致做出一些令人不可思议的无耻之事。究根溯源，出现这种现象，既有高校德育体系自身缺陷的原因，也有高校对社会环境因素重视不够、应对不足的因素。

（一）高校德育目标定位过于理想化

长期以来，学校德育一直存在过于追求道德教育的高标准而忽视了底线伦理教育的弊端。在中华人民共和国成立之前和建国初期，中国人民解放军中涌现了许多战斗英雄，各行各业在大干快上的精神感召下涌现出一大批劳动模范，这些生活在大学生身边的英雄人物、劳动模范本身就是旗帜、榜样，他们的一举一动都足以让世人景仰、模仿。这些英雄人物、劳动模范，大学生是看得见、摸得着的，像是在大学生身边看着大学生是非会犯错，从侧面激励大学生不甘落后、奋勇争先。在家庭生活中，父母长辈在朦胧中开启了洒扫应对的底线伦理教育，在有意无意中夯实了孩子们的思想与道德基础。青少年的心灵纯洁得如同一张白纸，教师如何教，学生就怎样做，所以那时高校采取英雄伦理、模范伦理教育是可行的。当前，处于和平年代中的青少年身边很少有英雄人物与劳动模范，他们相处一起时讨论的是如何享受生活、享受人生，电视上宣传的英模人物对于他们来说不可触摸，因此也不可能在他们的内心掀起阵阵波涛，甚至连一丝涟漪也没有。他们甚至被别有用心的人把风向带偏，如说雷锋是傻子、黄继光是杜撰的等，进而做出一些让人哭笑不得的事情。所以，当前高校调整德育目标定位确实需要调整，把底线伦理教育放在德育的中心地位。从底线伦理教育开始，把思想道德基础夯实打牢，在大学生有了一定的道德认知、情感认同后再向他们宣传英模事迹，号召大学生学习英模甘于奉献的精神品质，努力做英模式的人物。如果高校一味地将德育的理想状态作为德育起点，德育工作将流于"高、大、空、远"的理想化模式，苍白无力的说教会脱离大学生身心发展的实际，使高校德育在很大程度上处于"空转"状态，德育效果难以实现，甚至会令大学生出现"反道德行为"。

（二）高校没有对歪理耻行给予有力的批判

经常听人说，"学生是温室里培育出来的花朵""学校是育婴室"。这些言论折射了这样一个现实：学校像是一堵墙把学生和社会隔离了，学校所教的内容与社会没有很好地融合，导致毕业生不能很好地融入社会。换句话说，学校德育没有对社会上出现的歪理耻行给予有力批判，也没有引导大学生正确认知这些内容并予以抵御，导致大学生走进社会后难以坚守道德情操。高校德育的传统做法更多的是关注校园文化的建设，以及上级指示要开展的英模、文件学习与宣传。高校与家长的联系大多还是针对双差生进行的，而且也仅仅是将大学生在校的学习成绩、现实表现告知家长，期望家长敦促孩子学习或盯紧孩子不要犯错，不会过多关注家庭对大学生的教育情况，或者是蜻蜓点水地顺带一问以示关心。高校思想政治工作者很少把社会上发生的事例用到学校德育上，如通过分析现实事例引导大学生做出正确选择。社会环境、家庭教育对大学生道德涵养的影响缺乏关注，应对严重不足，这是当前高校德育理论与实践相脱节的现实表现。改革开放以来，在"科技是第一生产力""劳动最光荣"等口号的鼓舞下，崇尚科学、崇尚文明，尊重知识、尊重劳动成为社会主流思想。同时，高校也要注意到，一些纷至沓来的糟粕，扰乱了部分大学生的思想道德认知，导致大学生群体中出现了是非不明、美丑不辨、善恶不分、荣耻颠倒的现象，甚至于出现"不以耻为耻，反以耻为荣"的毁"三观"倾向。《孔子家语》记载孔子担任司寇时，通过德政把鲁国治理得"路不拾遗"，通过礼乐教化使鲁国的民风变得淳朴和睦，没有了欺行霸市的商贾，没有了不孝的子民，没有了不贞的妇女，于是"西方则之"，各诸侯国纷纷前来效法取经①。"商人不欺诈、官员不贪污、文人不剽窃"，这是传统社会里最基本的做人准则，但是有些人在市场经济中逐利时知耻心泯灭了对社会人文生态和公众心理造成极大的污染和破坏，导致社会群体耻感文化逐渐衰落，社会道德开始滑坡。大学生由于世界观、人生观、价值观还没有完全定型，道德判断力极易受到社会环境的影响，恶的一面蠢蠢欲动，考试舞弊、论文抄袭、简历造假等不一而足。以上这些都是由于高校德育对社会丑陋面批评不足，应对失措，难以抵挡社会"歪理耻行"的长驱直入，造成大学生耻感意识模糊、是非荣辱观念界限不清，有些道德自律差的大学生甚至放任自流、追随无耻。

---

① 参见《孔子家语·相鲁》：初，鲁之贩羊有沈犹氏者，常朝饮其羊以诈；市人有公慎氏者，妻淫不制；有慎溃氏，奢侈踰法；鲁之鬻六畜者，饰之以储价。及孔子之为政也，则沈犹氏不敢朝饮其羊，公慎氏出其妻，慎溃氏越境而徙。三月，则鬻牛马者不储价，卖羊豚者不加饰。男女行者，别其涂，道不拾遗。男尚忠信，女尚贞顺。四方客至于邑，不求有司，皆如归焉。

（三）高校德育没有耻感文化的加持

绵延数千年的中华耻感，是中华民族的"根"和"魂"，为当今中国经济社会发展保驾护航。对中华耻感文化的创造性转化与创新性发展，是传承和发扬中华耻感传统文化的总体要求，也是高校德育工作者的使命与担当。在强调文化自信的今天，作为传承文明的高校是增强文化自觉、坚定文化自信的"排头兵"，高校有责任也有义务以中华优秀传统文化为根脉，把跨越时空、超越国度、富有永恒魅力、具有当代价值的文化精神在大学生群体中予以弘扬，让中华优秀传统文化焕发出新的活力。中华优秀传统文化博大精深、境界高远、旨意宏阔，如以德礼为标准判定是非荣辱，以重义轻利为原则看待得失，反对华而不实和沽名钓誉等有违"耻德"的行为取舍，这些伦理常识对今天的高校德育仍有深刻的借鉴价值，是大学生涵养羞耻心的重要文化资源，值得德育工作者认真研究并加以利用。然而遗憾的是，高校德育过程中思想政治教育工作者对传统耻感文化重视不够，对传统社会所张扬的"孝悌忠信礼义廉耻"的八德的德育价值、"必有耻，则可教"的耻德教育论述的认知不足，对耻感文化丰富的内涵缺少深度挖掘和系统整理。高校对传统美德中高扬的"无羞恶之心，非人也"（《孟子·公孙丑上》）、"礼义，治人之大法；廉耻，立人之大节；盖不廉则无所不取，不耻则无所不为"（顾炎武《廉耻》）、"知荣避耻""扬荣拒耻"等追求高尚人格的道德体系缺乏整体的把握，对传统耻感文化的教化功能认识不足，与德育实践结合不够，让高校德育效果大打折扣。从某种意义上来说，高校道德教育形式主义严重，大学生人文修养严重匮乏，对传统耻感文化知之甚少，甚至于一无所知，当然就谈不上把传统耻感文化加以发扬光大。

（四）高校教师自身修炼的德育困扰

俗话说："有样看样，无样看世上。"所谓的"样"都是值得我们学习的榜样，当你看到学习的榜样时就会去学习，通过一段时间的依葫芦画瓢后，将榜样的力量内化为自身的德性自觉；而当没有所谓的"样"作为参考时，那就看看这个世界上的同类人或事情是如何做到最好的。高校德育关注的焦点一般都集中在大学生身上而忽视了教师群体自身的"耻德"示范效应及其带给大学生潜移默化的影响。"学高为师，身正为范"，教师要有更高的德性，以便成为大学生学习的榜样。榜样的力量是无穷的，榜样的示范作用在个体性格形成过程中的影响巨大。古希腊哲学家亚里士多德说过：人是最富于模仿性的生物，人是借助于模仿来学习他最早的功课的。学生的学习过程其实就是模仿过程，在教师耳濡目染的熏陶下、耳提面命的教导下，学生与教师有天然不可剥离的情感。因为大学生具有这种天然的向师性，教师的一言一行都是他们模仿的对象，学生往往会在"亲其师"的基础上，继而"信其道，听其言，学其行"①，高校教师的言行举止会深深地印在大学生的脑海中，成为大学生模仿的样板。然而，当前高校受功利主义和不正之风的影响，部分教师的职业道德有所淡化，甚至于师德丧失，如有的教师在学术上不思进取，在利益上损人利己，有的甚至于做出伤天害理、违法乱纪之事。部分教师的道德错位现象，给大学生的美德养成带来困扰，使高校德育遭受无法估量的损失。

第三节　耻文化研究综述

随着改革开放的进一步深化，社会主义市场经济体制在我国已经得到全面确立，市场经济逐利性一面的种子也开始在国人的内心生根发芽，继而开花结果。传统社会主张的"见利思义""见得思义"的文化价值追求渐渐被

---

① 参见《礼记·学记》：大学之教也，时教必有正业，退息必有居学。不学操缦，不能安弦；不学博依，不能安诗；不学杂服，不能安礼。不兴其艺，不能乐学。故君子之于学也，藏焉修焉，息焉游焉。夫然，故安其学而亲其师，乐其友而信其道，是以虽离师辅而不反也。《兑命》曰："敬孙务时敏，厥修乃来。"其此之谓乎！

国人选择性遗忘，社会上道德滑坡的案例也屡见不鲜。2014年春晚小品《扶不扶》的剧本正是在社会公平正义被歪理耻行不断攻陷的背景下创作出来的，其展示的情节隐含有南京彭宇案①的尴尬，其末尾"人倒了还可以扶起来，人心倒了可就扶不起来了"的台词赢得观众雷鸣般的掌声。小品所折射出来的人心不古的道德问题使人们开始探究人心不古、道德滑坡的深层次原因，其中，较被认可的结论是人们耻文化意识的淡化与缺失，导致人的良心泯灭。

一、国内耻文化研究现状

有些人说，当今社会物质丰富了，可是人们的道德却滑坡了。为了从根本上扭转这一社会不良倾向，国内研究耻文化现象的专家学者异军突起，他们投入大量的精力来研究古人关于耻文化的相关论述，探析"耻"的内在含义，分析耻感缺失的原因所在，提出耻感教育的有效路径，并大力提倡在大学生群体中开展耻感教育，安抚国人对道德滑坡现状所带来的情感焦虑。我国关于耻文化的研究文献异常丰富，产生了一大批科研成果供国人学习，供思想政治教育工作者参考借鉴。梳理耻文化研究现状，主要集中在以下几个方面：

（一）儒家"耻"文化思想的解读与现代价值衔接的研究

孔孟开创了中华耻感文化，宋明以降的儒家大师在继承前人的基础上进一步发扬了这一思想学说。与道家归隐山林、法家严刑峻法不同的是，儒家主张积极入世，以自身良好的道德风范来带动整个社会风气的好转，构建

---

① 南京彭宇案指2006年末发生于中国江苏省南京市的一起引起极大争议的民事诉讼案。2006年11月20日，南京老太太徐寿兰在公交车站摔倒，彭宇自称上前挽扶、联系其家人并送其至医院诊治，属见义勇为，并非肇事者。随后，老太太咬定彭宇将其撞倒并向其索赔。双方对簿公堂。南京鼓楼区人民法院一审判决彭宇赔偿老太太损失的40%，二审和解结案。此案在社会中引起强烈反响，此后类似彭案的各种版本在各地出现，引起民众对跌倒老人是否可以挽扶的激烈讨论。

德主刑辅的"大同社会"①。大同社会的构建需要社会生活中的每一个个体都涵养知耻心、羞耻感，这样才能实现"有耻且格"的社会治理目标。历代儒家士大夫都试图以"耻"文化为基础，把国家、社会、个体三者贯通，在国家层面采取德主刑辅的治理手段，使人人各司其职、各安其位，达到夜不闭户、路不拾遗的治理效果；社会以"和"为贵、以"信"为美、以"礼"为范，人们生活井然有序；个体涵养精忠报国的家国情怀，"学好文武艺，货于帝王家"②，以"天下兴亡，匹夫有责"（顾炎武《日知录·正始》）的担当扛起保家卫国的责任。因此，扬荣拒耻成为几千年来人们立身处世的做人原则，如"谋道不谋食""忧道不忧贫"（《论语·卫灵公》）的追求道义的信念，"见利思义""见得思义"和"舍生取义"③的气节。民族英雄文天祥④被俘后

---

① 大同社会是中国人思想传统中最终的理想社会或人类社会的最高阶段。大同社会是指全民公有的社会制度，包括权力公有和财物公有，而首先要注重的是权力的公有。权力公有的口号是"天下为公"，具体措施是选贤与能，讲信修睦。《礼记·礼运》对大同社会的描述：大道之行也，天下为公，选贤与能，讲信修睦。故人不独亲其亲，不独子其子，使老有所终，壮有所用，幼有所长，矜、寡、孤、独、废疾者皆有所养，男有分，女有归。货恶其弃于地也，不必藏于己；力恶其不出于身也，不必为己。是故谋闭而不兴，盗窃乱贼而不作，故外户而不闭，是谓大同。

② 出自元朝无名氏《马陵道》楔子："自古道，学成文武艺，货于帝王家。必然见俺二人学业成就，着俺下山，进取功名。"

③ 参见《孟子·告子上》：鱼，我所欲也；熊掌，亦我所欲也。二者不可得兼，舍鱼而取熊掌者也。生，亦我所欲也；义，亦我所欲也。二者不可得兼，舍生而取义者也。生亦我所欲，所欲有甚于生者，故不为苟得也；死亦我所恶，所恶有甚于死者，故患有所不辟也。如使人所欲莫甚于生，则凡可以得生者何不用也？使人之所恶莫甚于死者，则凡可以辟患者何不为也？由是则生而有不用也，由是则可以辟患而有不为也。是故所欲有甚于生者，所恶有甚于死者。非独贤者有是心也，人皆有之，贤者能勿丧耳。

④ 文天祥（1236年—1283年），初名云孙，字宋瑞，又字履善。自号浮休道人、文山。江南西路吉州庐陵县（今江西省吉安市青原区福田镇）人，南宋末年政治家、文学家，抗元名臣，民族英雄，与陆秀夫、张世杰并称为"宋末三杰"。其著作经后人整理，被辑为《文山先生全集》。

大义凛然，拒绝元朝许以高官厚禄的招降，写下绝命诗"孔曰成仁，孟曰取义，唯其义尽，所以仁至。读圣贤书，所学何事？而今而后，庶几无愧"，留下"人生自古谁无死，留取丹心照汗青"（文天祥《过零丁洋》）的豪言壮语，慷慨就义赢得万世敬仰。中国传统社会伦理道德体系中具有丰富的耻文化观念，它从道德理性、道德规范和道德践行等层面，对个体予以全面规约，造就了中国博大精深的耻感文化。具体体现为：在传统道德理性中，如"朝闻道，夕死可矣"（《论语·里仁》）、"知之为知之，不知为不知，是知也"（《论语·为政》）、"择其善者而从之，其不善者而改之"（《论语·述而》）等，把"耻"与"道""知""行"都有效贯通；在道德规范中，如"以直报怨，以德报德"[①]（《论语·宪问》）、"主忠信"（《论语·子罕》）、"知耻近乎勇"（《礼记·中庸》）、"可以取，可以无取，取伤廉"[②]（《孟子·离娄下》）等，从正义、诚信、勇毅、节制和廉洁等善的一面对"耻"有明确的要求；在道德践行中，"志于道，据于德，依于仁，游于艺"（《论语·述而》）、"古者言之不出，耻躬之不逮也"（《论语·里仁》）、"六言六蔽[③]"等，深刻阐述了"耻"是个体志道、好学、谨言慎行的评价标准和判断依据。儒家"耻"文化思想的解读与现代价值衔接的研究主要侧重在如下内容。

一是高校德育内容应当充分吸收、借鉴儒家耻文化思想，积极开展耻感教育。宋富军认为耻感是人内心向上向善的强大的动力源泉，是底线伦理教育的重要组成部分，高校开展大学生思想道德教育应当以耻感教育为基础，把耻德作为夯实大学生思想道德基础的德育资源，引导大学生追求高尚

① 参见《论语·宪问》：或曰："以德报怨，何如？"子曰："何以报德？以直报怨，以德报德。"

② 参见《孟子·离娄下》："可以取，可以无取，取，伤廉；可以与，可以不与，与，伤惠；可以死，可以无死，死，伤勇。"

③ 参见《论语·阳货》："居，吾语女。好仁不好学，其蔽也愚；好知不好学，其蔽也荡；好信不好学，其蔽也贼；好直不好学，其蔽也绞；好勇不好学，其蔽也乱；好刚不好学，其蔽也狂。"

人格。① 牟世晶认为，历代儒家学者关于耻感的论述浩如烟海，为高校德育提供了丰富的耻论资源，引导大学生涵养知耻心、羞耻感，筑牢人之所以为人的人性底线；当人们内心形成了以"耻"来约束自身言行的心理机制，培育和践行社会主义核心价值观就有了坚实的根基，因此高校德育就应积极吸收、借鉴儒家耻论思想，做到"古为今用、为我所用"。② 唐海燕认为，儒家耻感思想是中华优秀传统文化在漫长的历史长河中，不断演进发展逐渐形成的一种独具民族特性的道德价值观念，滋养着中华民族得以生生不息绵延五千年；耻感思想从否定的方面揭示"善"的内容，因此，高校德育工作者要引导大学生从否定的方面认知何以为善以及如何祛恶避辱，牢固确立正确的荣辱观念。③

二是从不同的认知角度对儒家耻德内涵进行阐释。刘锡钧认为，从浩如烟海的文化典籍中将儒家关于"耻"的论述予以归纳，耻德内涵主要有"人不可以无耻"，耻是做人的标准；"必有耻，则可教"，耻是道德教化的前提；"人有耻则能有所不为"，耻是品德养成的保证；"风俗之美，在养民知耻"，耻是培养良好社会风气的首要任务。④ 邓剑华通过对《论语》的研读认为，耻德涵盖了"无德之耻、无羞之耻、无才之耻"，个体无德、无羞、无才都是可耻之人。无德之耻，主要是指一个人没有良好的道德修养和美好的道德品行；无羞之耻，是指一个人没有羞耻心或者没有正确的羞耻心态；无才之耻，是指一个人没有真才实学，呈现给世人的是无知与无能。⑤

三是高校实施耻感教育的德育价值。燕良轼、王小风认为，羞耻感是是非观形成的基础，停留在认知层面的是非观还不是真正意义上的是非观，只

① 宋富军.论基于耻感的大学生思想道德教育 [J].浙江学刊，2011（4）：4.
② 牟世晶.儒家传统中的耻论资源对知耻教育的意义 [J].兰州学刊，2008（1）：4.
③ 唐海燕.知耻：大学德育底线伦理探析 [J].学术论坛，2007（2）：41-44.
④ 刘锡钧.论"耻" [J].道德与文明，2001（4）：4.
⑤ 邓剑华.试论《论语》耻德教育在高校德育中的价值 [J].湘南学院学报，2014，35（6）：6.

有通过内化从情感土壤中生长起来的是非观才是真正意义上的是非观，才是进入生命层次道德自觉的是非观，只有这样的是非观才能变成学生道德生活中的行动自觉；羞耻感是个体自尊心的表征，不是建立在羞耻感基础上的所谓自尊只能是一种扭曲的自尊，这种自尊不以社会伦理道德规范为准绳，而是个人利益凌驾于社会、集体之上，故而更加无耻；羞耻感是抵御不良诱惑的精神力量，人一旦有了羞耻感，就有了对于卑鄙可耻的事物的"防毒面具"，就会牢固树立正确的价值观念，自觉地遵循传统社会伦理道德规范，自觉遵守学校的各项规章制度，随时校正和调节自己的言行、愿望、动机，提高自己遵守社会伦理道德规范和学校规章制度的自觉性；羞耻感是道德教育的起点，教导大学生，首先要让他们涵养耻辱感，其次必须培养他们的知耻之心，使其有所畏惧，最后要表扬他们，使其有所追慕。① 王宏亮认为，儒家将耻看作人之为人的道德底线、道德修养的内在动力、塑造君子人格的首要目标，因此通过批判改造，扬弃糟粕，可以使儒家文化思想成为当代道德建设的重要文化资源。②

　　四是传统"耻"文化主要特征。胡凡认为中国先秦时期所形成的耻感文化是中国古代哲人对于社会和人生的一种高度抽象，它具有深刻而丰富的道德和伦理价值。耻感文化具有如下特点：第一，注重内省、慎独，强调反求诸己，通过正己而达到正人；第二，改过迁善、见贤思齐，最终达到"至善"的崇高境地；第三，耻感文化能激发人的奋斗精神，使人为实现自己的人生理想和道德实践而积极进取，不屈不挠；第四，崇尚操守，砥名砺节，形成不媚时俗的道德品格。③ 高春花认为，"礼"与"仁"的统一是他律与自律相统一的耻感品性的文化依据，"耻"与"礼"相联系作为一种伦理的存在而以他律为

①　参燕良轼，王小凤.论羞耻感教育 [J].东北师大学报（哲学社会科学版），2006(3)：130-135.

②　王宏亮.儒家耻德及其现代价值 [J].山西广播电视大学学报，2008（1）：2.

③　胡凡.论中国传统耻感文化的形成 [J].学习与探索，1997（1）：7.

特征,"耻"与"仁"相关照作为一种道德的存在而以自律为特征。①

(二)耻感的德育功能研究

耻感文化是中国传统文化的核心组成部分,是我国传统社会伦理道德规范涵养的文化基础。我国传统文化所提倡的耻德既是做人的标准,也是道德教育、道德养成和建立道德社会的前提。耻感是一种积极追求向上向善的道德情感,它为个体道德自律提供不竭的动力之源,促进个体涵养"富贵不能淫,贫贱不能移,威武不能屈"(《孟子·滕文公下》)的浩然正气。耻感独具的内外兼修特性使它成为伦理道德规范内化的重要环节,确保个体德性得以不断完善,诚如荀子所言"见善,修然必以自存也;见不善,愀然必以自省也。善在身,介然必以自好也;不善在身,菑然必以自恶也"(《荀子·修身》)。吸收耻感文化精华,树立正确的耻感意识,抓好耻感文化建设,对当代高校德育具有十分重要的现实意义。

一是耻感文化对当代道德教育的价值。郭聪慧认为,知耻是人性的标志,是做人的基本道德要求,是人之为人的根本所在,耻感文化有助于化解当代道德教育的困境;道德的价值是人类精神的自律,一个道德高尚的人会把外在的道德要求内化为自己内心的要求和信仰,强化耻感教育有助于化"他律"为"自律";中华文明是具有典型"耻感"特质的文化类型,它以强烈的耻感意识来维系社会发展的价值体系,"养民知耻"有助于增强民族凝聚力,推动社会的和谐发展与进步。②吴潜涛、杨俊岭认为,耻感是道德自省品质养成的心理基础,是道德自律品质形成的心理保证,是道德行为产生的心理动力③。唐海燕认为,知耻才能有尊严,羞耻心是一个人维护自尊的自因,它有力地护卫着一个人的尊严,而知耻是大学生道德人格的底线,

---

① 高春花.儒家文化中的耻感品性及其当代启示[J].思想教育研究,2007(11):3.

② 郭聪惠.中国传统耻感文化的当代道德教育价值解读[J].青海社会科学,2008(4):11-14.

③ 吴潜涛,杨峻岭.社会公德建设与公民耻感涵育[J].道德与文明,2008(1):4.

底线一旦失落，道德人格就会发生千里溃堤的危险，难以形成；知耻才会改过迁善，才能遵循以耻感为底线的道德基准，战胜自我和邪恶的行为；知耻可转化为向上的精神动力和道德力量，使大学生产生崇高的自尊心、自豪感，形成完善自我的力量和心理机制，在社会生活中做出善的、符合人的尊严的行为。[①]

二是羞耻感是中国人改过向善的动力之源。"人要脸，树要皮""人不要脸，天下无敌"，中国人很看重"面子"问题，不要脸等于"无耻"或"不知羞耻"。社会生活中有些人发现自己的思想与行为的欠缺后会引以为耻，觉得非努力不足以彰显出自己的人格尊严，结果不但弥补了缺陷，而且超越了平凡，取得一般人难以企及的成就。燕良轼、王小凤认为，羞耻感能使个体产生一种对无能感、挫败感的排斥心理，从而激发个体在社会生活中奋进的勇气和决心，即"知耻近乎勇"（《礼记·中庸》）。[②] 金耀基从社会性和道德性两个方面对面子与耻的内涵进行了分析，认为"面子与耻其实是一个事物的两个方面，或者说耻是面子的内核。而脸面既有成就君子人格的潜力，又具有推动人积极向上，获得成就感的动力"[③]。

三是"知耻"教育是公民教育的核心内容。耻感是一种内在的、积极向上的道德情感和道德意识，耻感教育也必然有着十分重要的伦理价值。主要体现在：第一，耻感教育是一种养成教育，它有助于个体养成良好的道德人格；第二，耻感教育是一种社会教育，它有助于过滤和净化社会的不正之风；第三，耻感教育是一种文化素质教育，它有助于实现"以人为本"的教育理念。浩歌《知荣知耻方能成人成才》中提出：衣食足，更当知荣辱。面对社会转型期呈现的价值观日益多元的趋势，以耻德引导全体国民，特别是青少年学生明辨是与非、善与恶、美与丑，促进社会和人科学发展、和谐发

① 唐海燕.知耻：大学德育底线伦理探析 [J].学术论坛，2007（2）：41-44.
② 燕良轼，王小凤.论羞耻感教育 [J].东北师大学报（哲学社会科学版），2006（3）：130-135.
③ 金耀基.金耀基自选集 [M].上海：上海教育出版社，2002：117-140.

展、全面发展，成为思想道德建设的新焦点。不知荣辱无以为人，知荣知耻方能成人成才。少数大学生是非荣辱不明，善恶美丑不辨，以致出现把腐朽当神奇、把庸俗当时尚、把谬误当真理等社会丑恶现象，这与当代大学生的文明风尚、道德操守是格格不入的，这样的大学生是无论如何也成不了大器、成不了受社会欢迎的人才的。边媛认为，耻感具有强烈的主体性，带有一定的主观色彩。耻感具有纠偏功能、预警功能、激励功能。对于一个国家而言，国民的耻感可以纯化社会风俗，有利于形成良好的社会道德环境，提升整个社会的道德水平。① 杨婷认为，"知"作为人内在的自律规范，"耻"作为外在的他律规范，两者共同构成了传统道德的知耻文化。这种知耻传统文化虽不可避免地具有阶级的、历史的局限性，但它为现代公民教育提供了宝贵的经验。因此以"知耻"传统道德丰富公民教育内容，达到传统性与时代性的统一，公民教育才能真正取得成效。②

四是个体耻感缺失是道德滑坡的重要原因。张自慧、张静认为"去羞耻化"现象的蔓延，淡化群体意识，挑战面子至上，是对中国传统文化特质的消解。③ 焦国成认为目前"去羞耻化"现象表现为"抛弃正当的是非善恶观念，以膨胀的私利为荣辱标准；以不该耻者为耻，不以耻者为耻；放弃自律，追随无耻；对于不正之风和无耻现象的麻木和容忍"。④ 邹兴平认为，尽管很多人对社会转型以来道德滑坡的原因提出了不少与事实相符的看法，但耻感文化由羞恶到羞输再到羞失的蜕变无论如何是非常重要的一种原因。此种情况的出现不仅与历史的迁延，而且与今人行为的失当有着紧密的关联，因此，为使这一问题得到较好的解决，最终有俾于和谐社会的建设，

---

① 边媛. 试论耻感在现实道德建设中的作用 [J]. 文教资料，2007（11）: 2.
② 杨婷. "知耻"传统文化丰富公民教育 [J]. 思想政治教育研究，2008，24（3）: 37-40.
③ 张自慧，张静. "去羞耻化"现象的思考与对策 [J]. 现代大学教育，2008（6）: 85-89.
④ 焦国成. 论知耻 [J]. 今日浙江，2006（11）: 3.

人们应积极采取各种具有针对性的措施。① 贺新春认为，社会转型时期耻感的缺失，已经严重制约我国公民道德建设的运行、发展和完善。其原因是多方面的，既有社会因素，又有个人因素。因此，必须从加强道德教育，培养道德人格；树立正确的社会主义荣辱观；加强道德立法等途径入手，多管齐下，重建人们的耻感意识。②

（三）高校开展知耻教育的研究

"知耻"是对社会现象进行道德评价的基本前提，只有个体知晓何为耻、何为不耻，内心才会拥有是非、善恶、美丑、荣辱的界限；只有认清了诸如"孝悌忠信礼义廉耻"这些基本的道德要求，才能够做出正确的道德选择。正所谓"人不可以无耻"，倘若一个人没有了知耻之心和羞愧之情，就如同突破了做人最起码的道德底线，其自我检省和道德他律的作用也将失效，于是就会变得荣辱不分、善恶不辨，进而无所忌惮、恣意妄为。③ 高校开展知耻教育的研究主要侧重于如下内容。

一是高校德育的基点是"知耻"。知耻是高校德育的底线伦理，高校德育工作者只有明晰道德教育的底线，确立各项德育的起点，才能更好地培育大学生崇高的思想道德品质和高尚的思想道德情怀，高校才能实现扎根中国大地办大学，德育工作才会有坚实的文化基础，以文化人的德育才能顺利实施。贾博敏认为，应以知耻教育为抓手提升大学生道德素质，并提出相应知耻教育路径：帮助大学生树立正确的荣辱观，养成良好的道德风尚；必须坚持把课堂教学与课外教育、科学教育与传统文化教育、知耻教育与学生日常活动、学校教育与社会教育分别结合起来对大学生进行知耻教育。④ 郭聪

① 邹兴平.转型时期的耻感文化：蜕变与重建 [J].湖南师范大学社会科学学报，2010，39（2）：4.

② 贺新春.社会转型时期耻感的缺失与重建 [J].玉林师范学院学报，2007（2）：117-121.

③ 王晓广.知耻是道德重建的起点 [J].中国德育，2017（17）：2.

④ 贾博敏.以知耻教育为抓手提升大学生道德素质 [J].才智，2009（30）：2.

惠认为，知耻教育是学校思想政治教育的主要内容和基本切入点。当前大学生耻感意识缺失，既与学校思想政治教育存在缺陷、社会机制不完善等因素有关，也与大学生道德意识淡薄、缺乏耻感有很强的关联度。要解决这一问题，应倡导正确的荣辱观，弘扬传统美德，抓好知耻环境建设，加强"耻德"修养。① 胡松、赖秀冬分析了当代大学生荣辱观意识缺失的原因，提出了开展知耻教育的重要性，认为知耻教育的内涵应包括道德底线教育、主体性教育、针对性教育等，开展知耻教育要从培养耻感意识、内化道德情感、培养社会责任感等方面进行。②

二是高校荣耻观教育应把激发大学生的耻感放在首位。龚志宏认为，耻感是指个体因自己的言行、品质不符合社会公认的道德准则和行为规范而产生的一种否定性的情绪体验。建立正确荣辱观的过程，同时也是对错误、混乱荣辱观进行清理与批判的过程。只有真正明确了什么是"辱"，才能真正明确什么是"荣"。在高校荣辱观教育中，应当坚持"教之耻为先"，把培养、激发大学生的耻感放在重要地位。③ 王彦民认为，由于对传统耻感文化继承的不足，现行社会道德标准多元化，互联网的负面影响、高校管理中的不规范等原因使部分高校学生耻感淡化，道德意识淡薄，严重影响了高校学生的整体素质和声誉，因此耻感教育的回归势在必行。高校教育管理者要认真研究知耻教育，找出高校学生缺乏耻感的根本原因，构建知耻教育机制，完善高校学生道德体系建设。他还认为，构建高校"知耻"教育的有效途径是高校德育教育的重中之重，包括知耻明心，建立高校学生起码的道德底线；知耻明荣，积极架构社会公德价值体系；知耻养德，感悟作为人生基石

① 郭聪惠.知耻教育：高校思想政治教育的新路径[J].重庆工学院学报：社会科学版，2008，22（8）：3.
② 胡松，赖秀冬.知耻教育：大学生荣辱观教育的新视角[J].淮海工学院学报（社会科学版），2008，6（1）：130-132.
③ 龚志宏.论高校荣辱观教育中的知耻教育[J].教育探索，2008（5）：3.

的职业伦理。^①

　　三是知耻教育的策略与方法。为防止道德滑坡、培养个体健康的道德情感、遏制耻感淡化现象，需要从三方面入手：第一，要逐步建构反映民族精神气质和时代精神的伦理观念体系及与之相应的具体道德规范，使道德主体的行为具有明确的参照目标；第二，要弘扬社会正气，树立普遍的社会正义感，培养人们健康的荣誉感；第三，要不断提高社会管理者的道德素质和法律素质，使之成为遵守社会道德、法律的楷模，发挥其示范效应。解决耻感淡化问题的途径包括如下步骤：第一，要实施有效的耻感规范教育。张剑认为，高校开展社会主义荣辱观教育要立足基本道德规范教育，牢固确立社会主义荣辱观的核心价值，重视知耻教育，在以实现大学生全面发展为目标的素质教育中，使社会主义荣辱观内化为大学生的基本道德素质。^② 第二，要重视社会主义物质文明建设，挖掘传统资源，加强以德修身。遏制耻感淡化现象，主要应从以下三个方面着手：第一，要认真吸取传统耻感文化中的合理内容，重塑理想人格，实现人格现代化；第二，要正确认识个人同他人和社会的关系，自觉地履行自己的义务和职责，树立正确的荣辱观；第三，要实行道德赏罚，督导人们树立正确的道德意识，为继承和弘扬耻感文化营造出一个健康的社会环境。

　　四是加强耻感教育的措施。当前高校耻感教育面临困境的最根本原因在于耻感教育方式，即整个道德教育长期处于一种单一和表层的说教中，因此，耻感教育要彻底转变僵硬的教育方式，树立并践行新型的适应我国社会主义现代化要求的道德教育理念。对此，杨俊岭、任凤彩认为：第一，要高度重视大学生耻感意识的培养；第二，要不断健全大学生耻感教育的运行机制；第三，要始终坚持耻感理论教育和社会管理的统一。^③ 燕良轼、王小凤认为：第一，要培养学生的是非观以培养羞耻感；第二，要培养学生的自尊

① 王彦民.如何在高校学生中开展知耻教育 [J].邢台学院学报，2010，25（2）：3.

② 张剑.社会主义荣辱观对高校德育工作的启示 [J].中国商界，2010（10）：252-253.

③ 杨峻岭，任凤彩.加强大学生耻感教育的依据及其途径探析 [J].思想理论教育导刊，2010（10）：3.

心培养羞耻感；第三，要学生的荣誉感以培养羞耻感；第四，要培养学生的责任心以培养羞耻感。① 郭聪惠认为，第一，要倡导"八荣八耻"的社会主义荣辱观，引领学生树立正确的耻感观念和意识；第二，要实施有效的耻感教育，培养学生"行己有耻"的道德品行；第三，要强化外在约束机制，抓好知耻环境建设。②

二、国外耻文化研究现状

（一）古希腊学者对"耻感"的论述和研究

古希腊哲学家认为，在人类道德情感体系中，羞耻感是其中的一个重要方面。古希腊哲学家毕达哥拉斯（Pythagoras）对羞耻感有过比较多的论述，他要求个体在社会生活中要对自身言行进行反省，要在内心通过比对发现自身卑劣的行为就感到羞耻、悲哀或者恐惧，从而促使自己改过迁善，对自身善良行为要感到欣喜而继续发扬光大。毕达哥拉斯曾说过，"无论是别人在跟前或者自己单独的时候都不要做一点卑劣的事情：最要紧的是自尊"。可见，毕达哥拉斯将自尊作为个体是否拥有羞耻感的前提。一个人如果没有自尊，就无所谓受不受辱，是荣是耻都不会在内心泛起涟漪，没有自赏与自责，当然就不会有愧疚的心理体验。被马克思曾称作希腊人中第一百科全书式的学者德谟克里特（Demokritos）提出许多关于"耻感"的论述。德谟克里特认为，"对可耻行为的追悔是对生命的拯救""做了一件可耻的事的人，应该首先对自己觉得惭愧"。可见，德谟克里特重视内省，期望通过内省来完善自身的思想道德架构，把内省看作个体在社会生活中存续生命的价值之所在。柏拉图（Plato）认为，羞耻能够使个体对不文明行为产生恐惧，远

---

① 燕良轼，王小凤. 论羞耻感教育 [J]. 东北师大学报（哲学社会科学版），2006（3）：130-135.

② 郭聪惠. 论中国传统耻感文化的当代道德教育价值 [J]. 河南大学学报（哲学社会科学版），2008（6）：125-128.

离羞耻是个体的正常德性追求。柏拉图曾说，"有羞耻就有恐惧。我相信恐惧的范围比羞耻大，因为羞耻是恐惧的一部分"，他还说"做违背法律的行为，不服从胜过我的人或神，是坏事，是可耻的事"，并由此来阐述他所认为的可耻之事。亚里士多德对荣辱感进行了更为深入、详细的研究。亚里士多德在《尼各马可伦理学》中提出："对耻辱的恐惧即是高尚的发端。大度的人就是对荣誉与耻辱抱着正确态度的人。"可见，亚里士多德将荣辱感是否正确与个体思想道德品质好坏统一了起来。同时，亚里士多德认为羞耻不是德行，而是由不良行为引起的一种感情，涵养羞耻感可以帮助青年人少犯错误。对此，亚里士多德曾说"有自尊心的人，关心的首先是荣誉和耻感"，将荣誉感与个人自尊紧密联系在一起，从中，我们可以清楚地看到荣辱问题对个体发展十分重要。

（二）美国学者对"耻感"的论述与研究

鲁思·本尼迪克特（Ruth Benedict）在《菊与刀——日本文化的类型》一书中，为研究第二次世界大战后的日本文化，与西方"罪感文化"相区别而提出"耻感文化"的概念。本尼迪克特认为，在"耻感文化"的国度里个体依照外人的观察和反应来立身行事，只有当个体言行有悖于社会主流价值观并被他人发现时才会产生羞耻感，如果没有外来强制力的制约个体就会瞒天过海、蒙混过关以逃脱道德的制裁。约翰·博德利·罗尔斯（John Bord-ley Rawls）在《正义论》中认为，羞耻分为自然羞耻和道德羞耻，个体耻感的强弱与其自尊、正义感密切相关。罗尔斯倡导个体涵养以知耻为底线的美德伦理。知耻是一种底线伦理，第一，底线是"善"的最低层次；第二，底线对理想而言，是理想的基础，再高尚的美德伦理也应以知耻为基础，并在此基础上不断得到提升。

（三）德国学者对"耻感"的论述与研究

德国古典哲学创始人伊曼努尔·康德（Immanuel Kant）在《实践理性

批判》中提道：个体高尚的道德行为必须有向善的内在驱动力，产生这种道德行为的动力由道德意志来决定，不受感性的好恶来左右人的意志选择。康德认为显示道德动机的可能性有两种，一种是习惯性的自然选择，另一种是因羞耻感做出的选择。康德认为，要引导个体特别是小孩去涵养美德，应当有效激发其羞耻感，而不应求助于法律的惩罚措施。虽然羞耻感并不是单纯的道德情感，但是羞耻感使人的行为选择与道德原则紧密相关。他还提出，生活中的人若是没了耻感，则无法自律。因为拥有做人的执着与对待耻的畏惧，才能使人自律。耻感是使道德自律与社会规范内化的内在心理机制。只有拥有了耻感，才有自律精神和自律能力，才会内在产生向善而行的勇气与力量。另一哲学家马克斯·舍勒（Max Scheler）对羞耻感也做出了出色的研究，他专门对羞耻感做了现象学分析与描述，同时，对羞耻感的起源、本质、价值等均进行了阐述。舍勒认为，人超越动物的地方是精神，动物缺少害羞以及对羞感的特殊表达能力。他认为羞感的实质是自我感觉的一种形式，属于自我感觉的范围。但这并不意味着羞感只与自我有关，它仍受公众与舆论的影响。在舍勒看来，羞感总是伴随人的自我意识、个人意识和个人的价值意识而发展。

（四）英国学者对"耻感"的论述与研究

大卫·休谟（David Hume）是西方哲学历史中最重要的人物之一，他对近代西方思想界影响最广泛的是其著作《人性论》。他在《人性论》中从心理学上解释了耻感，认为个人会因自身的思想或行为不符合正义原则而感到羞耻。他曾说过，"我们对他们的判断十分重视的那些人，如果对我们表示轻蔑，我们就要感到极大的耻辱"。这表明荣辱情感强度受同情作用的影响。休谟的哲学思想对亚当·斯密（Adam Smith）有一定的影响，斯密继承并发展了其同情理论。亚当·斯密在《道德情操论》中，形成了自己的道德情感理论，将人的本性中的同情情感视作道德的基础，他认为道德是人的本性，是人们对善恶、荣辱、是非的判断，人们能够听从自己良心的呼声，崇尚"荣"而抛弃"耻"。

三、耻文化研究的些许遗憾

从耻文化研究的现状来看，国人对耻文化的研究可以说是非常全面的，也是比较透彻的，许多研究成果可以直接为高校思想政治教育工作者提供借鉴，以使他们的工作达到事半功倍的效果。但是让人感到些许遗憾的是，这些研究大多数是站在自身工作的角度，从儒学、德育学等视角来开展的，没有对耻文化做全面系统的梳理。笔者认为已有耻文化研究的不足之处主要有如下内容：

一是没有对耻文化的源流及发展脉络进行系统的梳理。中华耻文化源远流长，为中华民族的繁衍生息提供了丰富的文化滋养。虽然耻文化的历史发展一脉相承，但是对于耻文化源流的梳理有所欠缺，迄今尚未有比较系统的梳理成果，这是以耻感文化为核心的东方文化的一大遗憾。

二是没有对"耻"的内涵进行全面的梳理。当今社会人们对于"耻"的理解更多地停留在羞耻、荣辱等的简单认知上。不知道何为耻，也不知道蒙耻的缘由，所以不会在社会生活中涵养耻德以避耻。而传统社会里，悖德、违和、不才和无羞等都会让个体蒙受耻辱。

三是没有探讨个体蒙耻的原因。违背伦常即为耻。伦常为何？伦常就是维护人与人之间正常交往的社会伦理道德规范，换句话说就是"孝悌忠信礼义廉耻"。在社会生活中八德是人人遵循的准则，它对社会正常运转起到了很好的保障作用。社会生活中的个体违背了八德就要受到社会舆论的谴责，个体就会蒙辱。

四是没有探讨个体应如何立身行事来避耻。社会生活中个体的社会地位决定着其要遵循的准则，社会地位越高示范效应越大，道德的要求也就越高。底层的老百姓要守道，要遵循"仁义礼智信"的交往之道。而对于高层就要布道，用良好的德性来示范引领社会风气的走向。

第一章　何为耻

人不可以无耻，无耻之耻，无耻矣。

——（战国）孟子

第一节　耻义之辨析

"耻"是中华民族道德生活中的核心要素之一，中国传统社会的"孝悌忠信礼义廉耻"的八德中就有"耻"，士大夫眼中维护国家、社会稳定的礼义廉耻的"四维"中也有"耻"。"耻"是道德内容，也是道德情感，还是道德评价，更是道德品质形成、理想人格塑造不可或缺的前提条件和核心要素。古今中外，伦理家们在创立自己的学说时，纷纷提到"耻"，使自己的伦理学说更趋完善。孔子开耻感文化之先河，随后的儒家大师纷纷著书立说，继承和弘扬耻感文化，并对社会生活产生了巨大的影响。时至今日，改革开放背景下的市场经济体制已经完全确立，但与市场经济相适应的法律法规体系尚不完善，市场经济逐利性的危害面逐渐暴露出来，对传统的伦理道德价值观念产生剧烈撞击，导致部分国人信仰缺失、耻感钝化、文明退化，严重威胁中国梦的顺利实现。2013 年 12 月 30 日在中共中央政治局第十二次集体学习时，习近平总书记说："要继承和弘扬我国人民在长期实践中培育和形成的传统美德，坚持马克思主义道德观、坚持社会主义道德观，在去粗取精、去伪存真的基础上，坚持古为今用、推陈出新，努力实现中华传统美德的创造性转化、创新性发展，引导人们向往和追求讲道德、尊道德、守道德的生活。"坚定文化自信，弘扬和传承中华传统美德，培养和践行社会主义核心价值观，涵养耻感、重塑耻德，成为当前中国社会主义精神文明建设亟待解决的主要问题之一。

一、析"耻"

中华优秀传统文化源远流长、博大精深。探究中国现存传世经典可以发现，在先秦的诸多典籍中就已经有了"耻"的论述，经过先哲对"耻"的内涵与外延的不断拓展，形成了独具中国特色的耻感文化。经过专家考证，在甲骨文中至今尚未发现"恥"或"耻"字，金文中已经有了"恥"字。古人造字是为了表达、交流、抒发思想和情感，记录重大历史事件，使之传承给后人，以快速超越前人。正如陶德怡在《善恶字汇》中所言："文字之发生，在当时乃代表普遍的或重要的事实。原人类之创造一事一物必有其创造之背景与原因；而此背景与原因，尤为众人之所急务，然后所创造之事物，方能传播广远，为大多数所采取……文字者，乃补助语言之不足，代表思想之工具，为人类之一最重要发明，其为一般社会之需要，自属尤甚。"大概在殷商之前，随着人类文明的不断进步，人们已经有了耻辱的情感体验，但还不知道怎样用大家都能接受的字符来准确表达耻辱情感。

（一）"耻"字的产生

原始社会后期，部落兼并战争频繁，战火烽烟四起。李晓愚考证认为古战场起初实行的是"割首计功"的办法：把敌人头颅斩下来，拿回去论功领赏。然而战场瞬息万变，而斩首需要时间，且脑袋圆溜溜的，既重又携带非常不便，这会严重影响士兵在战场上战斗力的发挥。于是古人对记军功方式进行改革，以敌人的左耳代替敌人的首级，消灭一个敌人后，顺手把他的左耳朵割下来，这样既省时又轻便简单，还有利于保存士兵的体力，不至于影响到士兵的战斗力。以耳代首记军功的历史被浓缩在一个汉字里，那就是"取"字。关于"取"字，甲骨文中书写为"𝄞"，金文书写为"𝄞"，金文大篆书写为"𝄞"，字符表示"左边是只耳朵，右边是一只手，这只手揪住敌人的耳朵并把它割下来"，这就是"取"字的原义。与"取"同样反映古战场惨况的还有"联"字，"联"字甲骨文中写作"𝄞"，金文大篆书写为"𝄞"，繁体字为"聯"，字面含义为"左边是耳朵，右边是串耳朵的丝线"，用绳子把耳朵穿成串，然后挂在腰间，形象地再现了古战场的实况。①

在之后中国的历史上，人的左耳成了战场上军人荣获军功与晋升爵位的依据，即便到了清朝冯子材率兵取得镇南关大捷，击败法国入侵军队时，清军还割下了几麻袋法军的耳朵作为向朝廷请功的凭证。《说文解字》有相关记载："聝②，军战断耳也。"《诗·鲁颂·泮水》记载："矫矫虎臣，在泮献聝。"军人在战场上晕死（或昏死）后耳朵被敌人所割，逃回故土后听到自己遭到他人嘲讽或讥笑，乃至谩骂，内心的耻辱感油然而生。因此殷商之时，古人便把"🕉"和"🕉"合并创造出"🕉"这样的字符来表达耻辱的含义，得到了时人的认同并流传开来。在殷商时期的青铜器铭文上已经有了"🕉"，所以说"耻"最早出现在金文中。金文中的"耻"字，即"🕉"这一字符，它是一个会意字，由两个象形文字组成，即"🕉"和"🕉"组成，左边是"🕉"（耳的象形字，表示耳朵在听）右边是"🕉"（心的象形字，表示内心的感受），造字本义：耳朵听到他人的批评与谴责，内心感到羞愧。"耻"字在汉字字形演变过程中，尤其是在由小篆向隶书演进中，不知是书写的需要还是抄录者的笔误所致，小篆"🕉"的字形先后有两种主要变化，演化成楷书的"耻"或"耻"。

"耻"由"耳"和"心"组成。细分又有两种写法：一种写法是由左"耳"、右"心"构成，如"🕉"字在《说文解字·心部》中就是这样写的。另一种写法是由上"耳"、下"心"构成，如"🕉"字在《春秋事语》中就是这样写的。从"耻"字的字面构成来看，可以做出如下解释：其一，士兵在交战时被敌对方俘虏，在耳朵被割后逃家乡，被他人耻笑后内心深处所产生的耻辱情绪。在交战过程中士兵被敌方所俘，已经被认为是自己没有本事打不过敌人或贪生怕死投降敌人所致，侥幸逃回来但在上司和同僚面前地位尽失，成为人人都可以讥讽的对象，这是非常没有面子的事；加上耳朵被割

---

① 李晓愚．善于用"耳"才聪明 [EB/OL]．（2017-04-01）[2022-01-08].http：//newsxmwb. xinmin.cn/2017/04/01/30932347.html.

② 聝，（音 guó）指古代战争割取敌人的左耳，用以计数报功。

后，五官不全，面目狰狞而恐怖，可以说是人不像人鬼不像鬼，被他人当作怪物来看待，必定是满腹屈辱。所以，古人创字时用"🙊"来表达"耻"的感受。古代社会罪行较轻的犯人被处黥（音 qíng）刑（或称墨刑、黥面）、劓刑，犯人脸上被刺字或鼻子被挖，在社会生活中非常容易被他人发现，成为他人嘲讽取笑的对象，犯人一辈子都会生活在屈辱之中，以此警示世人一旦作奸犯科就会遭到类似的惩戒。这两种刑法的由来肯定是受到了战场上俘虏被割耳朵的启发而发明的刑罚。其二，个体做过某件事后或正在从事某项活动时，其听到来自他人对自己不好的议论（评价）或谴责，内心因此而产生的一种愧疚的情感体验。这意味着个体做了不道德的事或存在不道德的行为，因此在听到他人对自己不好的议论（评价）或谴责时，内心会倍受道德良知的谴责与煎熬，感到非常惭愧与不安，个体内心就有了羞耻感这种负面的情绪体验。相关研究发现，在对"耻"字字面意思的这两种解释里，支持第二种解释的人更为普遍与常见。

"耻"由左"耳"、右"止"构成，如"耻"字在《谯敏碑》中就是这样写的。"恥"与"耻"并存了相当长的一段时间，在现代汉语中广泛使用"耻"字这一字形后，"恥"字逐渐被取代乃至消失。同样，对"耻"字从字面构成进行分析，亦有两种解释：其一，士兵在交战时被敌方俘虏，敌方将其耳朵割去后就停止伤害了。如上所述，由于战败和五官不全，俘虏内心蒙辱，由此而感到耻辱。其二，个体听到他人对自己不好的议论之后，便停止做正在做的事。这表明"耻"字造字时暗示着这样一层意思，即社会生活中的个体在听到了来自他人对自己的善意的批评或谴责之后，随即停止做正在做的让自己蒙羞的事，纠正自己不道德的行为。在对"耻"字字面意思的这两种解释里，第二种解释被更多人采信与接受。

篆文"恥"写作"🐘"，承续了金文的字形。隶书误将篆文的"心"写成"止"，成为现在通行简化字"耻"。《正字通》将"耻"注解为"恥"的俗字，认为"耻"是"恥"在由小篆向隶书演变过程中发生了讹变。此外，就"恥"和"耻"二字的区别，一般认为，它们互为异体字，古汉语里习惯于用"恥"字，较少使用"耻"字，而现代汉语中则是习惯于用"耻"字，并用"耻"字全面取代进而淘汰了"恥"字。现代人没有严格区别"恥"和"耻"的用法，而是把"恥"字认为是"耻"字的另一种写法，所以在《新华字典》《辞海》中都没有单独列出"恥"的字条或词条，而是把"恥"当成"耻"的异体字予以体现。

（二）"耻"字的意思

许慎①在《说文解字·心部》中对"恥"予以了解释，他写道："恥，耳心，辱也，从心，耳声。"对于"耻"字，《说文解字》没有收录，也许在许慎看来"耻"本是"恥"字的异体字，无须收录解释。《广韵·止韵》对"恥"的解释为："惭也"。《六书总要》中对"耻"的解释是："耻，从心耳，会意，取闻过自愧之意。凡人心惭，则耳热面赤，是其验也。"为了方便读者更好地理解汉语中"耻"字的意思，现结合《新华字典》《辞海》以及《百度百科》《在线新华字典》等对关于"耻"的意思解释及其词性做一梳理，权供读者参考。

第一类是用作名词，这是"耻"在古代汉语中最常见的用法，这一用法比比皆是，可谓是灿若星辰。

一是释义为"耻辱，羞辱，侮辱"。例如，"其心愧耻，若挞于市"（《尚书·说命下》）、"管子忧周室之卑，诸侯之力征，夷狄伐中国，民不得宁处，故蒙耻辱而不死，将欲以忧夷狄之患，平夷狄之乱也"（《淮南子·泰族训》）、"凡民之有衺恶者，三让而罚，三罚而士加明刑，耻诸嘉石②。役诸司

---

① 许慎（约58年—约147年，一说约30—约121年），字叔重，汝南召陵（今河南省漯河市召陵区）人，东汉时期著名的经学家、文字学家。许慎花费至少二十一年编撰了世界上第一部字典《说文解字》，使汉字的形、音、义趋于规范，因其对汉语文字学做出了杰出贡献，被后世尊称为"字圣"。
② 嘉石又称文理之石，树之外朝门左，欲使罢民思其文理，以改悔自脩。

空，其有过失者，三让而罚，三罚而归于圜土^①"（《周礼·地官司徒·师氏/媒氏》）、"信近于义，言可复也。恭近于礼，远耻辱也。因不失其亲，亦可宗也"（《论语·学而》）。

二是释义为"羞愧、愧疚"。例如，"齐桓公饮酒醉，遗其冠，耻之，三日不朝"（《韩非子·难二》）、"赏莫如厚，使民利之；誉莫如美，使民荣之；诛莫如重，使民畏之；毁莫如恶，使民耻之"（《韩非子·八经》）、"子曰：'笃信好学，守死善道。危邦不入，乱邦不居。天下有道则见，无道则隐。邦有道，贫且贱焉，耻也；邦无道，富且贵焉，耻也'"（《论语·泰伯》）。

三是释义为"羞耻心，羞耻感"。例如，"人不可以无耻，无耻之耻，无耻矣"（《孟子·尽心上》）、"行己有耻，使于四方，不辱君命，可谓士矣"（《论语·子路》）、"臣闻君子耻之，小人痛之。耻之不变，痛之何益"（《吕氏春秋·直谏》）、"道之以政，齐之以刑，民免而无耻。道之以德，齐之以礼，有耻且格"（《论语·为政》）。

四是释义为"羞耻之事，可耻之事"。例如，"越王苦会稽之耻"（《吕氏春秋·顺民》）、"飞得志，则金仇可复，宋耻可雪"（《宋史·岳飞传》）、"困辱不能死，耻也"（《盐铁论·大论》）、"宪问耻。子曰：'邦有道，谷；邦无道，谷，耻也。''克、伐、怨、欲不行焉，可以为仁矣？'子曰：'可以为难矣，仁则吾不知也'"（《论语·宪问》）。

第二类用作动词，在古代汉语中，经常会把名词活用为动词，所以作为动词的"耻"也是十分常见的。

一是释义为"以……为耻，对……感到可耻"。例如"愿得燕弓射大将，

---

① 圜土即监狱，是中国奴隶社会夏、商、周三代监狱的通称。圜土是监牢的形象名称，当时监狱多为圆形土牢，在地下挖成圆形的土牢，或在地上围起圆形土墙，以监禁罪犯，防止其逃跑，故名。《竹书纪年》曰："夏帝芬三十六年作圜土。"《尔雅·释名·释宫室》："狱又谓之圜土，筑其麦墙，其形圜也。"《周礼订义》曰："圜土，狱城也。"

耻令越甲鸣吾君"（王维《老将行》）、"士志于道，而耻恶衣恶食者，未足与议也（《论语·里仁》）、"敏而好学，不耻下问，是以谓之'文'也。"（《论语·公冶长》）、"古者言之不出，耻躬之不逮也（《论语·里仁》）、"故君子耻不修，不耻见污；耻不信，不耻不见信；耻不能，不耻不见用"（《荀子·非十二子》）。

二是释义为"羞辱（人）、侮辱（人）"。例如"夏王无道，暴虐百姓，穷其父兄，耻其功臣，轻其贤良，弃义听谗，众庶咸怨，守法之臣，自归于商（《吕氏春秋·先识览》）、"彼醉不臧，不醉反耻"（《诗·小雅·宾之初筵》）、"巧言、令色、足恭，左丘明 ① 耻之，丘亦耻之。匿怨而友其人，左丘明耻之，丘亦耻之"（《论语·公冶长》）。

第三类用作形容词，这类用法与前面两者比较起来少得多，释义通常为"可耻的，羞耻的"。此时"耻"的后面往往省略了人或事，或者是人或事前移到"耻"的前面，表示某人具备羞耻心或羞耻感，或某事令人觉得可耻。例如，"汉阳诸姬，楚实尽之。思小惠而忘大耻，不如战也"（《左传·晋楚城濮之战》）、"人之患莫大乎无耻。人而无耻，果何以为人哉"（陆九渊《陆九渊集》）、"为礼而不终，耻也。中不胜貌，耻也。华而不实，耻也。不度而施，耻也。施而不济，耻也。耻门不闭，不可以封。非此，用师则无所矣"（《国语·晋语》）。

二、"耻"与相近字义的辨析

在社会生活中当我们谈到"耻"时，马上会联想到"辱""羞""恶""荣"

---

① 左丘明，生卒年不详（历代学者对左丘明的姓名、时代、籍贯、官职及著作说法不一，尚无定论）。春秋末期史学家、文学家、思想家、散文家、军事家。曾任鲁国史官，为解析《春秋》而作《左传》（又称《左氏春秋》），又作《国语》，其作《国语》时已双目失明。两书记录了不少西周、春秋的重要史事，保存了具有很高价值的原始资料，由于史料翔实，文笔生动，引起了古今中外学者的喜爱和研讨。左丘明被誉为"文宗史圣""经臣史祖"，孔子、司马迁均尊左丘明为"君子"。历代帝王多有敕封：唐封经师；宋封瑕丘伯和中都伯；明封先儒和先贤。

等字眼，现就"辱""羞""恶""荣"等做简要梳理，以便读者更好地理解"耻"，把握"耻"之精髓要义。

（一）"辱"与"耻"

"辱"最早见于甲骨文，其甲骨文字形为"辱"，小篆字形为"辱"。"辱"字上面是"辰"字，是"蜃"字简省的写法。蜃指一种大蛤蜊，其外壳坚硬，先民们用它的壳制成除草的农具。"辱"字下面是手形（又），指手持蚌镰耕作锄草之意。所以"辱"的本义最初是指耕作。《说文解字·辰部》中解释为："辱，耻也。从寸，在辰下。失耕时，于封畺上戮之也。辰者，农之时也。故房星为辰，田候也。"许慎认为"辰"指农时，失去耕种的时机，就会受到羞辱。古代为农耕经济，如果误了农时耽搁了耕种，就没有了人类赖以生存的粮食，就会闹饥荒。在奴隶社会时期，奴隶没有按时耕种农作物，农官会把农奴打倒在地，农奴甚至会因之招来杀身之祸。被打被杀的农奴内心是屈辱的，这样"辱"字就有了"羞耻"之义，而"辱"字的"耕作"本义又新创了"耨"字来表示，这样在现代汉语语境下"辱"就没有了"耕作"的意思。

在《说文解字》中许慎用"耻"与"辱"来互相解释对方："耻，辱也""辱，耻也"。有了许慎的互训解释，"耻"与"辱"同时出现，于是有了"耻辱"这个复合词，这里"耻"与"辱"表达的是同一个意思，似乎"耻"与"辱"可以通用。但是单字表义时，"耻"与"辱"的含义是有差别的。吴潜涛、杨峻岭在《社会公德建设与公民耻感涵育》中认为，"耻"和"辱"虽然都是行为主体的人格尊严受到某种损害时而产生的一种心理体验，但产生这种心理体验的外在条件是不同的。如果行为主体的人格尊严受损害的原因来自行为主体自身的思想或行为，所产生的是羞愧的心理状态，即"耻"；如果行为主体的人格尊严受损害的原因来自他人或社会，所产生的是羞耻的心理，即"辱"。① 所以说"耻"是个体比照社会伦常对自身的思想或行为的反思，一旦觉察到自身越过了价值与道德底线，个体内心感受到的就是"耻"。而"辱"则是个体受到来自他人或社会的讥讽，乃至谩骂，对个体的人格无故侮辱，与个体行为处事对错无关，所以"辱"有"义辱""势辱"之说②，如"故君子可以有势辱，而不可以有义辱；小人可以有势荣，而不可以有义荣"（《荀子·正论》）。势辱不算辱，势荣不为荣，有德之人不会允许自己因犯错受到义辱，无德之人因悖德而不可能得到义荣。

（二）"羞"与"耻"

"羞"最早见于甲骨文。"羞"字的甲骨文字形为"𦏵"，金文字形"𦐇"，小篆字形为"羞"。《国学百科》对"羞"的解释为："羞，会意兼形声。以手持羊，表示进献。小篆从羊，从丑，丑亦声。'丑'是手字的讹变。本义：进献。"③《说文解字·丑部》对羞的解释为："羞，进献也。从羊，羊所进也。从丑，丑亦声"。甲骨文"𦏵"字的字形，一边是"𦍌"（"羊"的象形字：画着羊头上的两只角和一双眼睛）表示一只羊，一边是"𠃜"表示一只手，左右结构，用手持（捉、赶）羊表进献之意，所以"羞"字的本义是"进献"。"羞"的字面意思是向他人进献羊，而羊是性情温顺且肉质鲜美的动物，所以"羞"也就有了"进献美味"之义，如"凡其死生鲜薧（音 xiān kǎo）之物，以共王之膳，与其荐羞之物，及后世子之膳羞"（《周礼·天官·庖人》）、"肴羞未通，女乐罗些"（《楚辞·招魂》），与今天所用的"馐"同义。秦始皇统一天下后在全国范围内推行"书同文，车同轨，统一货币、度量衡"制

① 吴潜涛，杨峻岭.社会公德建设与公民耻感涵育 [J].道德与文明，2008（1）：4.
② 参见《荀子·正论》："流淫污僈，犯分乱理，骄暴贪利，是辱之由中出者也，夫是之谓义辱。詈侮捽搏，捶笞膑脚，斩断枯磔，借靡后缚，是辱之由外至者也，夫是之谓势辱。是荣辱之两端也。""义辱"产生于对完善的内在道德人格的侵害，这种耻辱可以通过修身得到清除；势辱是外在的、社会性的不可抗力加之于个人的伤害，没有办法通过个人修养得到清除。
③ 《国学百科》"羞"字条：https：//guoxue.baike.so.com/query/view?type=word&title

度，"羞"在小篆阶段发展为上羊下丑（原来的"手"变作"丑"）的字形，讹变为以"羊"表意、以"丑"表音的形声字，除了"进献"之义外，已转喻为"羞愧""难为情"等义，从此"羞"慢慢丢失了"美味""进献"之义。

　　本义为精美、美味食品之意的"羞"与"羞愧""难为情"等意思等同起来的词义转换的关键在于"𦎫"字侧面那只"又"（手）。文字学家许慎认为这只手想要表达的是要把羊托举起来的动作，说明了"羞"与"羊""丑"之间的相关性，认为"羞"表示的是用"手"托举类似"羊"这种鲜美多滋的食物进献给他人，所以"羞"就可以解释成贡献出自己认为美好的食物。这只手如果是向自己的父母或上级献"羊"，则是进献，表达孝敬、尊敬之情；如果这只手是战败者的手向战胜者献"羊"，则是战败者带着屈辱的心情哀求他人，表示臣服之意。战败者向战胜者献"羊"求和（或谅解），战败者内心肯定充斥着"羞愧""难为情"的情感，战败者这种情感便附加到了"羞"字上，"羞"与"羞愧""难为情"便顺理成章地联系到了一起。后来，在汉字词义的演变过程中"羞"字在现代汉语语境中表达"羞愧"之意成了主角，弱化乃至丢失了"进献""美味"之意。通过这种拆分理解，我们可以知道"羞"字最初就有道德意蕴，且含有负面的道德情感。

　　"羞"字从贡献出自认为美好的食物之意转换到含有伦理道德意义的"羞"得益于孔子对"羞"字字义的扩大。子曰："南人有言曰：'人而无恒，不可以作巫医。'善夫！'不恒其德，或承之羞。'"（《论语·子路》）孔子引用《周易》中的"不恒其德，或承之羞"这句话是为了达到建构耻感文化的目的，把"羞"放入其道德体系之中，由此把"羞"转换、确定为"羞耻""羞辱"。① 这样一转换，"羞"便与"耻"具有了道德上的关联，这是"羞耻"并用的源头。对于孔子做出的这一转换，许慎做了细致的研究。他在《说文解字》中写到，"羊，祥也。从丷，象头角足尾之形。孔子曰牛羊之字以形举也，凡羊之属皆从羊""美，甘也。从羊，从大。羊在六畜，主

---

① 贡华南. 味与味道 [M]. 上海：上海人民出版社，2008：144-145.

给膳也。美与善同意""善，吉也。从誩（音 jing），从羊。此与义、美同意""义，己之威仪也。从我、羊"。从羞到羊、美、善、义，再加上意思为手的"丑"，其内含逻辑为：手里拿着他人的有价之物，是要奉还给他人，还是占为己有。"羞"表现的就是心理斗争复杂、行为犹豫的状况。想据为己有则是"羞"，据为己有便是"耻"。"羞"是个体意识到自我价值会受损而对当下不适应，个体无恶意。"耻"是个体已经逾越价值与道德底线，是在自我真善美行为被否定而激发自己去纠正自身错误的情感，个体在耻感产生时看到了自己的恶。羞不一定会感受到耻，但耻一定会带来羞。

（三）"恶"与"耻"

"恶"最早见于金文，繁体字为"惡"。"恶"的金文字形为"🐾"，小篆字形为"🔣"。《说文解字》对"恶"解释为："过也。从心，亚声。"《说文解字》对"亚"的解释为："醜也。象人局背之形。"于是我们对"恶"字可以这样理解：个体做了坏事被逼保持曲背之形接受惩罚，其内心的真实情感是厌恶这种惩罚，心里不好受。所以"恶"表达的字义，就有"厌恶、不善、过错"等意思。《广韵》将"恶"直接解释为"不善也。从心，亚声"。《通论》："有心而恶谓之恶，无心而恶谓之过。"恶在现代汉语中是多音多义字。读"è"时有三种含义：不好，如恶感；凶狠，如恶霸；犯罪的事或极坏的行为，如恶贯满盈。读"wù"时的含义是讨厌，憎恨，与"好（hào）"相对，如可恶。读"ě"时的含义是要呕吐的感觉或指对人和事的厌恶态度，如恶心。在这里主要讨论厌恶的"恶"与"耻"的关联。

对于人内心产生的厌恶情感，德国人类学家马克斯·舍勒（Max Scheler）有过长期的研究，表述为"在我们所认识的一切情感冲动中，厌恶是实际存在的最强烈的排斥力"[①]，它"是一种单纯的抵制，其形式是讨厌的事物

---

① 马克斯·舍勒.价值的颠覆 [M].罗悌伦，林克，曹卫东，译.北京：生活·读书·新知三联书店，1997：262.

使人产生强烈的被动的'反感'"①。马克斯·舍勒从人类情感自然流露的角度出发，探讨反感、厌恶等情绪对于人的行为选择的影响，发现人们对令人厌恶的人或事会自觉加以抵制。在中国传统社会语境中，经常是对立的两种概念联袂而出，如真假、美丑、善恶、荣辱等。厌恶的对立面是喜好，所以"恶"容易与"好"联系起来，如"唯仁者能好人，能恶人"（《论语·里仁》）、"子贡问曰：'乡人皆好之，何如？'子曰：'未可也。''乡人皆恶之，何如？'子曰：'未可也。不如乡人之善者好之，其不善者恶之'"（《论语·子路》），又如"诚好恶何如"（柳宗元《柳河东集》）。这样经过一正一反的对比，"恶"就自然带有了道德情感色彩，孔子曾说，仁慈心的人在追求公平公正时就会喜欢应该喜欢的人、讨厌应该讨厌的人，如果好人都喜欢的人而坏人都讨厌，那这个人一定是一个正直的人。"恶"作为一种内心情感表达，不能单凭个人喜好任性而为，更不能"有奶便是娘"而颠倒是非，必须遵循社会道德规范，才能做到一碗水端平，不致让人产生困惑。对于感情用事，孔子曾发出这样的感叹："爱之欲其生，恶之欲其死。既欲其生，又欲其死，是惑也。"（《论语·颜渊》）正如杨国荣先生指出"爱（好人、爱人）主要从正面表现了理想人格的情感内涵"，而"恶（对缺乏德性之人的厌恶）从负面表现了同一品格"。②

　　通过分析可知，"恶"和"耻"都是情感反应，都受理性制约。但是，"恶"的对象通常是指向与自己品性操守相背离的人而非自己，"恶"的情感来源于对他人道德品性和行为习惯所做出的评价，所指对象的言行到了自己无法接受的底线。这就注定"好人"会厌恶"恶人"，同时"恶人"反过来也会厌恶"好人"。"耻"的对象可能指向自身也可能指向他人，当"耻"的情感来源指向自己时，是由于个体在反省的过程中发现了自己的过失，因

①　马克斯·舍勒.价值的颠覆[M].罗悌伦，林克，曹卫东，译.北京：生活·读书·新知三联书店，1997：187.

②　杨国荣.善的历程——儒家价值体系的历史衍化及其现代转换[M].上海：上海人民出版社，1994：40.

此会自觉纠正自身言行，树立良好的公众形象，以维护自身尊严不受侵犯；当"耻"的情感来源指向他人时，个体的反应会比"恶"的情感表现更为剧烈，往往会对其行为予以谴责，期望其能够改过自新，通过对其的批判实现"己欲立而立人，己欲达而达人"（《论语·雍也》）的目标。

（四）"荣"与"耻"

"荣"是与"耻"相反的概念。《网络线上字典》认为："荣"的金文字符是"𤇾"或"𤇾"，小篆字形为"𡆡"。《说文解字·木部》对"荣"的解释为："桐木也。从木，荧省声。一曰屋栭之两头起者为荣。"在现代汉语语境中，"荣"的用法有三：第一，指自然万物尤其是植物生长的兴盛、繁茂，如"于是当春而叩商弦以召南吕，凉风忽至，草木成实。及秋而叩角弦以激夹钟，温风徐回，草木发荣"（《列子·汤问》）；第二，指人的社会地位荣显、富贵，如"是故得道者，穷而不慑，达而不荣，处高而不机，持盈而不倾，新而不朗，久而不渝，入火不焦，入水不濡"（《淮南子·原道训》）、"其友皆好仁义，淳谨畏令，则家日益，身日安，名日荣"（《墨子·所染》）；第三，指光荣、美誉、骄傲，如"赏莫如厚，使民利之；誉莫如美，使民荣之；诛莫如重，使民畏之；毁莫如恶，使民耻之"（《韩非子·八经》）。

对于"荣"，目前有两种比较有代表性的理解。清朝学者方凌益在其所著《缀遗斋彝器款识考释》写道："'𤇾'即'荣'之古文……象木枝柯相交之形，其端从炎（音 yán），木之华也……华之义为荣。""荣"的金文中字形"𤇾"的下面像树林中两根交叉的树枝，上面一边各为三个小点，构成了两个类似向上窜的火苗的图形，大家知道森林之火蔓延非常迅速且很难扑灭，风吹树梢摆动跟火苗蔓延有些类似，以此表示树木生长欣欣向荣、一片繁茂。所以，"荣"的引申义是树木长得非常繁茂。唐汉认为，"荣"的金文中字形"𤇾"像两株交相开放的花草，上部六个扩散的小点表示鲜花竞放、光艳照人，下部则是草本植物相交的枝叶，"荣"代表的是草本植物长势非常茂盛。"荣"在汉字字形演变过程中，由金文象形字的"𤇾"演变为小篆的会意兼形声字"爃",上半部是"熒"字的省略,用作声符,表示如火一样光彩四射;下半部是"木"字,中间的"冖"表示萦绕和覆盖。"①

以上两种理解最终告诉我们"荣"字本义是指植物长得繁茂的样子,并没有道德意蕴。后来,村落中很多屋桷两头翘起来的飞檐很像繁茂树林中散布的树尖,"荣"字便又有了引申之义"扬起者,也就是高于其他者"。于是,"荣"的字义再一次被引申,用于描述个体在道德修养或才能等方面取得明显高于他人的成就时,个体内心所体验到的那种自豪而光荣的情感。此时,"荣"就有了道德意蕴而被纳入道德体系之中,如"是以蓼洲周公忠义暴于朝廷,赠谥美,显荣于身后"(张溥《五人墓碑记》)。因此,"荣"相对应的含义是"光荣、美誉、荣耀",荣耻在一定意义上成了一对相对对立的价值概念。"荣"代表道德修养高于他人,是人们追求的高标,要"止于至善";"耻"代表落后于常人,是人们坚守的道德底线,不可突破。

第二节　耻文化之源流考

在我国上下五千年的文明发展历史中,历朝历代的思想家都十分重视"耻"思想的继承与发展,由此形成了独具中国特色的耻感文化。耻感文化尤其注重个体内心耻德的涵养,使人们非常在乎别人怎么说、怎么看、怎么议论自身的言行,塑造了国人根深蒂固的羞耻观念,极大地制约、束缚了人们的不良思想与行为习惯,促进了人类社会的文明进步。在耻感文化的熏陶下,个体一旦发觉自身言行与社会伦理道德规范相悖,在内心求荣拒耻的心理机制的驱动下,必定会积极矫正自身言行以符合主流社会追寻的价值要求。当今社会,经济迅猛发展,但道德失范问题屡屡见诸报端,这与人们的耻感意识淡化、荣辱界限模糊有关,更与我们对传统耻感文化的道德价值认知缺乏有关。在强调文化自信的今天,如何传承和弘扬中华耻感文化,如何

① 唐汉.汉字密码 [M].上海:学林出版社,2002:137-138.

发掘耻感文化的德育价值，需要我们充分发掘中华耻感文化德育资源并从中汲取智慧来解决目前社会中存在的各类矛盾和复杂问题，稳步推进第二个百年梦想的实现，这也是高校所有从事思想政治教育的工作者应该深入思索并获得解决方案的问题。考究中华耻感文化必须要对耻感文化的源流进行有效梳理，以求通贯古今，避免出现东汉学者王充① 所说"知古不知今，谓之陆沉""知今不知古，谓之盲瞽"② 的流弊。

一、夏商周：耻文化萌芽期

文字出现以后，人们就开始用文字记载身边发生的重大历史事件，并对远古流传下来的传说进行整理、汇编，这些成果成为考究中国远古社会最为可信的基础性资料。目前，考究出土的文物包括龟甲兽骨、竹简、木简记载的史料，从保存至今的传世经典对上古的传说、历史史料的记录中可以发现，从三皇五帝开始，我国先人就对"耻"给予了应有的关注。夏商周时期，人们开始用"耻"——羞辱个体自尊——来惩罚邪恶者的过错，规范人

---

① 王充（公元 27 年—约公元 97 年），字仲任，会稽上虞（今浙江省绍兴市）人。东汉思想家、文学批评家。王充出身"细族孤门"，自小聪慧好学，博览群书，过目成诵，擅长辩论。为人不贪富贵，不慕高官。曾做过郡功曹、州从事等小官，因政治主张与上司不合而受贬黜。后罢官还家，专意著述。代表作品《论衡》，八十五篇，二十多万字，解释万物的异同，解释了时人的很多疑惑，是中国历史上一部重要的思想著作。王充是道家思想的重要传承者与发展者。其思想以道家的自然无为为立论宗旨，以"天"为天道观的最高范畴，以"气"为核心范畴，构成了庞大的宇宙生成模式，与天人感应论形成对立之势。在主张生死自然、力倡薄葬，以及反叛神化儒学等方面彰显了道家的特质，并以事实验证言论，弥补了道家空说无着的缺陷。其思想虽属于道家却与先秦的老庄思想有严格的区别，他虽是汉代道家思想的主张者却与汉初王朝所标榜的"黄老之学"以及西汉末年民间流行的道教均不同。

② 参见王充《论衡·谢短》："夫知古不知今，谓之陆沉，然则儒生，所谓陆沉者也。《五经》之前，至于天地始开、帝王初立者，主名为谁，儒生又不知也。夫知今不知古，谓之盲瞽。《五经》比于上古，犹为今也。徒能说经，不晓上古，然则儒生，所谓盲瞽者也。"

们的日常行为和道德生活。中华耻感文化在中国大地上开始萌芽，主要表现形式有如下内容：

一是"耻诸嘉石，役诸司空"，用耻辱刑来惩戒不法之徒。嘉石制是一种比圜土更轻的处罚制度，相当于今天的行政处罚。上古时惩戒犯错较轻还不至于需要接受刑法制裁的人时，官员会命犯错之人坐在外朝门左所立嘉石之上，使其展示在过往的行人面前，令其颜面扫地从而促使其思善改过。通过坐嘉石，让犯错之人看见嘉石上清晰的纹理来悔悟自己不该犯错，让过往行人的否定评价来激发其自立自强的信念，最终改过自新。《周礼》记载："司救①掌万民之邪恶过失而诛让之，以礼防禁而救之。凡民之有邪恶者，三让而罚，三罚而士加明刑，耻诸嘉石，役诸司空。其有过失者，三让而罚，三罚而归于圜土。"（《周礼·地官司徒》）其意为司救之官负责管理邪恶、过失之民，根据百姓过错性质区别对待加以不同的惩戒，并用"礼"来防禁、挽救他们，避免他们因无知而坠入违法犯罪的深渊。对于"大法不犯，小法不断"的邪恶之民，通过三次"动之以情，晓之以理"的劝诫、责备后仍不思悔改者则进行惩罚（挞击），三次惩罚仍屡教不改者则动用强制手段，责令其坐在嘉石上以羞辱之，然后交给司空去罚其服劳役。对过失之民，三次劝导、责备仍不思悔改者则进行惩罚，三次惩罚仍屡教不改者则关进监狱进行制裁。这里责命邪恶者坐嘉石是对他们施加耻辱刑，这是上古时代一种责罚方式，是一种针对屡教不改的邪恶者的惩罚手段，主要是使邪恶者的尊严、名誉受辱，通过外界的负面评价给邪恶者带来身心压力，促使其悔过自新。

二是"无耻过作非"，自我修正德行成就德政。无论是部落时期，还是奴隶制、封建制时期，中国都是属于人治社会，需要明君治国、贤臣理政。统治者的德性对于社会治理显得十分重要，事关国家的兴衰与治乱。孔子

---

① 司救指西周掌管惩罚处理一般违法犯罪的官员。其职责是对一般违法犯罪的行为，区分邪恶与过失两种情况进行处置。

与季康子曾经有过一段精彩的对话，孔子劝谏季康子行仁政开教化[1]，提到"君子之德风，小人之德草，草上之风必偃"（《论语·颜渊》），深刻揭示了统治者德性的重要性。尧[2]当部落首领时，有人建议他将王位传给儿子丹朱，但是尧深知丹朱是一个非常顽劣的人，不足以授天下，选择了德性淳厚的舜[3]。尧认为如果把王位传给丹朱会祸害子民，这不是有德之人所为。[4]太甲[5]继位之初，随意地发号施令，一味享乐，暴虐百姓，朝政昏乱，严重破

---

[1] 参见《论语·颜渊》：季康子问政于孔子曰："如杀无道以就有道，何如？"孔子对曰："子为政，焉用杀？子欲善而民善矣。君子之德风，小人之德草，草上之风必偃。"

[2] 尧（约公元前 2377—公元前 2259 年），姓伊祁，号放勋，古唐国（今山西省临汾市尧都区，古称河东地区）人。中国上古时期方国联盟首领、"五帝"之一。尧为帝喾之子，母为陈锋氏。十三岁封于陶（山西省临汾市襄汾县陶氏村）。十五岁辅佐兄长帝挚，改封于唐地（今山西翼城），号为陶唐氏。二十岁时，尧代挚为天子，定都平阳。尧立七十年得舜。二十年后，尧老，舜代替尧执政，尧让位二十八年后死去，葬于谷林（山东省菏泽市鄄城县）。尧从兄长帝挚那里继承帝位，并禅让于舜。

[3] 舜（shùn，约公元前 2277—公元前 2178），姚姓，妫氏，名重华，字都君，谥曰"舜"，中国上古时代父系氏族社会后期部落联盟首领，建立虞国，治都蒲阪（今山西省永济市），被后世尊为帝，列入"五帝"，史称帝舜、虞舜、舜帝，故后世以舜称之。

[4] 参见司马迁《史记·五帝本纪》：尧辟位凡二十八年而崩。百姓悲哀，如丧父母。三年，四方莫举乐，以思尧。尧知子丹朱之不肖，不足以授天下，于是乃权授舜。授舜，则天下得其利而丹朱病；授丹朱，则天下病而丹朱得其利。尧曰"终不以天下之病而利一人"。而卒授舜以天下。

[5] 太甲（生卒年不详），子姓，名至。商汤嫡长孙，太丁之子，外丙和仲壬之侄，商朝第四位君主。

坏了商汤①制定的法规。伊尹②认为自己没有辅佐好太甲，任由太甲胡作非为，商国会民不聊生，便放逐太甲于桐宫，令其反省改过，最终太甲幡然醒悟。重新执政的太甲勤修德政，诸侯国都归顺商王，百姓得以过上安宁的日子。③伊尹自我要求严格，希望在辅佐商王的过程中让天下人因德政过上幸福的日子，他说"予弗克俾厥后惟尧舜，其心愧耻，若挞于市。一夫不获，则曰时予之辜"（《尚书·说命下》）。《尚书》记载傅说劝谏太宗行德政，说"无启宠纳侮，无耻过作非"（《尚书·说命中》）。《尚书》还记载有"为人君长，必有所含忍，其乃有所成。有所包容，德乃为大。欲其忍耻藏垢"（《尚书·说命中》）。"耻"要求为政者以自己完善的德性把社会治理好，把民风引导好，让老百姓过上幸福安定的日子，对此管仲深有体会，他认为，"不能其事而失其职者，必使有耻；是故圣王之教民也，以仁错之，以耻使之，修其能，致其所成而止"（《管子·法禁》）。

---

① 商汤（约公元前 1670 年—公元前 1587 年），即成汤，子姓，名履，河南商丘人，汤是契的第十四代孙。商汤原是夏朝方国商国的君主，在伊尹、仲虺等人的辅助下陆续灭掉邻近的葛国以及夏朝的方国韦、顾、昆吾等，十一征而无敌于天下，成为当时的强国，而后作《汤誓》，与桀大战于鸣条（今河南省新乡市封丘县），最终灭夏。经过三千诸侯大会，汤被推举为天子，定都亳（今河南省商丘市虞城县），定国号为"商"，汤成为商朝的开国君主。商汤吸取夏朝灭亡的经验教训发布《汤诰》，要求其臣属"有功于民，勤力乃事"，否则就要"大罚殛汝"。对那些亡国的夏民，则仍保留"夏社"，并封其后人。汤注意"以宽治民"，因此在他统治期间，阶级矛盾较为缓和，政权较为稳定，国力也日益强盛。

② 伊尹（约公元前 1649 年—公元前 1550 年），己姓，伊氏，名挚，史籍记载其生于洛阳伊川，商朝开国元勋，杰出的政治家、思想家、中华厨祖。担任尹（相当于秦朝时期的丞相），用"以鼎调羹""调和五味"的理论治理天下。积极整顿吏治，洞察民心国情，推动经济繁荣、政治清明。历事成汤、外丙、仲壬、太甲、沃丁五代君主，尊号"阿衡"，辅政五十余年，为商朝的兴盛富强立下汗马功劳。

③ 参见司马迁《史记·殷本纪》：帝太甲既立三年，不明，暴虐，不遵汤法，乱德，于是伊尹放之于桐宫。三年，伊尹摄行政当国，以朝诸侯。帝太甲居桐宫三年，悔过自责，反善，于是伊尹乃迎帝太甲而授之政。帝太甲修德，诸侯咸归殷，百姓以宁。

　　三是"相鼠有齿，人而无止"，修身养性涵养品德。作为礼仪之邦的中国人，历来重视修身养性，以良好的品性立身行事，赢得社会的赞誉。违背伦常之人，则会遭到世人唾弃，脸上无光。西周人的生活状况以及社会面貌，通过《诗经》得以再现。《诗经》有的诗在暗讽上位者德性不纯，有的诗在写败坏社会风气的人，其所言所行令人不齿。对于卫国长着人形而寡廉鲜耻、不讲礼仪的在位者，人们创作"相鼠有齿，人而无止！人而无止，不死何俟"① 以刺之；对于宣姜（齐女）不守妇道，和庶子通奸令人恶心的事，人们创作"墙有茨，不可束也！中冓之言，不可读也！所可读也，言之辱也"② 以讽之。懂得羞耻被视为人的一种美德，人在社会生活中表现出来的"礼仪廉耻"德行，成为衡量个体德行高尚与否的重要标志。上古时期，人们已经开始用"耻"来引导人的社会生活、人际交往的道德规范，不讲社会伦理道德规范会被认为是非常可耻的事情。例如，《诗经》中的"瓶之罄矣，维罍之耻"③，教育人们要对父母尽孝，认为为人子女如果不能给父母提供衣食无忧的生活，那是非常可耻的事。

二、春秋战国：耻文化的形成期

　　春秋战国是我国由奴隶制社会向封建制社会嬗变的过渡期，诸侯国处于相互兼并、奴隶主与地主争权夺利的社会大动荡、大变革的历史时期，用

① 参见《诗经·相鼠》："相鼠有皮，人而无仪！人而无仪，不死何为？相鼠有齿，人而无止！人而无止，不死何俟？相鼠有体，人而无礼，人而无礼！胡不遄死？"

② 参见《诗经·墙有茨》："墙有茨，不可扫也。中冓之言，不可道也。所可道也，言之丑也。墙有茨，不可襄也。中冓之言，不可详也。所可详也，言之长也。墙有茨，不可束也。中冓之言，不可读也。所可读也，言之辱也。"

③ 参见《诗经·蓼莪》："蓼蓼者莪，匪莪伊蒿。哀哀父母，生我劬劳。蓼蓼者莪，匪莪伊蔚。哀哀父母，生我劳瘁。瓶之罄矣，维罍之耻。鲜民之生，不如死之久矣。无父何怙？无母何恃？出则衔恤，入则靡至。父兮生我，母兮鞠我。抚我畜我，长我育我，顾我复我，出入腹我。欲报之德。昊天罔极！"

"城头变幻大王旗"① 来形容当时社会统治者的频繁变换也不为过。在剧烈的社会变革中，不同的阶级与阶层的代表人物开始走上历史舞台，纷纷就社会变革走向发表自己的治国主张并期望得到诸侯国的采纳，实现帮助帝王治国的目标，以期走上富民强国的道路。在这种背景下，"诸子百家"② 应运而生，在"百家争鸣"③ 中尤以儒、墨、道、法为盛，成为显学。各家学派的精英在整理古代典籍和著书立说的过程中，对"耻"进行了深入浅出的阐述，开创了独具中国特色的耻感文化。

（一）儒家耻德论述奠定耻文化流传的基础

第一，孔子首倡耻德，开耻感文化之先河。孔子在修订《诗》《书》、定《礼》《乐》、序《周易》、作《春秋》的过程中对"耻"的导善、自制等功能予以了充分挖掘，把"耻"纳入了社会伦理道德体系之中，使其成为指导个体修身养性和为人处世等的社会准则。

知耻为美，国家应倡导"有耻且格"。子曰："道之以政，齐之以刑，民免而无耻。道之以德，齐之以礼，有耻且格。"（《论语·为政》）孔子倡导德主刑辅的治国之道，认为居上位者要大力实施"庶之、富之、教之"的社会

---

① 参见鲁迅《惯于长夜过春时》："惯于长夜过春时，挈妇将雏鬓有丝。梦里依稀慈母泪，城头变幻大王旗。忍看朋辈成新鬼，怒向刀丛觅小诗。吟罢低眉无写处，月光如水照缁衣。"

② 诸子百家是对先秦时期各学术派别的总称。据《汉书·艺文志》记载，数得上名字的一共有 189 家，4324 篇著作。但流传较广、影响较大、最为著名的不过几十家而已，发展成学派的 12 家分别为：法家、道家、墨家、儒家、阴阳家、名家、杂家、农家、小说家、纵横家、兵家、医家。

③ 百家争鸣指春秋（公元前 770 年—公元前 476 年）战国（公元前 475 年—公元前 221 年）时期知识分子中不同学派的涌现及各家流派之间彼此诘难，相互争鸣，盛况空前的学术局面。至汉武帝时，推行"罢黜百家，独尊儒术"的政策，以孔子、孟子为代表的儒家思想成为正统思想，此后统治中国文化两千余年。

治理手段①，已达到社会欣欣向荣和国富民强的升平景象，同时，要大力兴办"庠序"（学校）来教化百姓，使其遵循礼法，进而维系国家稳定。社会生活中老百姓在"德""礼"的熏陶下，把内心的羞耻感充分挖掘出来，信奉"五伦"②"十义"③并身体力行，从而实现"从心所欲，不逾矩"社会治理效能。孔子认为刑罚的大力实施只能有效遏制老百姓犯罪，但他们的内心并没有形成犯罪可耻的心理，只要不被发现他们仍会为了获得不当利益而实施犯罪行为。社会生活中个体的荣辱观光靠政令推行和刑罚实施是确立不起来的。但是，若是用社会道德引导人们向"善"，用礼制约束人们的言与行，充分发掘人们的羞耻之心，让他们知道何者为荣何者为耻，便能够使他们恪守正道，扬荣拒耻。

知耻为美，社会应风行"志道据德"。子曰："士志于道，而耻恶衣恶食者，未足与议也。"（《论语·里仁》）人之所以贪图物质享受是因为人的动物性，人沉湎于物欲不能自拔是因为心中缺乏真正的信仰，缺乏坚定的价值观，也就是缺少"求道"的理想。这种人会在不断升级的享受中、在灯红酒绿的诱惑下让自己的生活变得越来越靡烂，甚至会为了得到更高层次的物欲享受，不顾廉耻、卑躬屈膝地去钻营，乃至于卖国求荣。相反，那些把"道"作为自己坚定信念的人，因为矢志不渝地追求"仁""德"，所以不会在意衣食住行等浅层次的享受，而是淡泊名利，在过着"一箪食，一瓢饮，

---

① 参见《论语·子路》：子适卫，冉有仆。子曰："庶矣哉！"冉有曰："既庶矣，又何加焉？"曰："富之。"曰："既富矣，又何加焉？"曰："教之。"

② 伦指人伦，是人与人之间的道德关系。五伦是社会基本的五种人伦关系，即父子、君臣、夫妇、兄弟、朋友五种关系。古人以君臣、父子、夫妇、兄弟、朋友为"五伦"。孟子认为，君臣之间有礼义之道，故应忠；父子之间有尊卑之序，故应孝，兄弟手足之间乃骨肉至亲，故应悌；夫妻之间挚爱而又内外有别，故应忍；朋友之间有诚信之德，故应善，这是处理人与人之间伦理关系的道理和行为准则。

③ 十义是儒家提倡的伦理道德的十个原则。《三字经》中的十义："父子恩，夫妇从，兄则友，弟则恭，长幼序，友与朋，君则敬，臣则忠，此十义，人所同。"《礼记·礼运》里十义则是"父慈、子孝、兄良、弟悌、夫义、妇听、长惠、幼顺、君仁、臣忠。"

在陋巷"①（《论语·雍也》）的物质生活时进德修身。遗憾的是，世上立志求道的人太少，而贪图享受、渴望锦衣玉食的人太多。从常理上说，喜欢物质享受没有什么错，但问题的关键是，因为心灵上缺少"道"的指引和"义"的约束，人们往往会陷入追求奢靡生活的泥淖，最终被物欲所控制。人不能只是为了享受而活着，不能见钱眼开、玩物丧志，不能迷失了真正的自己，那样很容易就会让自己丧失该有的节操，甚至会使自己用道德良知来换取物质生活的富足。孔子担心弟子走上社会后步常人后尘，因此谆谆告诫弟子要"谋道""忧道"，立志于传播做人做事的"大道"。

知耻为美，当官应做到"行己有耻"。子贡问曰："何如斯可谓之士矣？"子曰："行己有耻，使于四方，不辱君命，可谓士矣。"曰："敢问其次。"曰："宗族称孝焉，乡党称弟焉。"曰："敢问其次。"曰："言必信，行必果，硁硁然，小人哉！抑亦可以为次矣。"曰："今之从政者何如？"子曰："噫！斗筲之人，何足算也？"（《论语·子路》）孔子将士分为三类，高士是行己有耻，内心有坚定的操守的人。高士把国家、社稷的利益放在第一位，不会利用手中的权力谋取私利，廉洁、有耻。出使四方时，会便宜行事，以国家的利益为准，不辱君命。对此，《皇侃义疏》解读为："当其宜行，则耻己之不及，及其宜止，则耻己之不免。为人臣，则耻其君不如尧、舜，处浊世，则耻独不为君子。将出言，则耻躬之不逮。"作为中士的人，宗族的人会称赞他孝敬父母，乡里的人会称赞他尊敬长辈，他的家庭和睦、人际关系和谐，会在耻德的驱动下把美德转化为自身行为习惯。下士表现为说话一定守信用，行动一定有结果，以此保障社会运转稳定有序。孔子倡导个体尤其是官员要做到"行己有耻"，时时刻刻做到以"耻"来衡量自身言行，遵循社会伦理道德。

① 参见《论语·雍也》：子曰："贤哉回也！一箪食，一瓢饮，在陋巷，人不堪其忧，回也不改其乐。贤哉回也！"

　　知耻为美，治学应做到"不耻下问"。子贡问曰："孔文子①何以谓之'文'也？"子曰："敏而好学，不耻下问，是以谓之'文'也。"（《论语·公冶长》）孔文子是卫国大夫，死后被赐予"文"的谥号。按照礼法，谥号"文"带有褒扬的意思，可是子贡认为孔文子有以下犯上的嫌疑，还把自己的女儿嫁来嫁去，不符合礼法。②对此，子贡感到不解，因此向孔子提问，孔子说："孔文子办事迅速灵活而且喜欢学习，不把向地位、身份、知识等不如自己的人请教看成是耻辱，所以就给他一个'文'的谥号。"做学问既要有"积土成山，风雨兴焉；积水成渊，蛟龙生焉"（《荀子·劝学》）的"海纳百川，有容乃大"的博学心态，还要有"不耻下问"的探究精神，避免出现向身份、地位不如自己的人学习而难为情，使得治学中道而废、浅尝辄止。韩愈在《师说》中盛赞李蟠能行"不耻下问"的治学古风，引导世人端正治学态度。两千多年以来，"一字师"③的典故告诉我们，无数学者、先贤一直在践行不以向地位、身份比自己低的人请教学问为耻的治学风气，最终成就一番事业。

　　知耻为美，处世应奉行"谨言慎行"。子曰："古者言之不出，耻躬之不

① 孔文子（？—公元前480），名圉，"文"是谥号，"子"是尊称。卫国大夫，他聪明好学，又非常谦虚，因而死后卫国国君赐予他"文子"的称号，后人称他为"孔文子"。

② 参见《左传·哀公十一年》：冬，卫大（通"太"）叔疾出奔宋。初，疾娶于宋子朝，其娣嬖。子朝出。孔文子使疾出其妻而妻之。疾使侍人诱其初妻之娣，置于犁，而为之一官，如二妻。文子怒，欲攻之。仲尼止之。遂夺其妻。

③ 一字师：谓能修改或纠正一字，即可为师。五代著名诗僧齐己一次在前天下了一夜大雪的早上，发现有几枝梅花已经开了，他觉得梅花开得很早，为了突出一个"早"字，便写了一首《早梅》诗，其中有两句："前村深雪里，昨夜数枝开。"他对这两句诗很满意，便高兴地拿着这首诗去请教诗友郑谷。郑谷看了几遍后评点说："数枝梅花开已经相当繁盛了，不足以说明'早'，不如把'数枝'改为'一枝'更贴切。"齐己听了，认为改得很好，欣然接受，并向郑谷拜谢，后人便称郑谷为齐己的"一字师"。参见《五代史补》：郑谷在袁州，齐己因携所为诗往谒焉。有《早梅》诗曰："前村深雪里，昨夜数枝开。"谷笑曰："'数枝'非早也，不若'一枝'则佳。"齐己矍然，不觉兼三衣叩地膜拜。自是士林以谷为齐己"一字之师"。

逮也。"(《论语·里仁》)在孔子看来，做人应当谨言慎行，不要轻易许诺他人。你许诺他人，若是实现了自然是两全其美，皆大欢喜。若是做不到，你给他人的希望落了空，那将会给对方带来沉重的打击，乃至造成无法挽回的损失，会使他人对你的人品产生怀疑，甚至于产生报复心理。孔子认为，诚实与信誉可以帮助自己建立良好的人际关系，帮助自己走向成功。而能否兑现曾经许下的诺言，则是一个人是否讲信用的主要标志。在社会生活中我们对别人许下承诺后，心中将会产生一种"欠"别人的心理，不兑现诺言总感觉对不起他人，自己也就成了轻诺寡信之人。因此，当你要允诺他人某事时，一定要三思而后行。须知，对方如果没有得到你的许诺，心里就不会指望你的帮助或支持，更不会毫无希望地等待你的帮助或支持，也就不会有对你的失望或产生怨恨。

知耻为美，为人应做到"合礼近义"。有子曰："信近于义，言可复也。恭近于礼，远耻辱也。因不失其亲，亦可宗也。"(《论语·学而》)孔子创建"仁—礼"的儒家学说，坚信"道德仁义，非礼不成"。孔子认为在社会生活中"礼"是第一位的，个体离开"礼"的约束容易让美德变味，导致出现"恭而无礼则劳，慎而无礼则葸，勇而无礼则乱，直而无礼则绞"(《论语·泰伯》)的招人厌恶的现象，令个体因之蒙羞。换句话说，一个博学于文的君子，尽管才高八斗、学富五车，如果不受"礼"的约束，其在社会生活中便可能会倒行逆施、为所欲为，妨碍大同社会的创建，如"瘦金体"的创始人蔡京为人作恶多端，因此"瘦金体"被称作"宋体"，而非"蔡体"。这种行为为人所不齿的人，定会遭受耻辱。于是有子 ① 郑重地告诫世人，对他人的恭敬态度要符合礼节规矩，这样才能远离羞辱，避免耻辱。换句话说，不符合礼的事绝不能做，做了就是不"恭"的态度，对他人不"恭"肯定会受

---

① 有若（约公元前 518 年—公元前 458 年），字子有，孔子学生，鲁国人。强识好古，明习礼乐，倡和睦，重礼教。曾提出"礼之用，和为贵"等学说。孔子去世后，弟子们十分思念老师。因有子气质形貌酷似孔子，于是大家共同推举他当老师，尊敬他就像当年对待孔子一般。唐玄宗尊之为"汴伯"，宋真宗加封其为"平阴侯"，明嘉靖九年改称"先贤有子"。孔子弟子中的"七十二贤人"之一。

到攻击进而招致耻辱。

知耻为美，家风应要求"心口如一"。子曰："巧言，令色，足恭，左丘明耻之，丘亦耻之。匿怨而友其人，左丘明耻之，丘亦耻之。"（《论语·公冶长》）孔子赞赏左丘明是一位诚实耿直、品德优良的人，与秉笔直书的春秋史官文化精神相一致的。有一次孔子前往齐国，路过左丘明的出生地肥邑，禁不住发出感叹"肥有君子焉"①，对左丘明的敬佩之情溢于言表。春秋时期，礼崩乐坏，为达目的花言巧语、面孔伪善、低三下四到极点的小人很多，对这样的小人左丘明能够旗帜鲜明地谴责，耻与他们为伍。孔子认为，在教育子孙方面要做到表里如一，不要口是心非，否则会被主流社会所遗弃。孔子一以贯之地提倡做人要坚持言行一致，他认为言过其行是一种可耻的行为，须知"君子耻其言而过其行"（《论语·宪问》）。做人最起码的要求是"言必信，行必果"（《论语·子路》），不能当"思想的巨人，行动的矮子"。如果言之凿凿，却不能付诸实践，徒有华丽的辞藻，那也只能是空谈家、假道学，让世人看不起。

第二，孟子继承孔子关于耻德的论述，耻文化逐渐烙入人心。孔子长期从事教育活动，弟子众多，有所谓"三千徒众立，七十二贤人"（《明贤集》）之美誉。孔子之后，孔学逐渐分化为八个流派②，各个流派的孔门弟子分别在自己的研究领域、所处地域内传播孔学。亚圣孟子属于子思③一脉，他在

---

① 盱訏.他们都是泰安人——"鲁之君子"左丘明[EB/OL].（2016-12-03）[2022-04-02].http://www.360doc.com/content/16/1203/22/38748113_611660777.shtml.

② 参见《韩非子·显学》篇："自孔子之死也，有子张之儒，有子思之儒，有颜氏之儒，有孟氏之儒，有漆雕氏之儒，有仲良氏之儒，有孙氏之儒，有乐正氏之儒。"

③ 孔伋（公元前483年—前402年），字子思，鲁国人，孔子的嫡孙，春秋时期著名的思想家。子思在儒家学派的发展史上占有重要的地位，他上承孔子中庸之学，下开孟子心性之论，并由此对宋代理学产生了重要而积极的影响。后人把子思、孟子并称为思孟学派。子思上承曾参，下启孟子，在孔孟"道统"的传承中占有重要地位。北宋徽宗年间，子思被追封为"沂水侯"；元文宗至顺元年，又被追封为"圣公"，后人由此而尊他为"述圣"，受儒教祭祀。

继承孔子耻德思想的基础上将耻德思想发扬光大，且孟子门徒众多、分布广泛，这让耻文化再一次得到迅猛传播，使耻德被人们奉为立身行事的圭臬。

耻乃人之本性，必须坚守。孟子说"羞恶之心，人皆有之"（《孟子·告子上》），"无羞恶之心，非人也"（《孟子·公孙丑上》）。孟子认为，"羞耻心"是人们内心普遍存在的道德情感，是人之为人的根本所在。一个人在社会生活中只有有了羞耻之心，才不会做伤天害理之事，有悖于人性、人伦的事断不可为。但是一个人如果没有羞恶之心，内心没有荣辱界限，在社会生活中必定会任性妄为。孟子对此作了更进一步阐述，说道："耻之于人大矣，为机变之巧者，无所用耻焉。不耻不若人，何若人有？"（《孟子·尽心上》）羞耻之心对于人至关重要。社会生活中那些投机取巧、坏事做绝的人，就是因为其内心没有羞耻二字。一旦个体丧失羞耻心，不以自己不如别人为羞耻，就不会奋起直追，当然在道德修养和人生成就等方面就肯定赶不上别人。在孟子看来，"人之初，性本善。性相近，习相远"（王应麟《三字经》），人们的羞耻心是建立在人性本善基础上的，激励着人们积极追求有所作为、奋发有为。孟子认为人性本善的"人性"是指四心，即"恻隐之心，人皆有之；羞恶之心，人皆有之；恭敬之心，人皆有之；是非之心，人皆有之。恻隐之心，仁也；羞恶之心，义也；恭敬之心，礼也；是非之心，智也"，提出著名的"四端说"①（《孟子·公孙丑上》）。孟子认为人先天拥有四善端，但是由于后天所处的生活环境不同，人性发展方向可能会各不相同，有的人还可能人性泯灭。因此人要不断接受礼乐教化，按照社会伦理道德规范立身行事，在"耻"意识的驱动下，把遵循"人性本善"作为至善追求。孟子从性本善角度出发，引导人们在社会生活中彰善瘅恶，促进社会公德的建设，是对孔子耻德思想的进一步升华，昭示了人只有知羞耻，才会追求"真善美"，才能形成健全的人格。

---

①　参见《孟子·公孙丑上》："恻隐之心，仁之端也；羞恶之心，义之端也；辞让之心，礼之端也；是非之心，智之端也"。

　　耻乃善之基，必须守护。孟子认为"羞恶之心"是涵养德性的基础，是力行善举的动力源泉。为善的标准是在社会生活中"行仁""守义"，孟子认为"人皆有所不忍，达之于其所忍，仁也；人皆有所不为，达之于其所为，义也。人能充无欲害人之心，而仁不可胜用也；人能充无穿逾之心，而义不可胜用也；人能充无受尔汝之实，无所往而不为义也"（《孟子·尽心下》），换言之，羞耻之心是个体"行仁""守义"的内在心理要求，不做鸡鸣狗盗之事的根本原因在于人的羞耻心会使人对这种行为感到厌恶。马斯洛层次需要理论告诉我们，人的需求有五个层次，依次为生理的需要、安全的需要、归属与爱的需要、尊重的需要、自我实现的需要。社会生活中的个体渴望得到他人的认同和敬重，因此要时刻审视自己是否真正做到了"行仁""守义"。当社会生活中个体的言行突破了社会伦理道德规范时，自然会给自己带来耻辱。人作为群居性动物，不可能独立于群体之外，因此担心蒙辱的人就会在立身行事中谨言慎行，自觉做到"吾日三省吾身"（《论语·学而》），不违背社会伦常，树立光辉形象。孟子认为个体若能不断涵育羞耻心，并将之作为衡量行为价值的标尺，必定会做到"道之所在，虽千万人吾往矣"（《孟子·公孙丑上》）。相反，如果个体丧失了羞耻心，没有了荣辱情感的束缚，就会不择手段地满足私欲，根本谈不上"行仁""守义"。基于此，孟子劝导个体要通过涵养羞耻心，不断修正价值取向，不断纠正自身言行，使之符合社会伦理道德规范要求。

　　耻乃德政之源，必须捍卫。孟子在与诸侯国国王、卿大夫交流时，无时无刻不在提醒他们要广施德政，让老百姓过上"仓廪实而知礼节，衣食足而知荣辱"（司马迁《史记·管晏列传》）的生活，提出"民为贵，社稷次之，君为轻"（《孟子·尽心下》）的民本思想。《孟子》记载：孟子千里迢迢去见梁惠王，期望能够感召梁惠王行仁政。但是梁惠王舍本逐末，开口就问孟子有什么利益可以带给他。孟子回答梁惠王不要一开口就谈利益，应该谈如何

行仁政。^①在孟子眼里，耻是德政的基础和源头。对于推行什么样的政策，推
不推行，有德的君王必定会以天下苍生获得实惠为出发点和归属。孟子倡导
"居天下之广居，立天下之正位，行天下之大道，得志，与民由之；不得志，
独行其道。富贵不能淫，贫贱不能移，威武不能屈，此之谓大丈夫"(《孟
子·滕文公下》)的大丈夫气概，强调应义无反顾地追求当为之事，以造福黎
民百姓。孟子更进一步提出："立乎人之本朝，而道不行，耻也。"(《孟子·万
章下》)孟子认为在朝为官之人，不能使德政畅行，使老百姓过上"乐岁终身
苦，凶年不免于死亡"^②的日子，实在是君王、卿大夫等为政者的耻辱。孟子
这一主张深刻彰显了对国王、卿大夫耻感尊严和职责意识的理性诉求。孟子
甚至提出通过行仁政以实现"与民同乐"的"众乐乐"祥和景象，避免出现
类似邹国百姓"视其长上之死而不救"^③(《孟子·梁惠王下》)的惨状。

　　第三，荀子继承和发展孔孟耻感思想，对"何为耻"问题进行了更加充
分的研究与论述，为个体在社会生活中涵养耻德、培育正确的羞耻观念提供
了理论支撑和路径选择。

---

① 参见《孟子·梁惠王上》：孟子见梁惠王。王曰："叟！不远千里而来，亦将有
以利吾国乎？"孟子对曰："王！何必曰利？亦有仁义而已矣。王曰：'何以利吾
国？'大夫曰，'何以利吾家？'士庶人曰，'何以利吾身？'上下交征利而国危
矣。万乘之国，弑其君者，必千乘之家；千乘之国，弑其君者，必百乘之家。万
取千焉，千取百焉，不为不多矣。苟为后义而先利，不夺不餍。未有仁而遗其亲
者也，未有义而后其君者也。王亦曰仁义而已矣，何必曰利？"

② 参见《孟子·梁惠王上》：是故明君制民之产，必使仰足以事父母，俯足以畜妻
子；乐岁终身饱，凶年免于死亡；然后驱而之善，故民之从之也轻。今也制民之
产，仰不足以事父母，俯不足以畜妻子；乐岁终身苦，凶年不免于死亡。此惟救
死而恐不赡，奚暇治礼义哉！

③ 参见《孟子·梁惠王下》：邹与鲁哄。穆公问曰："吾有司死者三十三人，而民莫
之死也。诛之，则不可胜诛；不诛，则疾视其长上之死而不救。如之何则可也？"
孟子对曰："凶年饥岁，君之民，老弱转乎沟壑，壮者散而之四方者，几千人矣；
而君之仓廪实，府库充，有司莫以告：是上慢而残下也。曾子曰：'戒之戒之出乎
尔者，反乎尔者也。'夫民今而后得反之也，君无尤焉。君行仁政，斯民亲其上，
死其长矣。"

正确认知荣辱。荀子通过对社会生活中给个体带来"荣""辱"的事件表现进行认真观察，对事件的本质进行深层分析，认识"荣"与"辱"的不同实质，提出了"义荣"与"势荣""义辱"与"势辱"的概念。传统认为，"义者，宜也"，"势，盛力权也"（徐铉《说文新附》）。"义"指个体自身涵养的道德品质；"势"指外在的客观情势，即自己的权力与地位，这些事物不为个体的言行所决定。个体是否遵循伦常会得到社会与他人的荣辱评价，好的评价就是"义荣"，不好的评价就是"义辱"；源于外在的权势、地位带给个体的荣辱评价中，好的评价是"势荣"，不好的评价是"势辱"。例如，孔子被尊为至圣先师是义荣，秦桧遭世人唾骂是义辱；和珅生前荣华是势荣，岳飞含冤而死是势辱。荀子对"义荣"与"势荣""义辱"与"势辱"进行界定，写道："志意修，德行厚，知虑明，是荣之由中出者也，夫是之谓义荣。爵列尊，贡禄厚，形势胜，上为天子诸侯，下为卿相士大夫，是荣之从外至者也，夫是之谓势荣。流淫污僈，犯分乱理，骄暴贪利，是辱之由中出者也，夫是之谓义辱。詈侮捽搏，捶笞膑脚，斩断枯磔，借靡后缚，是辱之由外至者也，夫是之谓势辱"（《荀子·正论》）。君子追求德性高尚，可以承受外界对他的伤害，但绝不会允许自己在品行上犯错，于是荀子进一步说"君子可以有势辱，而不可以有义辱；小人可以有势荣，而不可以有义荣。有势辱无害为尧，有势荣无害为桀。义荣势荣，唯君子然后兼有之；义辱势辱，唯小人然后兼有之。是荣辱之分也"（《荀子·正论》）。荀子在辨别荣辱之后，提出"圣王以为法，士大夫以为道，官人以为守，百姓以成俗"的荣辱准则，倡导个体在社会生活中要追随尧舜做君子，追求义荣，规避义辱，在安危利害、通达困厄中也要有道德操守。

义利是评判荣辱的标准。荀子继承了孔孟的义利之辩，并把义利作为个体在社会生活中的取舍标准，用义利取舍来评判个体荣辱。荀子说："见其可欲也，则必前后虑其可恶也者；见其可利也，则必前后虑其可害也者；而兼权之，熟计之，然后定其欲恶取舍。"（《荀子·不苟》）面对义利取舍，个体务必慎之又慎，万万不可违背原则，千万不要掉入小人之列。荀子告诫人们，在社会生活中求取财利时，必须要权衡利弊得失，做到深思熟虑，在利益取舍面前不能有损君子形象。如果只凭个人好恶，见利忘义，奉行"人为财死，鸟为食亡""千里做官只为钱"的人生信条，那就难逃"动则必陷，为则必辱"(《荀子·不苟》)的困境。在正确处理义利关系上，荀子劝导人们要遵循孔子的"九思"①，要见得思义、见利思义，不要见利忘义，不要为利益所迷惑。对此，荀子说："荣辱之大分，安危利害之常体：先义而后利者荣，先利而后义者辱；荣者常通，辱者常穷。通者常制人，穷者常制于人，是荣辱之大分也。"(《荀子·荣辱》)毫无疑问，荀子在义利之辩问题上把"义"作为区别荣辱的标准，告诫人们在做出取舍时要把"义"置于优先位置，做人做事遵循道义、公义就是"荣"，反之就是"辱"。荀子继承孔子"君子喻于义，小人喻于利"(《论语·里仁》)和孟子"何必曰利？亦有仁义而已矣"(《孟子·梁惠王上》)的主张，强调利欲追求应以道义追求为前提，在动机上反对"以义求利"，但在结果上乐见"因义得利"。荀子通过一系列论述将义利观与荣辱观有机融合，准确把握了义利与荣辱关系的本质，为人们在社会生活中确立了道德价值取向。

求荣避耻的路径。荀子在《劝学》中说："物类之起，必有所始；荣辱之来，必象其德。"(《荀子·劝学》)他认为任何事物的出现，必定有其根源；个人在社会生活中的荣辱地位，与其涵养的德性高低直接相关。一个人的思想道德品质不行社会评价就低，即便权势地位高有"势荣"，死后也会遗臭万年，如秦桧。相反，如果一个人的道德品行高，即便生前遭小人陷害受制于人，死后也会流芳百世，如比干。在社会生活中求荣避辱是人的天性，君子和小人概不例外，都希望自己生前享荣华富贵，死后青史美名扬。在现实生活中君子和小人求荣避辱的路径是不同的。"好荣恶辱，好利恶害，是君子小人之所同也，若其所以求之之道则异矣"(《荀子·荣辱》)。小人的求

---

① 参见《论语·季氏》："君子有九思：视思明，听思聪，色思温，貌思恭，言思忠，事思敬，疑思问，忿思难，见得思义。"

荣路径是"疾为诞而欲人之信己也，疾为诈而欲人之亲己也，禽兽之行而欲人之善己也"（《荀子·荣辱》）。这种求荣路径必然导致"虑之难知也，行之难安也，持之难立也，成则必不得其所好，必遇其所恶焉"（《荀子·荣辱》）。君子的求荣路径则是"信矣，而亦欲人之信己；忠矣，而亦欲人之亲己；修正治辨矣，而亦欲人之善己"（《荀子·荣辱》）。所以君子的求荣路径必然"虑之易知也，行之易安也，持之易立也；成则必得其所好，必不遇其所恶"（《荀子·荣辱》）。荀子认为，如果像小人那样，用无耻手段求荣，不但难以达到目的，还可能适得其反；个体只有在实践中遵循礼义、磨炼品性，选择君子之道，才能达到求荣避辱的目的。

（二）其他学派对耻文化流传的加持

在两千多年的历史文化中，儒家、墨家、道家、法家的"耻"文化各自传承独成体系。后因汉武帝"罢黜百家，独尊儒术"，儒家思想成为正统思想，社会底层的耻德思想多源于儒家的耻德，也杂糅了"道、法、墨"三家的耻德思想。儒家传统荣辱观是主干，"道、法、墨"三家的耻文化是有益的加持，这些学派都强调了"耻"文化对和谐人心、稳定社会的独特功效，并认为耻文化是中华民族绵延不绝、生生不息的道德生活源泉。

道家主张出世、无为，看淡荣辱。老子 ① 曾说"大白若辱②"（老子《道德经》），又说到"知足不辱，知止不殆，可以长久"（老子《道德经》）。老

---

① 老子，姓李名耳，字聃，一字伯阳，或曰谥伯阳，春秋末期人，生卒年不详，籍贯也多有争议，《史记》等记载老子出生于楚国或陈国。中国古代思想家、哲学家、文学家和史学家，道家学派创始人和主要代表人物，与庄子并称"老庄"。后被道教尊为始祖，称"太上老君"。

② 大白若辱指真正高洁廉明的，往往是被忽视甚至嫌弃的。语出《道德经》：上士闻道，勤而行之；中士闻道，若存若亡；下士闻道，大笑之。不笑不足以为道。是以故《建言》有之：明道若昧，进道若退，夷道若类；上德若谷，大白若辱，广德若不足，建德若偷，质真若渝；大方无隅，大器晚成，大音希声，大象无形。道隐无名。夫唯道，善贷且善成。

子认为，世人应该懂得满足，不要与他人争名利，甚至还要甘于守辱，这样才不会招致耻辱。"知其雄，守其雌""知其白，守其黑""知其荣，守其辱"（老子《道德经》），道家荣辱观强调知荣守辱，因为在道家的观念中荣辱由己不由人，看淡荣辱就无所谓侮辱。庄子①据此说道："世之爵禄不足以为劝，戮耻不足以为辱。"（《庄子·秋水》）告诫人们获得高官厚禄无须欢喜，受到戮耻亦无须羞耻，因为人世间本来就不存在荣辱。庄子进一步劝导世人弃绝名利、耻辱而顺其天性，提出："无耻者富，多信者显。夫名利之大者，几在无耻而信，故观之名，计之利，而信真是也。若弃名利，反之于心，则夫士之为行，抱其天乎！"（《庄子·盗跖》）道家认为人们在社会生活中不应贪求利禄、计较荣耻，而应摒荣弃辱，回归自然，这才是自然之道。老子说"有物混成，先天地生。寂兮寥兮，独立而不改，周行而不殆，可以为天地母。吾不知其名，强字之曰道，强为之名曰大。大曰逝，逝曰远，远曰反。故道大，天大，地大，人亦大。域中有四大，而人居其一焉。人法地，地法天，天法道，道法自然。"（老子《道德经》）摒荣弃辱的关键是要"见侮之为不辱"②（《荀子·正论》）。宋钘③认为，如果社会生活中你对别人强加给你的侮辱不予理睬，权当不知不闻，"一个巴掌拍不响"，就不会发生争斗。个体能够做到不理会在别人眼中是侮辱之事，是因为他没有荣辱观念或感觉这不是耻辱，因此便没有了与人理论的冲动，当然也就不会与人发生

---

① 庄子（约公元前369年—公元前286年），名周，战国中期宋国蒙人。著名的思想家、哲学家和文学家，道家学派的主要代表人物。庄子生平只做过漆园吏，因崇尚自由而不应同宗楚威王之聘。老子思想的继承和发展者。后世将他与老子并称为"老庄"。他们的哲学思想体系被学术界尊为"老庄哲学"。

② 参见《荀子·正论》：子宋子曰："明见侮之不辱，使人不斗。人皆以见侮为辱，故斗也；知见侮之为不辱，则不斗矣。"

③ 宋钘（约公元前370年—公元前291年），又称宋子，宋国人。战国时期著名哲学家，宋尹学派创始人及代表人物，道家学派的前驱。与齐宣王（田辟疆）同时，曾游稷下，继承老子思想，提倡"接万物以别宥为始"，提出"情欲寡""见侮不辱"说，反对诸侯间的兼并战争。

争斗。道家这种耻辱观念为劣势群体和个人提供了不与邪恶同流合污、调整心态、持守高尚人格的处世之道。

法家主张严刑峻法，刑示荣辱。法家的"耻"思想跳跃较大，早期以管仲和商鞅①为代表，晚期代表人则是韩非子②。法家早期主张德辅刑主，重视"耻"的作用，把"耻"上升为国家安危、民族存亡的"国之四维"之一，管仲曾说："国有四维，一维绝则倾，二维绝则危，三维绝则覆，四维绝则灭。倾可正也，危可安也，覆可起也，灭不可复错也。"（《管子·牧民》）他还确定了"耻"的行为标准是"不从枉"，要求个体在社会生活中不做不符合道德的事，个体只有知耻、远耻才能"邪事不生"，使社会秩序井然。晚期法家对"耻"的论述很少，而是将"耻"作为一种社会治理手段，韩非子认为"为治者用众而舍寡，故不务德而务法"（《韩非子·显学》）。战国时法家的"霸道"更被诸侯看好，法家在政治上可谓独步天下。法家强调"刑乱国用重典"（《周礼·秋官司寇·大司寇》），发明了许多耻辱刑③，用"刑"羞辱犯人，使其感受到因犯罪所带来的耻辱，进而对自身犯罪行为感到懊悔、自责，然后反省改正重新做人。同时，也能够警示其他人不要犯类似的错误。耻辱刑可以有效激活罪犯的耻辱感，从而把伦理道德与法律制度有机结合起来，体现法家"以法辅德""以德彰法"的社会治理手段，实现其"制礼以崇敬，作刑以明威"（《汉书·志·刑法志》）的治国理念。古代

---

① 商鞅（约公元前395年—公元前338年），姬姓公孙氏，卫国国君的后裔，故又称卫鞅、公孙鞅，战国时期政治家、改革家、思想家，法家代表人物，卫国（今河南省安阳市内黄县梁庄镇）人。后因在河西之战中立功获封商地十五邑，号为商君，故称之为商鞅。

② 韩非（约公元前280年—前233年），中国古代著名的哲学家、思想家、政论家和散文家，法家思想的集大成者，后世称"韩非子"，中国古代著名法家思想的代表人物。其作品经后人收集整理编纂成《韩非子》一书，在先秦诸子散文中独树一帜，呈现出韩非极为重视唯物主义与效益主义的思想，他积极倡导君主专制主义理论，目的是为专制君主提供富国强兵的霸道思想。

③ 耻辱刑指以犯罪人的人格为毁损对象，使犯罪人感受精神痛苦的刑罚。主要有象刑、黥刑（墨刑）、髡刑、刺字、枷号等。

耻辱刑主要有象刑、黥刑（墨刑）、髡（音 kūn）刑等，犯人或衣饰、或发型、或脸上额上刺字有别于常人，站在人群中他人一眼就可以识别，难与良民为伍，可以使受刑者倍感羞耻。可见以羞辱人格为主要惩罚手段的这种耻辱刑与中国传统耻文化紧密联系，饱含着道德礼教的褒贬，体现了法家的耻观念。

墨家兼爱，以强取荣。墨者多是来自社会底层的手工业者，具有吃苦耐劳、严于律己的品质，把维护公理与道义看作义不容辞的责任。墨子[①] 提出"兴天下之利，除天下之害"（《墨子·尚同中》）的奋斗目标，认为"强必荣，不强必辱"（《墨子·尚同中》），鼓励人们运用自身掌握的知识积极投身社会建设，赢得社会尊敬。《墨子》一书将墨家的耻辱观概括为：重博爱，以攻为耻；尚贤，尚勤，以不赖其力为耻；尚同，普天同利，以利己害同为耻。

可见，在春秋战国时期，诸子百家对"耻"都给予了极大的关注，分别从个人品德、为人处世以及兴国安邦等方面对"耻"进行了相关的阐述，为耻感文化的进一步发展奠定了坚实的基础。

三、宋明以降：耻文化的发展期

汉武帝"罢黜百家，独尊儒术"之后，儒家思想成了正统思想。耻文化历经两汉的沉淀，在魏晋隋唐时期得到了很好的继承，但关于耻文化的创新

[①]　墨子（生卒年不详），名翟（dí），春秋末期战国初期宋国人，一说鲁阳（今河南省平顶山市鲁山县）人，一说滕国（今山东省滕州市）人。墨家学派的创始人，著名的思想家、教育家、科学家、军事家。墨子是中国历史上唯一一个农民出身的哲学家，他创立了墨家学说。墨家在先秦时期影响很大，与儒家并称"显学"。他提出了"兼爱""非攻""尚贤""尚同""天志""明鬼""非命""非乐""节葬""节用"等观点。以兼爱为核心，以节用、尚贤为支点。墨子在战国时期创立了以几何学、物理学、光学为突出成就的一整套科学理论。在当时的百家争鸣，有"非儒即墨"之称。

相对较少。五代十国^①的剧烈动乱，使人们内心的耻感意识遭到了某种程度的破坏。宋明以降的理学家如朱熹、陆九渊、顾炎武、龚自珍^②等，都把重塑人们的耻感当成自己人生的追求目标，对耻文化做了进一步拓展。这一时期，耻感文化内涵经过进一步扩展并逐步固定下来，成为一种中华文化主流价值观念和民族生生不息的精神动力。主要表现在以下三个方面：

一是"人有耻，则能有所不为"（朱熹《朱子语类》），个体追求趋荣避耻。理学大师朱熹认为羞耻心在道德价值取向中发挥着约束个体不做违背道德良心之事，即："人有耻，则能有所不为。"（朱熹《朱子语类》）这是对孔孟耻文化观点的进一步拓展，认为个体有了羞耻心，才会有远大志向，才会涵养大丈夫气节，努力施展平身所学实现自身抱负，才能坚定信仰，在社会生活中依社会伦理道德价值追求贫富、得失、义利时会有所取舍，"无终食之间违仁，造次必于是，颠沛必于是"^③，而不会在物欲横流中沦陷。朱熹进一步论述为"耻者，吾所固有羞恶之心也。存之则进于圣贤，失之则入于禽

① 五代十国（907—979年）是中国历史上的一段大分裂时期，这一称谓出自《新五代史》，是对五代（907年—960年）与十国（902年—979年）的合称。五代是指唐天佑四年（907年）唐朝灭亡后依次定都于中原地区的五个政权，即后梁、后唐、后晋、后汉和后周。天佑四年（907年）四月，梁王朱晃（本名温，唐帝赐名全忠，受禅前夕改名晃）接受唐哀帝李柷禅让，在中原地区建立后梁，定都东京开封府（今河南省开封市），标志着五代十国的开始。后周显德七年（960年）正月，赵匡胤发动陈桥兵变，黄袍加身，接受周恭帝禅让，建立北宋，五代结束。在唐末、五代及宋初，中原地区之外存在过杨吴、桀燕等许多割据政权，其中前蜀、后蜀、南吴（杨吴）、南唐、吴越、闽国、南楚（马楚）、南汉、南平（荆南）、北汉等十个割据政权被《新五代史》及后世史学家统称十国。
② 龚自珍（1792年—1841年），字璱（sè）人，号定庵（ān），浙江仁和（今浙江省杭州市）人。晚年住在昆山羽琌山馆，又号羽琌山民。清代思想家、诗人、文学家和改良主义的先驱者。著有《定庵文集》，留存文章300余篇，诗词近800首，今人辑为《龚自珍全集》。著名诗作《己亥杂诗》共有350首作品。
③ 参见《论语·里仁》：子曰："富与贵，是人之所欲也，不以其道得之，不处也。贫与贱，是人之所恶也，不以其道得之，不去也。君子去仁，恶乎成名？君子无终食之间违仁，造次必于是，颠沛必于是。"

兽，故所系为甚大"（朱熹《四书章句集注》）。个体如果没有羞耻心，那就什么事情都能做得出来，最终将会无耻之极。这种人在社会生活中将失去立足之地，终将被主流社会所抛弃。顾炎武继承"四维说"，认为"人之不廉而至于悖礼犯义，其原皆生于无耻也。故士大夫之无耻，是谓国耻"（顾炎武《日知录·廉耻》）。康有为对此进一步发挥，认为"人之有所不为，皆赖有耻之心，若无耻心，则无事不可为矣。风俗之美，在养民之耻"（康有为《孟子微》）。

　　二是"必有耻，则可教"（《通书·幸》），激励个体奋发向上。理学鼻祖周敦颐认为知耻是教育的前提，个体有了羞耻心就会按照社会伦理道德规范的引导奋勇前进，有了羞耻心就会有向善的追求，因而自觉接受伦理教化，认为"人之生，不幸，不闻过；大不幸，无耻。必有耻，则可教；闻过，则可贤"（周敦颐《通书·幸》）。"如知耻，则洁己励行，思学正人，所为皆光明正大"（石成金《传家宝·人事通》），可见，知耻之心能够催人奋进、开拓前行。朱熹在解读孟子的"不耻不若人，何若人有"（《孟子·尽心上》）这句话时说"不耻其不如人，则何能有如人之事"（朱熹《四书章句集注》）。朱熹认为人只有耻于不善，才有可能止于至善，达到积善成德的道德境界。同时，羞耻心会让个体因为自己不如人而感到不安，然后会驱使自己发奋有为，不断超越自我。

　　三是"士皆知有耻，则国家永无耻矣"（龚自珍《明良论》），国家长盛不衰。清朝历经"康雍乾盛世"之后，综合国力开始走向衰败，究其原因是社会制度腐朽、道德品质堕落。晚清之时，士大夫多缺乏羞耻心，贪赃枉法的现象比比皆是，触目惊心，龚自珍曾说："历览近代之士，自其敷奏之日，始进之年，而耻已存者寡矣。"（龚自珍《明良论》）基于这样严峻的现实，他将个体的羞耻心与国家兴衰予以联系，提出"廉耻论"。他说："农工之人、肩荷背负之子则无耻，则辱其身而已；富而无耻者，辱其家而已；士无耻，则名之曰辱国；卿大夫无耻，名之曰辱社稷。由庶人贵而为士，由士贵而为小官，为大官，则由始辱其身家，以延及于辱社稷也。"（龚自珍《明良论》）

龚自珍认为如果全国上下都无羞耻之心，国家存续就会有困难，要使国家长治久安，就要通过教化让国人都涵养知耻心，并提出"士皆知有耻，则国家永无耻矣。士不知耻，为国之大耻。"（龚自珍《明良论》）的论断。马克思曾指出："如果整个国家真正感到了耻辱，那它就会像一只蜷伏下来的狮子，准备向前扑去。"蒙受百年耻辱、进行了百年抗争的中华民族，对这一真理的感知和理解尤为深刻。只有"知耻"，才能唤起洗刷耻辱、捍卫民族尊严的勇气，激发出改造自我与社会的巨大力量，从而战胜脆弱、猥琐与渺小，为自我、群体乃至国家、民族赢得光荣。①

第三节 耻之内涵

中国优秀传统文化倡导个体在社会生活中要遵循"八德"，即"孝悌忠信礼义廉耻"。耻德是文明社会必须坚守的道德底线，不可突破。一旦这条底线被突破，社会将会乱象丛生。管仲曾说："国有四维，一维绝则倾，二维绝则危，三维绝则覆，四维绝则灭。倾可正也，危可安也，覆可起也，灭不可复错也。何谓四维？一曰礼、二曰义、三曰廉、四曰耻。礼不逾节，义不自进。廉不蔽恶，耻不从枉。故不逾节，则上位安；不自进，则民无巧诈；不蔽恶，则行自全；不从枉，则邪事不生。"（《管子·牧民》）欧阳修在《新五代史·冯道传》中对此归纳为："礼义廉耻，国之四维；四维不张，国乃灭亡。"孔子从肯定和否定两个方面对"耻"进行了大量阐述，既"何为耻""何为不耻"，力求构建基于耻德规范的有序社会。孔子关于"耻"的论述，散见于《论语》《孔子家语》以及《礼记》等先秦的文化典籍之中，孔子成了中国耻文化兴起的奠基人。如果对孔子关于"耻"的论述的内涵进行发掘，并加以梳理分类，可以将耻德内涵大致分为以下类型。

---

① 邓望.【金玉良言】人有耻，则能有所不为。——《朱子语类》[EB/OL].（2021-05-30）[2022-01-09]https://www.sohu.com/a/469421694_121106994.

（一）立身行事"据于德"

"德"的小篆字形为"德"，德的古字形"从彳、从直，以示遵行正道"，"德"的核心在"直"。"直"即"诚"，也就是说，无论是价值评估还是各种承诺，都应该是自己的内心真实想法的直接诉求，使得外在行为是真实内心的直接呈现，是顺应和遵守自己之本心本性。①《说文解字》："正，是也"；"是，直也"。"德"的字面意思是要求人们做到"行止，目正，心正"，引申为人们在社会生活中需要共同遵循的准则和规范。"据于德"要求人们遵循道德，而不要背叛道德。悖"德"主要是指个体在社会生活中不遵循社会伦理道德规范，言行举止违背"孝悌忠信礼义廉耻"的价值追求。悖"德"之人内心道德修养缺乏，外在道德品行低劣，故而难容于正统的主流社会。

个体内心道德修养缺乏，是可耻之人。子曰："不恒其德，或承之羞。"②在社会生活中，内心拥有良好道德修养的个体，立身行事追寻符合"合礼""近义""行仁"的伦理道德规范要求，折射出"恭宽信敏惠"③的德性涵养。他们在人际交往中能够做到进退有据、彬彬有礼，在礼尚往来中可以轻易赢得他人的敬重，这大概是"敬人者，人恒敬之"的交往效果。孔子是一个德行高深、思想深邃的人，他每到一处都会有人向他讨教政事，或者告

---

① 甲骨蔡.解析甲骨文"德、直"，认识道德之本真，领略中华文明之精深 [EB/OL].（2019-12-23）[2022-01-10].https：//zhuanlan.zhihu.com/p/33775798.

② 参见《论语·子路》：子曰："南人有言曰：'人而无恒，不可以作巫医。'善夫！'不恒其德，或承之羞。'"子曰："不占而已矣。"

③ 参见《论语·阳货》：子张问仁于孔子。孔子曰："能行五者于天下，为仁矣。"请问之。曰："恭、宽、信、敏、惠。恭则不侮，宽则得众，信则人任焉，敏则有功，惠则足以使人。"

诉他本地发生的政事，期望得到他的指教。① 子禽② 对此感到困惑，怀疑孔子在钻营官场、谋取官位。子禽于是问子贡，说："老师每到一个国家，都能够知晓这个国家的政事，甚至会参与这个国家政事的谋划。这是老师主动钻营从别人那儿获得的呢？还是别人主动讨教告诉他的呢？"子贡回答说："老师在社会生活中时刻践行'温、良、恭、俭、让'的处世原则，其美好的德性得到各诸侯国国王与士大夫的尊重与认可。只要老师到了他们的国家，他们都会主动把政事告诉他，并请他给予谋划，提出建设性意见。老师积极参与政事，与他人通过钻营获知政事，途径不同。同时，老师参与政事，目的是为了推行他的'仁礼'学说，教化天下。"孔子非常憎恨"德之不修，学之不讲，闻义不能徙，不善不能改"（《论语·述而》）的人，并说"上敬老则下益孝，上顺齿则下益悌，上乐施则下益谅，上亲贤则下择友，上好德则下不隐，上恶贪则下耻争，上强果则下廉耻"（戴德《大戴礼记》），期望上位者在社会生活中以自身良好的德行、品行以上率下，引领社会风气朝着"民德归厚"（《论语·学而》）的健康轨道发展。对于季康子③执政秉持"如杀无道，以就有道"的治国理念，孔子予以了否定，期望季康子能够修养德性，做国人效法的对象。孔子劝谏季康子采纳他的建议："子为政，焉用杀？子欲善而民善矣。君子之德风，小人之德草，草上之风，必偃。"（《论语·颜

---

① 参见《论语·学而》：子禽问于子贡曰："夫子至于是邦也，必闻其政。求之与？抑与之与？"子贡曰："夫子温、良、恭、俭、让以得之。夫子之求之也，其诸异乎人之求之与！"

② 陈亢（约公元前 511 年—公元前 430 年），字"子元"，一字"子禽"，又字"子亢"，春秋时顿子国（今河南省项城市南顿镇）人。他十八岁入孔门，后随孔子到卫国（今河南省安阳市滑县、濮阳市一带），以儒士身份留在卫国做了官。据《河南郡志》记载，北宋大中祥符元年（1008 年），宋真宗赠封孔子为"玄圣文宣王"，陈亢同时被赠封为"南顿侯"；;明嘉靖九年（1530 年），明世宗封孔子为"至圣先师"，陈亢被陪祀于孔庙。

③ 季康子，即季孙肥，春秋时期鲁国的正卿。姬姓，季氏，名肥。谥康，史称"季康子"。

渊》) 孔子发小原壤 ^① 的母亲过世了，孔子前往帮忙料理后事，看见原壤叉
开双腿坐在家门口等待他的到来，孔子看见原壤对母亲的逝世并没有流露出
伤感的神态，一股无名的怒火涌上心头，他用手杖用力敲打原壤的小腿，并
且说："幼而不孙弟，长而无述焉，老而不死是为贼！"（《论语·宪问》）对
于身为齐国相的管仲，带头逾越礼制规范没有发挥其应有的表率作用，孔
子予以辛辣的嘲讽："邦君树塞门，管氏亦树塞门。邦君为两君之好，有反
坫，管氏亦有反坫。管氏而知礼，孰不知礼？"（《论语·八佾》）同样，对
于"三桓" ^② 逾越礼制使用八佾队阵来祭祀先祖，孔子感到愤慨，发出"八
佾舞于庭，是可忍也，孰不可忍也"（《论语·八佾》）的怒吼。子贡喜欢胡
乱议论别人，有一次被孔子听到了，孔子当即予以了严肃批评："赐也，贤乎
哉？夫我则不暇。"（《论语·宪问》）这句话非常有杀伤力，如果用白话来表
达，那就是"端木赐呀，你觉得你是一位了不起的圣贤吗？这么喜欢去议论
他人，是不是你吃饱了撑着没事干，我可没有那么多闲情逸致去议论他人"。
孔子鼓励弟子涵养品德、信守伦常，要求弟子们在生活中"志于道，据于德，
依于仁，游于艺"（《论语·述而》）、"弟子入则孝，出则悌，谨而信，泛爱
众，而亲仁。行有馀力，则以学文"（《论语·学而》），达到"贫而乐，富而
好礼"（《论语·学而》）的人生境界。孔子鄙视生活中不涵养德性而贪图生
活安逸的人，"士志于道，而耻恶衣恶食者，未足与议也"（《论语·里仁》），
并认为"君子怀德，小人怀土；君子怀刑，小人怀惠"（《论语·里仁》）。

　　个体外在道德品行低劣，是可耻之人。子曰："质胜文则野，文胜质则

---

① 原壤，春秋时期鲁国人，是孔子的儿时玩伴，一生无所成就。其母丧葬时，不按
礼制行事，孔子以杖击其小腿予以教训，是孔子眼中标准的混混。

② 三桓，即指鲁国卿大夫孟孙氏、叔孙氏和季孙氏。鲁国的三桓起势于鲁庄公时
代（公元前 693 年—公元前 662 年）。鲁庄公的父亲鲁桓公有四子，嫡长子鲁庄
公继承鲁国国君；庶长子庆父（谥共，又称共仲，其后代称仲孙氏。庶子之长又
称"孟"，故又称孟氏、孟孙氏）、庶次子叔牙（谥僖，其后代称叔孙氏）、嫡次
子季友（谥成，其后代称季氏）皆按封建制度被鲁庄公封官为卿，后代皆形成了
大家族，由于三家皆出自鲁桓公之后，所以被人们称为"三桓"。

史。文质彬彬，然后君子。"（《论语·雍也》）"质"是人的内在的朴实本性，"文"是人的外在的文化教养。个体如果依其朴实的本性率性而为，虽然也很好，但没有文化教养的气质来衬托终不免流于"粗俗""粗野"（道家主张的"返璞归真"，魏晋人的"率性而行"皆是此类）。相反地，如果个体的文化雕琢掩饰了他朴实的想法，通俗地说那便是华而不实，如果更进一步地走上极端那便是表里不一的伪君子。个体只有做到言行一致、表里如一，遵循伦理道德规范才能称得上是正人君子。孔子反对言行脱节的人，认为"君子耻其言而过其行"（《论语·宪问》）、"古者言之不出，耻躬之不逮"（《论语·里仁》）；孔子反对表里不一的人，认为"居其位，无其言，君子耻之；有其言，无其行，君子耻之；既得之而又失之，君子耻之；地有余而民不足，君子耻之；众寡均而倍焉，君子耻之"（《礼记·杂记下》）。个体如果言行不一、口蜜腹剑，当面对人说一套，背着他人做事又是另一套，便是标准的伪君子。孔子对于这类典型的小人那可是深恶痛绝，直接评价其为"巧言令色，鲜矣仁"（《论语·学而》）。对于口是心非的人，孔子予以严正谴责，说："巧言、令色、足恭，左丘明耻之，丘亦耻之。匿怨而友其人，左丘明耻之，丘亦耻之。"（《论语·公冶长》）季氏对土地的占有欲望极度膨胀，找借口出兵讨伐颛臾。孔子责怪冉有①没有制止季氏的无端征伐，给颛

---

① 冉求（公元前522年—？），字子有，孔子学生，鲁国人，小孔子29岁。与冉耕、冉雍同宗，皆在孔门十哲之列，世称"一门三贤"，又称"三冉"。青年时期曾做过季氏家臣，后随孔子周游列国。冉求精通六艺，长于政事，深沉谦退，志在民足，孔子称赞他"千室之邑，百乘之家，可使为之宰也"。其后，季康子继持国柄，招冉求辅政，孔子欣然曰："鲁人招求，非小用之，将大用之也。"冉求遂回国为季氏宰。鲁哀公十一年，齐师伐鲁，兵临城下。冉求慷慨赴敌，率军击退齐师，立下赫赫战功。战后，季氏问曰："学之乎？性之乎？"冉求答曰："学之于孔子"。季氏遂招孔子。孔子返鲁，冉求侍师殷切，朝政之余，必登门受教。然于季氏旅泰山、伐颛臾、用田赋，皆不能救，或反助之。孔子斥之曰："非吾徒也，小子鸣鼓而攻之，可也。"冉求亦尝婉言以"力不足"告罪于夫子。孔子面斥之曰："力不足者，中道而废，今汝画。"虽然如此，未闻冉求有愠色，师事孔子恭谨如初。孔子晚年在梳理经典文献和传道授业等过程中，得到子有很多帮助。

舆百姓带来无妄之灾，冉有申辩季氏不听他的劝告，据此孔子认为冉有有为虎作伥的嫌疑，号召众弟子"鸣鼓而攻之"①。与之相反，孔子赞赏美好德行，以"道"来决定自己的"富贵贫贱"取舍，说道："富与贵，是人之所欲也；不以其道得之，不处也。贫与贱，是人之所恶也；不以其道得之，不去也。君子去仁，恶乎成名？君子无终食之间违仁，造次必于是，颠沛必于是。"（《论语·里仁》）孔子要求弟子们明道弘道、守死善道，绝不为虎作伥、助纣为虐，告诉弟子"邦有道，谷；邦无道，谷，耻也"（《论语·宪问》）、"邦无道，富且贵焉，耻也"②，教育他们要有"不义而富且贵，于我如浮云"（《论语·述而》）的思想道德境界，要拥有"见得思义""见利思义"的道德品行。

（二）社会交往"和为贵"

"和"在现代汉语里是多音多义字。《广韵》的解释是"顺也，谐也"。适宜、恰当，和顺、和谐等是"和"的本意。孔子讲"礼之用，和为贵。先王之道，斯为美，小大由之。有所不行，知和而和，不以礼节之，亦不可行

---

① 参见《论语·先进》：季氏富于周公，而求也为之聚敛而附益之。子曰："非吾徒也，小子鸣鼓而攻之可也。"参见《论语·季氏》：季氏将伐颛臾。冉有、季路见于孔子曰："季氏将有事于颛臾。"孔子曰："求！无乃尔是过与？夫颛臾，昔者先王以为东蒙主，且在邦域之中矣，是社稷之臣也。何以伐为？"冉有曰："夫子欲之，吾二臣者皆不欲也。"孔子曰："求，周任有言曰：'陈力就列，不能者止。'危而不持，颠而不扶，则将焉用彼相矣？且尔言过矣，虎兕出于柙，龟玉毁于椟中，是谁之过与？"冉有曰："今夫颛臾，固而近于费，今不取，后世必为子孙忧。"孔子曰："求！君子疾夫舍曰欲之而必为之辞。丘也闻有国有家者，不患寡而患不均，不患贫而患不安。盖均无贫，和无寡，安无倾。夫如是，故远人不服，则修文德以来之；既来之，则安之。今由与求也，相夫子，远人不服，而不能来也；邦分崩离析，而不能守也；而谋动干戈于邦内。吾恐季孙之忧，不在颛臾，而在萧墙之内也。"
② 参见《论语·泰伯》：子曰："笃信好学，守死善道。危邦不入，乱邦不居。天下有道则见，无道则隐。邦有道，贫且贱焉，耻也；邦无道，富且贵焉，耻也。"

也"(《论语·学而》)、"君子和而不同，小人同而不和"(《论语·子路》)，提出创建"大道之行也，天下为公。选贤与能，讲信修睦。故人不独亲其亲，不独子其子，使老有所终，壮有所用，幼有所长，矜、寡、孤、独、废疾者皆有所养，男有分，女有归。货恶其弃于地也，不必藏于己；力恶其不出于身也，不必为己。是故谋闭而不兴，盗窃乱贼而不作，故外户而不闭"(《礼记·礼运》)的儒家理想的大同社会。历朝历代的仁人志士都曾为创建大同社会而努力奋斗，致力于维护社会的和谐稳定，故个体在社会交往中违"和"是不智之举，是可耻的行为。社会交往违"和"现象究其根本原因是个体人格失信所引发的社会混乱无序，或个体行事无义所制造的社会混乱。

个体人格失信，是可耻的人。子曰："道千乘之国，敬事而信，节用而爱人，使民以时。"(《论语·学而》)在古代要治理好国家，国王和士大夫必须具有高度的自觉和责任感才能处理好政事，让老百姓过上休养生息的好日子，同时还要建立起良好的社会信用秩序，辅之以体恤人民的生活艰辛的情怀和征用民力要尊重节令的办事原则。社会和谐的前提条件是建立良好的社会信用秩序，这样人与人在交往的过程中自然会相互信任。如果个体信奉"诚信是立世的根本"，在社会生活中做诚信人、讲诚信话、办诚信事，"主忠信"的社会环境形成了，社会生活自然会井然有序。孔子认为，个体失信会制造社会混乱，无论居家还是周游在外，都将会寸步难行[1]。他说道："人而无信，不知其可也。大车无輗，小车无軏，其何以行之哉？"(《论语·为政》)这句话很好地诠释了"信"在社会有机体中的重要性，秦国商鞅"立

---

[1]　参见《论语·卫灵公》：子张问行。子曰："言忠信，行笃敬，虽蛮貊之邦行矣。言不忠信，行不笃敬，虽州里行乎哉？立，则见其参于前也；在舆，则见其倚于衡也，夫然后行。"子张书诸绅。

木取信"① 就是为了顺利推行变法、取信于民所采取的非常规手段，这一做法为新法的推行减小了阻力。孔子要求弟子在社会生活中时时刻刻做到知行统一、言行相顾、信守诺言，最起码也要做到"言必信，行必果"②（《论语·子路》）。对此曾子有一句流传千古的名言"吾日三省吾身：为人谋而不忠乎？与朋友交而不信乎？传不习乎"（《论语·学而》），他倡导个体要经常反思自己在社会生活中是否做到了"忠""信""习"的要求，杜绝出现"悾悾而不信"③ 的丑态。孔子大力提倡"见贤思齐焉，见不贤而内自省也"（《论语·里仁》）"三人行，必有我师焉：择其善者而从之，其不善者而改之"《论语·述而》），他认为人们要涵养"贤贤易色；事父母，能竭其力；事君，能致其身；与朋友交，言而有信"（《论语·学而》）的立身处世之道，要懂得"君子信而后劳其民；未信，则以为厉己也。信而后谏；未信，则以为谤己也"（《论语·子张》）的深刻道理。孔子坚持认为"信"是建立友谊、赢得他人持续信任的先决条件。为此，孔子把"文、行、忠、信"作为教学的主要内容，要求弟子做到"与朋友交，言而有信"（《论语·学而》）、"笃信好学，守死善道"（《论语·泰伯》）、"言忠信，行笃敬"④（《论语·公冶

① 参见《资治通鉴》：令既具，未布，恐民之不信，乃立三丈之木于国都市南门，募民有能徙置北门者予十金。民怪之，莫敢徙。复曰："能徙者予五十金！"有一人徙之，辄予五十金。乃下令。令行期年，秦民之国都言新令之不便者以千数。于是太子犯法。卫鞅曰："法之不行，自上犯之。"太子，君嗣也，不可施刑，刑其傅公子虔，黥其师公孙贾。"明日，秦人皆趋令。行之十年，秦国道不拾遗，山无盗贼，民勇于公战，怯于私斗，乡邑大治。秦民初言令不便者，有来言令便。卫鞅曰："此皆乱法之民也！"尽迁之于边。其后民莫敢议令。

② 参见《论语·子路》：子贡问曰："何如斯可谓之士矣？"子曰："行己有耻，使于四方，不辱君命，可谓士矣。"曰："敢问其次。"曰："宗族称孝焉，乡党称弟焉。"曰："敢问其次。"曰："言必信，行必果，硁硁然，小人哉！抑亦可以为次矣。"曰："今之从政者何如？"子曰："噫！斗筲之人，何足算也？"

③ 参见《论语·泰伯》：子曰："狂而不直，侗而不愿，悾悾而不信，吾不知之矣。"

④ 参见《论语·卫灵公》：子张问行。子曰："言忠信，行笃敬，虽蛮貊之邦行矣。言不忠信，行不笃敬，虽州里行乎哉？立，则见其参于前也；在舆，则见其倚于衡也，夫然后行。"子张书诸绅。

长》)，达到"老者安之，朋友信之，少者怀之"①(《论语·公冶长》)的做人境界。孔子反对在社会生活中言过其行，坚持"以行言"代替"以舌言"，强调"先行其言，而后从之"(《论语·为政》)，他认为交往中一旦遇到不诚信的人或事，务必"躬自厚而薄责于人"(《论语·卫灵公》)，深刻反省造成这一局面的原因所在。孔子为了让弟子明白"信"在社会生活中的重要性，把"信"这一德目上升到国家存亡的高度，提出了"自古皆有死，民无信不立"②(《论语·颜渊》)的至理。

个体行事无义，是可耻的人。子曰："君子喻于义，小人喻于利。"(《论语·里仁》)《礼记·中庸》提道："义者，宜也。""义"就是公道正派，是人们立身行事的处世准则，孔子把"义"看作君子立身处事的根本准绳，说到"君子义以为上"③(《论语·阳货》)、"君子之于天下也，无适也，无莫也，义之与比"(《论语·里仁》)。郑国弦高出于解救母国的安危，假托郑国国君的命令慰劳秦军，并以三寸不烂之舌智退秦师，保全了郑国。④ 当国

① 参见《论语·公冶长》：颜渊、季路侍。子曰："盍各言尔志。"子路曰："愿车马衣轻裘，与朋友共，敝之而无憾。"颜渊曰："愿无伐善，无施劳。"子路曰："愿闻子之志。"子曰："老者安之，朋友信之，少者怀之。"

② 参见《论语·颜渊》：子贡问政。子曰："足食，足兵，民信之矣。"子贡曰："必不得已而去，于斯三者何先？"曰："去兵。"子贡曰："必不得已而去，于斯二者何先？"曰："去食。自古皆有死，民无信不立。"

③ 参见《论语·阳货》：子路曰："君子尚勇乎？"子曰："君子义以为上。君子有勇而无义为乱，小人有勇而无义为盗。"

④ 参见《左传·僖公三十三年》：三十三年春，秦师过周北门，左右免胄而下。超乘者三百乘。王孙满尚幼，观之，言于王曰："秦师轻而无礼，必败。轻则寡谋，无礼则脱。入险而脱，又不能谋，能无败乎？"及滑，郑商人弦高将市于周，遇之。以乘韦先，牛十二犒师，曰："寡君闻吾子将步师出于敝邑，敢犒从者，不腆敝邑，为从者之淹，居则具一日之积，行则备一夕之卫。"且使遽告于郑。郑穆公使视客馆，则束载、厉兵、秣马矣。使皇武子辞焉，曰："吾子淹久于敝邑，唯是脯资饩牵竭矣。为吾子之将行也，郑之有原圃，犹秦之有具囿也。吾子取其麋鹿以闲敝邑，若何？"杞子奔齐，逢孙、扬孙奔宋。孟明曰："郑有备矣，不可冀也。攻之不克，围之不继，吾其还也。"灭滑而还。

君要赏赐弦高时，他选择了拒绝封赏，认为自己接受封赏将败坏郑国的社会风气。对于弦高来讲，厚赏将获得一笔丰厚的利益，但接受封赏将败坏郑国的诚信风气，在"利"与"义"之间，弦高选择了"义"，这是弦高对"义"做出的经典诠释。郑国子产身居高位，上对君主恭敬有礼，下对黎民惠泽万千，是个很有君子之德的政治家，他辅佐国君把郑国治理得国富民强，深得郑国人民的爱戴。孔子将其美德总结为"其行己也恭，其事上也敬，其养民也惠，其使民也义"（《论语·公冶长》）。后世儒者对"义"进行了继承和发展，把"义"上升为社会上人际交往中的五常德（仁义礼智信）来遵循和个人德性表现的八德（孝悌忠信礼义廉耻）来涵养。孟子提出"恻隐之心，仁之端也；羞恶之心，义之端也；辞让之心，礼之端也；是非之心，智之端也"（《孟子·公孙丑上》）的"四端"①说，认为在"义"与"利"之间取舍时应注重先"义"后"利"，提出"生，亦我所欲也；义，亦我所欲也。二者不可得兼，舍生而取义者也。生亦我所欲，所欲有甚于生者，故不为苟得也；死亦我所恶，所恶有甚于死者，故患有所不避也"（《孟子·告子上》）的舍生取义法则，又提出"可以取，可以无取，取伤廉；可以与，可以无与，与伤惠；可以死，可以无死，死伤勇"（《孟子·离娄下》）的处理原则。这里，孟子把"义"提升到精神和人格的高度。"义"是人所应该具有的正

---

① 参见《孟子·公孙丑上》：孟子曰："人皆有不忍人之心。先王有不忍人之心，斯有不忍人之政矣。以不忍人之心，行不忍人之政，治天下可运之掌上。所以谓人皆有不忍人之心者，今人乍见孺子将入于井，皆有怵惕恻隐之心，非所以内交于孺子之父母也，非所以要誉于乡党朋友也，非恶其声而然也。由是观之，无恻隐之心，非人也；无羞恶之心，非人也；无辞让之心，非人也；无是非之心，非人也。恻隐之心，仁之端也；羞恶之心，义之端也；辞让之心，礼之端也；是非之心，智之端也。人之有是四端也，犹其有四体也。有是四端而自谓不能者，自贼者也；谓其君不能者，贼其君者也。凡有四端于我者，知皆扩而充之矣，若火之始然，泉之始达。苟能充之，足以保四海；苟不充之，不足以事父母。"

直、刚正的品格和节操，董仲舒①提出"正其谊不谋其利，明其道不计其功"
（《汉书·董仲舒传》）的义利命题，受到了后世儒家的高度推崇。孔子重
"义"，他总结为"义然后取，人不厌其取"②（《论语·宪问》），要求弟子做
到"见利思义"，遵循"饭疏食，饮水，曲肱而枕之，乐亦在其中矣。不义
而富且贵，于我如浮云"（《论语·述而》）的义利取舍法则。孔子担心弟子
养成"德之不修，学之不讲，闻义不能徙，不善不能改"（《论语·述而》）
的恶习，谆谆告诫弟子要做到"义以为上"③（《论语·阳货》），坚持"谋道
不谋食。耕也，馁在其中矣；学也，禄在其中矣""忧道不忧贫"（《论语·卫
灵公》），不出卖灵魂，不出卖人格。

（三）安身立命"游于艺"

艺是社会生活中的技能与才能，个体"游于艺"就是依凭自己的才能过
上幸福的日子。"才"的甲骨文字形为"Ψ"，上面一横表示土地，下面像草
木的茎（嫩芽）刚刚出土、枝叶尚未出土的样子。本义指草木初生，因种子
发芽会克服重重困难破土而出，引申为才能。无"才"是没有真才实学，或
者是不能学以致用以解决实际问题，表现为无知与无能。无"才"之人即便

---

① 董仲舒（公元前 179 年—前 104 年），广川（今河北省衡水市景县广川镇大董故
庄村）人，西汉思想家、政治家、教育家，唯心主义哲学家和今文经学大师。汉
景帝时任博士，讲授《公羊春秋》。汉武帝元光元年（公元前 134），汉武帝下诏
征求治国方略，董仲舒在著名的《举贤良对策》中系统地提出了"天人感应""大
一统"学说和"诸不在六艺之科、孔子之术者，皆绝其道，勿使并进""推明孔氏，
抑黜百家"的主张并为汉武帝所采纳，使儒学成为中国社会的正统思想，影响长
达二千多年。其学以儒家宗法思想为中心，杂以阴阳五行说，把神权、君权、父
权、夫权结合在一起，形成帝制神学体系。
② 参见《论语·宪问》：子问公叔文子于公明贾曰："信乎，夫子不言，不笑，不取
乎？"公明贾对曰："以告者过也。夫子时然后言，人不厌其言；乐然后笑，人不
厌其笑；义然后取，人不厌其取。"子曰："其然？岂其然乎？"
③ 参见《论语·卫灵公》：在陈绝粮，从者病，莫能兴。子路愠见曰："君子亦有穷
乎？"子曰："君子固穷，小人穷斯滥矣。"

身处太平盛世也可能会因安身立命无所凭而过着"贫且贱焉"的生活，孔子认为这类人不懂得奋发有为是可耻之人，不值得怜悯①。无"才"之人一旦身处乱世由于其"求诸身而无所得，施之世而无所用"颜之推（《颜氏家训·勉学》），只能走上"被褐而丧珠，失皮而露质，兀若枯木，泊若穷流，鹿独戎马之间，转死沟壑之际"颜之推（《颜氏家训·勉学》）的死路，对于这样的人只能说"哀其不幸，怒其不争"。身处乱世的颜之推对于无才之人的生活窘境深有体会，所以他教导子弟在社会生活中一定要努力成为"国之用材"②，即使资质不足也要有一门技艺，使自己身处无论治世还是乱世都能安身立命，即"有学艺者，触地而安"颜之推（《颜氏家训·勉学》）。

个体处世无知，是可耻的人。无知之人缺乏应有的知识、技能和经验，无法把握事物发展的客观规律或对某一事件做出正确的价值判断，经常是"一问三不知"。无知之人，不知道"知之为知之，不知为不知，是知也"（《论语·为政》）的古训，不懂得后天学习对于成人成才的重要性，对于自己的孤陋寡闻往往会想办法来掩盖，最后如同滥竽充数③的南郭先生一样出尽洋相，贻笑大方，不得不落荒而逃。孔子是一个"活到老，学到老"的典范，他曾说"我非生而知之者，好古，敏以求之者也"（《论语·述而》），最终成为博学而多能的至圣先师。以至于达巷党人称赞孔子博学时说"大哉

---

① 参见《论语·泰伯》：子曰："笃信好学，守死善道。危邦不入，乱邦不居。天下有道则见，无道则隐。邦有道，贫且贱焉，耻也；邦无道，富且贵焉，耻也。"

② 参见《颜氏家训·涉务》：士君子之处世，贵能有益于物耳，不徒高谈虚论，左琴右书，以费人君禄位也。国之用材，大较不过六事：一则朝廷之臣，取其鉴达治体，经纶博雅；二则文史之臣，取其著述宪章，不忘前古；三则军旅之臣，取其断决有谋，强干习事；四则藩屏之臣，取其明练风俗，清白爱民；五则使命之臣，取其识变从宜，不辱君命；六则兴造之臣，取其程功节费，开略有术；此则皆勤学守行者所能办也。人性有长短，岂责。具美于六涂哉？但当皆晓指趣，能守一职，便无愧耳。

③ 参见《韩非子·内储说上》："齐宣王使人吹竽，必三百人。南郭处士请为王吹竽，宣王说之，廪食以数百人。宣王死，湣王立。好一一听之，处士逃。"

孔子，博学而无所成名"①（《论语·子罕》；仪封人惊艳于孔子的学问时说"二三子何患于丧乎？天下之无道也久矣，天将以夫子为木铎②"（《论语·八佾》）。叔孙武叔诋毁孔子的学识时，被孔子的学识所深深折服的子贡坚决反驳道："仲尼不可毁也。他人之贤者，丘陵也，犹可逾也；仲尼，日月也，无得而逾焉。人虽欲自绝，其何伤于日月乎？多见其不知量也。"（《论语·子张》）孔子通过"多闻，择其善者而从之；多见而识之"（《论语·述而》）不断积累知识与经验，最终成为圣人。孔子自认为是周公文化的传承人，在畏于匡时不禁发出"文王既没，文不在兹乎？天之将丧斯文也，后死者不得与于斯文也；天之未丧斯文也，匡人其如予何"（《论语·子罕》）的感叹，担心因此而不能把自己所学传承给后世。孔子周游列国之后，晚年回到鲁国，完成了"修《诗》《书》，定《礼》《乐》，序《周易》，作《春秋》"的壮举，成为儒家思想的创始人。孔子曾说"吾十有五而志于学，三十而立，四十而不惑，五十而知天命，六十而耳顺，七十而从心所欲，不逾矩"（《论语·为政》），并说"其为人也，发愤忘食，乐以忘忧，不知老之将至云尔"（《论语·述而》）。季桓子③想让孔子出丑，孔子以"讯狗得羊"④的鲜活事例，

① 参见《论语·子罕》：达巷党人曰："大哉孔子，博学而无所成名。"子闻之，谓门弟子曰："吾何执？执御乎，执射乎？吾执御矣。"

② 木铎指以木为舌的大铃，铜质。据文献记载，"铎"大约起源于夏商时期，是一种以金属为框的响器。以木为舌者称为"木铎"，以金为舌者则称"金铎"；木铎为文，用以宣政布政；金铎为武，用以指挥军队。此处指孔子是号令天下之人。

③ 季桓子（？—前492年），即季孙斯，春秋鲁国大夫。季平子季孙意如之子。公元前505年，季孙意如死后，其家臣阳虎囚禁季孙斯，并执鲁政达三年之久。阳虎逃走后，季孙斯想任用孔子帮助三桓打击当权的家臣。但是，孔子则想提升公室的实力，于是季孙斯将孔子逼走，孔子开始周游列国。鲁哀公三年（公元前492年），季桓子去世。

④ 参见《＋国语》：季桓子穿井，获如土缶，其中有羊焉。使问之仲尼曰："吾穿井而获狗，何也？"对曰："以丘之所闻，羊也。丘闻之：木石之怪曰夔、魍魉（wǎngliǎng），水之怪曰龙、罔象，土之怪曰羵（fén）羊。"参见《东周列国志》：斯欲试孔子之学，嘱使勿言，既入座，谓孔子曰："或穿井于土中得狗，此何物也？"孔子曰："以某言之，此必羊也，非狗也。"斯惊问其故。

凭借自己的博学打脸季桓子，季桓子不得不惊叹地说："仲尼之学，果不可及！"孔子曾经称赞子贡"告诸往而知来者"（《论语·学而》）的逻辑推理能力①，欣赏颜回②"闻一以知十"的触类旁通的能力③。孔子教育弟子要"知之为知之，不知为不知"（《论语·为政》），并且要"学而时习之"（《论语·学而》），对所学知识进行有效强化，做到"多闻，择其善者而从之；多见而识之"（《论语·述而》），从而不断地积累知识与阅历，最终获得真知灼见。孔子留下一段名言来论证个体不学无术的弊端，即"好仁不好学，其蔽也愚；好知不好学，其蔽也荡；好信不好学，其蔽也贼；好直不好学，其蔽也绞；好勇不好学，其蔽也乱；好刚不好学，其蔽也狂"（《论语·阳货》）。

个体办事无能，是可耻的人。无能之人缺乏相应的技能，无法胜任某项工作或缺乏有效的应变能力，因此被颜之推讥笑为"上车不落则著作，体中何如则秘书"颜之推（《颜氏家训·勉学》）。孔子最担心弟子成为无能之人，因此谆谆告诫弟子们"君子病无能焉，不病人之不己知也"（《论语·卫灵公》）、"不患人之不己知，患其不能也"（《论语·宪问》）。为此，孔子旗帜

---

① 参见《论语·学而》：子贡曰："贫而无谄，富而无骄，何如？"子曰："可也。未若贫而乐，富而好礼者也。"子贡曰：《诗》云'如切如磋，如琢如磨'，其斯之谓与？"子曰："赐也，始可与言《诗》已矣。告诸往而知来者。"

② 颜回（公元前 521 年—公元前 481 年），字子渊，孔子学生，春秋末期鲁国曲阜（今山东省曲阜市）人。他十四岁拜孔子为师，此后终生师事之。在孔门诸弟子中，孔子对他称赞最多，不仅赞其"好学"，而且还以"仁人"相许。他以德行著称于世，严格按照孔子关于"仁""礼"的要求行事，"敏于事而慎于言"。故孔子常称赞颜回具有君子四德，即强于行义，弱于受谏，怵于待禄，慎于治身。颜回终生所向往的就是出现一个"君臣一心，上下和睦，丰衣足食，老少康健，四方咸服，天下安宁"的无战争、无饥饿的理想社会。历代文人学士对他也无不推崇有加，宋明儒者更好"寻孔、颜乐处"。自汉高祖刘邦以颜回配享孔子，祀以太牢，三国魏正始年间将此举定为制度以来，历代统治者无不尊奉颜子，对其封赠有加。

③ 参见《论语·公冶长》：子谓子贡曰："女与回也孰愈？"对曰："赐也何敢望回？回也闻一以知十，赐也闻一以知二。"子曰："弗如也。吾与女弗如也。"

鲜明地反对"饱食终日，无所用心"①（《论语·阳货》）的碌碌无为的混日子行为，赞赏孔文子"敏而好学，不耻下问"（《论语·公冶长》）的治学态度，提倡采用"叩其两端而竭焉"②（《论语·子罕》）和"以能问于不能，以多问于寡。有若无，实若虚"（《论语·泰伯》）的方式来不断提升能力。对于死读书、读死书的人，孔子嗤之以鼻，他认为"诵《诗》三百，授之以政，不达；使于四方，不能专对。虽多，亦奚以为？"（《论语·子路》）孔子提倡活学活用、学以致用，他教育孔鲤"不学《诗》，无以言""不学《礼》，无以立"，希望孔鲤在学《诗》《礼》的过程中得到熏陶，从《诗》中得到感悟以使自己的语言表达更合乎逻辑、更加精彩，从《礼》中得到感悟以使自己的行为处事更好地体现主流价值要求，在社会生活中更好立足③。一个有真才实学的人，通过"悟"实现融会贯通，把才学转化为技能，这样才能拥有"行己有耻，使于四方，不辱君命"④（《论语·子路》）的能力。

（四）德性涵养"恒于德"

"恒于德"要求个体持久地保持德行，在社会生活中展示君子形象。能不能"恒于德"，就在于个体是否有正确的羞耻心和羞耻心态，即是否有

① 参见《论语·阳货》：子曰："饱食终日，无所用心，难矣哉！不有博弈者乎？为之，犹贤乎已。"
② 参见《论语·子罕》："吾有知乎哉？无知也。有鄙夫问于我，空空如也。我叩其两端而竭焉。"
③ 参见《论语·季氏》：陈亢问于伯鱼曰："子亦有异闻乎？"对曰："未也。尝独立，鲤趋而过庭，曰：'学《诗》乎？'对曰：'未也。''不学《诗》，无以言。'鲤退而学《诗》。他日，又独立，鲤趋而过庭，曰：'学《礼》乎？'对曰：'未也。''不学《礼》，无以立。'鲤退而学《礼》。闻斯二者。"陈亢退而喜曰："问一得三，闻《诗》，闻《礼》，又闻君子之远其子也。"
④ 参见《论语·子路》：子贡问曰："何如斯可谓之士矣？"子曰："行己有耻，使于四方，不辱君命，可谓士矣。"曰："敢问其次。"曰："宗族称孝焉，乡党称弟焉。"曰："敢问其次。"曰："言必信，行必果，硁硁然，小人哉！抑亦可以为次矣。"曰："今之从政者何如？"子曰："噫！斗筲之人，何足算也？"

"羞"。无"羞"就是个体在涵养德行中没有羞耻心，这与我们传统社会所推崇的"孝悌忠信礼义廉耻"的伦理道德规范要求格格不入，是国人难以忍受的缺陷。个体没有树立正确的羞耻心态也是无羞的具体表现，往往会表现出"不以耻为耻，反以耻为荣"的错误心态。孟子认为羞耻心是人与动物相区别的标志，他曾说："无羞恶之心，非人也。"① (《孟子·公孙丑上》) 社会生活中许多丑陋现象的出现就是源于个体错误的羞耻心和羞耻心态。个体无羞，心中就不会有"三戒"② 和"三畏"③，就会无所顾忌也无所畏惧，从而胡作非为、胆大妄为，导致社会乱象丛生，须知"礼义廉耻，国之四维；四维不张，国乃灭亡"（欧阳修《新五代史·冯道传》）。

没有羞耻心的人，可耻。周平王迁都洛邑之后，诸侯国相互征伐称霸，弱肉强食的现象时常发生，社会动乱，见利忘义之事比比皆是，真正是孔子口中所讲的礼崩乐坏的时代。鲁定公问政于孔子，说："孔老先生，你说有没有可能一言可以兴邦？一言可以丧邦？"孔子给出了肯定的回答，说当然有这种情况。④ 回望历史，因为一句话就丧邦的王朝，史书上没有明确的记

---

① 参见《孟子·公孙丑上》：孟子曰："……无恻隐之心，非人也；无羞恶之心，非人也；无辞让之心，非人也；无是非之心，非人也。恻隐之心，仁之端也；羞恶之心，义之端也；辞让之心，礼之端也；是非之心，智之端也。"

② 参见《论语·季氏》：孔子曰："君子有三戒：少之时，血气未定，戒之在色；及其壮也，血气方刚，戒之在斗；及其老也，血气既衰，戒之在得。"

③ 参见《论语·季氏》：孔子曰："君子有三畏：畏天命，畏大人，畏圣人之言。小人不知天命而不畏也，狎大人，侮圣人之言。"

④ 参见《论语·子路》：定公问："一言而可以兴邦，有诸？"孔子对曰："言不可以若是其几也。人之言曰：'为君难，为臣不易。'如知为君之难也，不几乎一言而兴邦乎？"曰："一言而丧邦，有诸？"孔子对曰："言不可以若是其几也。人之言曰：'予无乐乎为君，唯其言而莫予违也。'如其善而莫之违也，不亦善乎？如不善而莫之违也，不几乎一言而丧邦乎？"

载来印证。但是周幽王一个"烽火戏诸侯①"的举动，却真的让西周走向了灭亡。周幽王为博得美人褒姒一笑，竟然点燃烽火以戏弄诸侯取笑，可见周幽王毫无羞耻心，把国之大者置于美人一笑之下，最终导致西周的覆灭。孔子曾说："《诗》三百，一言以蔽之，曰：'思无邪。'"（《论语·为政》）但是从《诗经》记录的故事可以看到西周的靡靡之音，许多不知廉耻的故事就隐藏其中。例如，卫宣公听说儿媳宣姜长得沉鱼落雁、闭月羞花，在迎亲经过的半路上筑新台，硬生生把本应为儿媳的宣姜据为己有②；又如，卫宣公死后，庶子顽竟然把宣姜给烝③了，整个卫国人都对此事觉得难以启齿。这两件发生在卫国的事，记载在《新台》和《墙有茨》两首诗上。《二子乘舟》叙述的是宣姜要杀太子伋，公子寿以自己的性命来保护公子伋，道出了宣姜内心的无耻与阴暗，歌颂了公子寿的伟岸人格。④ 出现这些乱象的根源是因为这类人没有做人最起码的羞耻心，做了羞耻之事也不会感到羞耻，甚至会以耻为荣。所以康有为在《孟子微》中明确地说："风俗之美，在养民知耻。"孔子大声疾呼为政者要正面引导人民涵养羞耻心、培育耻德以维系社会稳定，在前往卫国的路途中提出了"庶之、富之、教之"的道德教化思想。⑤ 孔子

① 参见《史记·周本纪》：褒姒不好笑，幽王欲其笑万方，故不笑。幽王为烽燧大鼓，有寇至则举烽火。诸侯悉至，至而无寇，褒姒乃大笑。幽王说之，为数举烽火。其后不信，诸侯益亦不至。幽王以虢石父为卿，用事，国人皆怨。石父为人佞巧善谀好利，王用之。又废申后，去太子也。申侯怒，与缯、西夷犬戎攻幽王。幽王举烽火征兵，兵莫至。遂杀幽王骊山下，虏褒姒，尽取周赂而去。于是诸侯乃即申侯而共立故幽王太子宜臼，是为平王，以奉周祀。

② 参见《诗经·新台》：新台有泚，河水弥弥。燕婉之求，蘧篨不鲜。新台有洒，河水浼浼。燕婉之求，蘧篨不殄。鱼网之设，鸿则离之。燕婉之求，得此戚施。

③ 烝，在人伦上指娶父亲的妻妾及兄长的妻妾。例如，《左传·闵公二年》：初，惠公之即位也少，齐人使昭伯烝于宣姜，不可，强之。又如，周清源《西湖二集》：见武媚娘而悦之，遂即东厢烝焉。

④ 参见《诗经·二子乘舟》：二子乘舟，泛泛其景。愿言思子，中心养养！二子乘舟，泛泛其逝。愿言思子，不瑕有害！

⑤ 参见《论语·子路》：子适卫，冉有仆。子曰："庶矣哉！"冉有曰："既庶矣，又何加焉？"曰："富之。"曰："既富矣，又何加焉？"曰："教之。"

认为应用道德来教化、用礼法来约束人们，这样人们能够在不知不觉中涵养羞耻心，并且在知耻心的驱动下改过迁善，进而达到有耻且格的社会治理效果，这就是孔子提出的"为政以德"（《论语·为政》）、德主刑辅的社会治理模式，即孔子所说的"道之以政，齐之以刑，民免而无耻。道之以德，齐之以礼，有耻且格"（《论语·为政》）。

没有正确的羞耻心态，可耻。社会生活中的个体有羞耻心当然是好事，但如果个体的羞耻心态与主流社会价值相悖，换句话说就是羞耻心态不正确，那么其立身行事就会走向社会主流价值要求的对立面。正确的羞耻心态是指个体在反思自身言行时，会以主流社会所提倡的伦理道德规范为准绳来评判自己，如果认知到自己的言行违背了社会伦理道德规范就会产生强烈的羞耻感，会在人前人后抬不起头并进行自我纠正，回归社会伦理道德规范的正道。个体如果听到他人对自己不好的议论，在反思后认为自己确实是违背了伦常后，内心就会不自觉地产生羞耻感，从而立马停止正在做的事，以拨乱反正。例如，曾子之妻承诺儿子如果不随她去集市，回家就杀猪给儿子吃猪肉。她回家后看见曾子磨刀霍霍准备杀猪，又反悔了。曾子在与妻子进行了一番理论后，妻子深以为然，于是一起杀猪给儿子吃，以实际行动为儿子树立与人相处讲诚信的做人榜样。① 又如，宰我② 习惯昼寝，这一不良习惯被孔子发现后孔子狠狠地臭骂了他一顿。宰我从臭骂中认识到自身错误，明白自己实在不该把大好时光用在休息上，之后他及时纠正自己的治学态度，

---

① 参见《韩非子·外储说左上》：曾子之妻之市，其子随之而泣。其母曰："女还，顾反为女杀彘（zhì）。"妻适市来，曾子欲捕彘杀之。妻止之曰："特与婴儿戏耳。"曾子曰："婴儿非与戏也。婴儿非有知也，待父母而学者也，听父母之教，今子欺之，是教子欺也。母欺子，子而不信其母，非所以成教也。"遂烹彘也。

② 宰予（公元前522年—公元前458年），字子我，亦称"宰我"，孔子学生，春秋末期鲁国人，孔子著名弟子，位列"孔门十哲"。宰予小孔子二十九岁，能言善辩，被孔子许为其"言语"科的高才生。曾从孔子周游列国，游历期间常受孔子派遣，使于齐国、楚国。最后，宰予担任临菑的大夫，参与田常作乱，被砍了头、灭了族，孔子为此感到十分惋惜。

把所有的时间和精力都用在学业上，最终成为孔门十哲之一，① 更是成为孔门言语科的高材生 ②。然而，有些人在面对利益之需要做出取舍时就会违背道义，毫无羞耻心可言。例如，岳飞 ③ 帐下最得力的大将张俊就是这类人。在秦桧许诺的荣华富贵面前，张俊放弃了道德操守，成为谋杀岳飞的帮凶，出面污证岳飞，在风波亭以莫须有的罪名杀害了自己的顶头上司。张俊虽然生前享尽荣华富贵，但是死后一直遭到道德审判——人们铸其铜像使其罚跪在岳飞墓前。在追求道德与学问的过程中，孔子认为向人请教时虽然坦承了自己的无知，但这种做法可以促进自己的进步，因此并不可耻，可耻的是不懂装懂，文过饰非且强词夺理。孔子赞赏孔文子"敏而好学，不耻下问"（《论语·公冶长》）的治学态度，肯定子路"衣敝缊袍，与衣狐貉者立，而不耻者"（《论语·子罕》）的交往态度。在求学中不耻下问，在交往中不卑不亢都是正确的羞耻心态。

---

① 参见《论语·公冶长》：宰予昼寝。子曰："朽木不可雕也，粪土之墙，不可圬也；于予与何诛？"子曰："始吾于人也，听其言而信其行；今吾于人也，听其言而观其行。于予与改是。"

② 参见《论语·先进》：子曰："从我于陈、蔡者，皆不及门也。"德行：颜渊、闵子骞、冉伯牛、仲弓。言语：宰我、子贡。政事：冉有、季路。文学：子游、子夏。

③ 岳飞（1103 年—1142 年），字鹏举，相州汤阴县（今河南省安阳市汤阴县）人，南宋抗金名将，中国历史上著名的军事家、战略家、民族英雄，位列南宋"中兴四将"之一。岳飞于北宋末年投军，从 1128 年遇宗泽起到 1141 年为止的十余年间，率领岳家军同金军进行了大小数百次战斗，所向披靡，"位至将相"。1140 年，完颜兀术毁盟攻宋，岳飞挥师北伐，先后收复郑州、洛阳等地，又于郾城、颍昌大败金军，进军朱仙镇。宋高宗、秦桧却一意求和，以十二道"金字牌"令岳飞退兵，岳飞在孤立无援之下被迫班师。在宋金议和过程中，岳飞遭受秦桧、张俊等人的诬陷，被捕入狱。1142 年 1 月，岳飞被秦桧等以"莫须有"的"谋反"罪名，与长子岳云和部将张宪同被杀害。宋孝宗时岳飞冤狱被平反，改葬于西湖畔栖霞岭，追谥武穆，后又追谥忠武，封鄂王。

第二章 因何耻

必有耻，则可教。

——（宋）周敦颐

第一节　蒙耻之由

《礼记》："好学近乎知，力行近乎仁，知耻近乎勇。"（《礼记·中庸》）这是儒家对智、仁、勇"三达德"的一种阐发，也是对"学、行、耻"于人的德性养成功用的论述。关于"知耻近乎勇"，郑玄[①]对这句话的解读为"知耻近乎勇者，覆前文困而知之，及勉强而行之，以其知自羞耻，勤行善事，不避危难，故近乎勇也"。一个有羞耻心的人，一旦知道自己在社会生活中做了错事，做了对不起别人的事情，或存在不得体的言论和行为，就能够深刻反躬自省，认识到自身德行、能力的不足，从而在内心深处产生一种羞耻的情感，就会在痛定思痛中扬长避短、取长补短，达到内强素质外塑形象的修养目标，最终提升自己各方面的能力，使自己变得异常强大而成就一番事业。换句话说，一个人常怀一颗羞耻之心，在社会生活中就不会自甘平庸、自甘堕落，其会在善养自己的浩然之气中成就千秋伟业。这是因为个体在知耻心、羞耻感的驱动下，在"三不朽"[②]精神的鼓舞下，有勇气随时修正自己的前进方向，通过不懈的努力奋斗实现人生理想，成就事业。

---

① 郑玄（127年—200年），字康成，北海郡高密县（今山东省高密市）人，东汉末年儒家学家、经学家。郑玄治学以古文经学为主，兼采今文经学。他遍注儒家经典，以毕生精力整理古代文化遗产，使经学进入了一个"小统一时代"。著有《天文七政论》《中侯》等书，共百万余言，世称"郑学"，为汉代经学的集大成者。唐贞观年间，列郑玄于二十二"先师"之列，配享孔庙。宋代时被追封为高密伯。后人建有郑公祠以纪念。

② 参见《左传·襄公二十四年》："太上有立德，其次有立功，其次有立言。虽久不废。"孔颖达疏："立德，谓创制垂法，博施济众……立功，谓拯厄除难，功济于时；立言，谓言得其要，理足可传。"

119

司马迁 ① 在《报任安书》中历数前人在困顿中奋进取得的不朽成就，他说："文王拘而演《周易》；仲尼厄而作《春秋》；屈原放逐，乃赋《离骚》；左丘失明，厥有《国语》；孙子膑脚，《兵法》修列；不韦迁蜀，世传《吕览》；韩非囚秦，《说难》《孤愤》。"文王等奋进之人成为后世士大夫效仿的榜样，他们的事迹成了后世传颂的佳话。古往今来，纵览历代能够载入青史、激励世人的圣贤，每一位都是"知耻而后勇"的人中龙凤。从以"大道之行也，天下为公"（《礼记·礼运》）自励的孔子到以"仰不愧于天，俯不怍于人"（《孟子·尽心上》）自况的孟子；从以"视死若生者，烈士之勇也"（《庄子·秋水》）自嘲的庄子到以"闭心自慎，终不失过兮"（屈原《九章》）自制的屈原；从以"君子盛德，容貌若愚"（司马迁《史记·老子韩非列传》）自比的司马迁到"鞠躬尽瘁，死而后已"（诸葛亮《后出师表》）自警的诸葛亮；从以"富贵不染其心，利害不移其守"（《礼记·儒行》）自持的欧阳修到以"先天下之忧而忧，后天下之乐而乐"（范仲淹《岳阳楼记》）自勉的范仲淹等名垂青史的圣贤，无一不是信奉"孝悌忠信礼义廉耻"的道德典范。他们因自己的嘉言懿行成了维护社会稳定、推动社会进步的木铎，从而使得中华民族得以在历史长河中生生不息、绵延不绝。相反，那些寡廉鲜耻之人，他们的所作所为因无耻而无底线，对社会所带来的伤害影响至巨，成为后世人们口诛笔伐的对象，最终只能钉在历史的耻辱柱上而遗臭万年，如残暴无仁的夏桀商纣、陷害忠良的秦桧（秦桧之后很多人都不愿

---

① 司马迁（约公元前 145 年—公元前 90 年），字子长，夏阳（今陕西省韩城市）人，一说龙门（今山西省河津市）人。西汉伟大的史学家、文学家、思想家，被后世尊称为史迁、太史公、历史之父。他以其"究天人之际，通古今之变，成一家之言"的史识创作了中国第一部纪传体通史《史记》（原名《太史公书》），被公认为是中国史书的典范，是"二十四史"之首，被鲁迅誉为"史家之绝唱，无韵之离骚"。

使用桧字为子孙起名)、口蜜腹剑的李林甫、贪赃枉法的和珅等。蒲松龄 [①] 在《三朝元老》中写道"某中堂,故明相也。曾降流寇,世论非之。老归林下,享堂落成,数人直宿其中。天明,见堂上一匾云:'三朝元老。'一联云:'一二三四五六七,孝弟忠信礼义廉。'不知何时所悬。怪之,不解其义。或测之云:'首句隐亡八,次句隐无耻也'"(《聊斋志异·三朝元老》)。这副对联最绝之处在于不带一个骂人的脏字,通过上句隐指亡(王)八下句隐指无耻,来巧妙而不动声色地痛斥了如某中堂这类"王八""无耻"之徒。

一、违背伦常便是耻

伦理,就是人伦道德之理,指在社会生活中人与人相处需要遵循的各种道德规范与准则,即"孝悌忠信礼义廉耻"八德。"孝悌忠信礼义廉耻"是中国人做人做事的真谛所在,涵盖了社会公德、职业道德、家庭美德、个人品德,其中,"忠、礼、义"跟社会公德有关,"廉"跟职业道德有关,"孝、悌"跟家庭美德有关,"信、耻"跟个人品德有关。在个体德性涵养中唯有耻德是在知之情况下要远离的、会带来耻辱的行为,其他则是要在知之情况下终身求之守之,以彰显个人道德修养的境界。

(一)无"义"则耻

义的繁体字写作"羲",《说文解字》对"义"的解释为:"己之威仪也。从我,从羊。""我"在甲骨文中写作"𢦏",在金文里写作"𢦠",在小篆上写作"𢦋",指奴隶社会里一种用来行刑杀人和肢解牲口的凶器,衍生出"手持大戈,呐喊示威",表仪仗,而仪仗是高举的旗帜。"羊"表祭牲。"义"

---

① 蒲松龄(1640年—1715年),字留仙,一字剑臣,别号柳泉居士,世称聊斋先生,自称异史氏。济南府淄川(今山东省淄博市淄川区洪山镇蒲家庄)人。清代杰出文学家,优秀短篇小说家。著有文言短篇小说集《聊斋志异》,此外还有大量诗文、戏剧、俚曲以及有关农业、医药方面的著述存世,共近200万字,为中国、为世界创造了宝贵的精神财富。

本义是为了我信仰的旗帜而无惧牺牲。"义"的词义扩大后一为名词，指公正合宜的道理或举动，如公义、义不容辞；一为形容词，指合乎正义或公益的，如义举、义务、义演等。孔子认为行事要做到"君子之于天下也，无适也，无莫也，义之与比"（《论语·里仁》），孟子也说"大人者，言不必信，行不必果，惟义所在"（《孟子·离娄下》）。无"义"指个体心中没有社会道义，行事不以社会道义为准绳，胡乱作为，这样的行为必定会招致羞辱。

子曰："君子喻于义，小人喻于利。"（《论语·里仁》）"喻"在《辞海》中的解释是"明白、了解"，引申为看重、关注。在义利取舍的态度上，君子关注的是其中之"义"，即取舍是否合乎公平、正义，是否有利于社会道义的伸张；小人关注的是其中之"利"，即是否会给自己带来利益与好处。君子在社会生活中不会过分关注私利，而是把道义、原则置于私利之上，把公义、道义作为人生的最高价值追求，所以君子在日常行事中遵循"君子谋道不谋食，君子忧道不忧贫"（《论语·卫灵公》）的人生信条，即使在颠沛流离中也会一如既往地坚守道义；小人则唯利是图遑论道义，遵循"人为财死，鸟为食亡""人不为己，天诛地灭"的人生信条，立身行事讲究"理想理想，有利就想；前途前途，有钱就图"的原则，大肆攫取不义之财。这是君子与小人的分水岭，也是"义""利"之辩的滥觞。可见，孔子反对把功利作为人生的唯一的行事准则和最高价值追求目标，倡导"视思明，听思聪，色思温，貌思恭，言思忠，事思敬，疑思问，忿思难，见得思义"（《论语·季氏》）的"九思"主张，为了"道义"的伸张，即便明知不可为也要为之①。孔子认为"成人"的标准为"若臧武仲②之知，公绰③之不欲，卞庄

---

① 参见《论语·宪问》：子路宿于石门。晨门曰："奚自？"子路曰："自孔氏。"曰："是知其不可而为之者与？"
② 臧武仲，姬姓，臧氏，名纥，谥武，因祭鲁孝公之祀，故尊称其"臧孙纥"，史称臧武仲，中国春秋时期鲁国政治人物。为人足智多谋，能言善辩，常常能面对复杂的局面急中生智，化解矛盾，人称"圣人"。
③ 孟公绰，春秋时期鲁国大夫。为人清静寡欲，清正廉洁，为孔子所尊敬。

子①之勇,冉求之艺,文之以礼乐"(《论语·宪问》),退而求其次也要达到"见利思义,见危授命,久要不忘平生之言"(《论语·宪问》)的人生信守。孔子对弟子说"君子义以为上"(《论语·阳货》),告诫弟子"君子之于天下也,无适也,无莫也,义之与比"(《论语·里仁》),在社会生活中要以道义为重,看重正义的行为,避免因不义而遭受羞辱。孔子衣钵的继承人子张说:"士见危致命,见得思义,祭思敬,丧思哀,其可已矣。"(《论语·季氏》)后世儒家在总结前人和自身道德实践的基础上提出"义""利"之辨,强调人们在社会生活中必须重义轻利、见利思义、见得思义和先义后利的原则。个体如果见利忘义、见钱眼开则会为世人所不齿,终会遭到世人唾弃、鄙视。孟子旗帜鲜明地说"生,亦我所欲也;义,亦我所欲也。二者不可得兼,舍生而取义者也。"(《孟子·告子上》)他认为为了在全社会倡导"义",即便献出自己的宝贵生命也在所不惜。董仲舒说"夫仁人者,正其谊(通假字,义)不谋其利,明其道不计其功。是以仲尼之门,五尺之童羞称五伯,为其先诈力而后仁谊也。"(班固《汉书·董仲舒传》)儒家期望通过对这些重义思想的阐释,使自己的倡导得到全社会的认可与遵循。然而,在当今社会,人性的物质欲望被市场经济逐利性的一面无限放大,衡量一个人成功与否的标准不是其为社会文明做出的贡献的多少,而是其社会地位的高低和拥有财富的多寡。在"老虎苍蝇一起打"的高压态势下,一些所谓的"优秀"官员和"成功"企业家在银铛入狱后,其被媒体披露出来的犯罪细节,及其自己写的自白书、忏悔书反映出了他们堕落史与放纵的心态,从中也可以发现其犯罪的根本原因是放弃了道德操守,沦落到了毫无羞耻感和知耻心的地步,为满足欲望而为所欲为,真正应了"悖礼犯义,其原皆生于无耻"(顾炎武《日知录·廉耻》)的古语。一旦社会生活中出现"不以耻为耻,反以

---

① 卞庄子,鲁国著名的勇士,皇疏说他能够独力与虎格斗。《韩诗外传》卷十记载,卞庄子是个孝子,他的母亲在世时,他随军作战,三战三败,朋友看不起他,国君羞辱他。及其母死三年,鲁国兴师伐齐,他请求从战,三战三胜获敌人甲首,以雪昔日败北之耻,最后又冲杀七十人而告阵亡。

耻为荣"的乱象，那么义利观就会错位，"义以为上"（《论语·阳货》）"义者，宜也"（《礼记·中庸》）的价值观就会被颠覆，"义谓天下合宜之理，道谓天下通行之路"的价值观就会遭到破坏，人们甚至会完全抛弃道义行事，进而导致严重的后果，甚至会危及国家稳定。

（二）无"孝"则耻

"孝"的金文字形为"𡥡"，小篆字形为"𡥡"，最早见于商代的金文，如同一个孩子搀扶着老人，本义为尽心尽力地奉养父母，引申义指晚辈在尊长去世后要在一定时期内遵守的礼俗。《说文解字》将"孝"解释为："善事父母者，从老省、从子，子承老也。"中国是孝道社会，孝顺赡养父母长辈是天经地义之事。孔子在《论语》中从多方面来表述"孝"，如"父在，观其志；父没，观其行；三年无改于父之道，可谓孝矣"（《论语·学而》），"生，事之以礼；死，葬之以礼，祭之以礼"[①]（《论语·为政》），"父母唯其疾之忧"（《论语·为政》），"今之孝者，是谓能养。至于犬马，皆能有养。不敬，何以别乎"（《论语·为政》），"色难。有事，弟子服其劳；有酒食，先生馔，曾是以为孝乎"（《论语·为政》）。孔子期望通过大量关于"孝"的论述来让全天下的子女孝敬父母长辈，让父母长辈安享晚年。在早些年的中国农村，即使有的家庭家徒四壁，子女也会尽最大可能赡养好自己的父母，如果有子女遗弃父母长辈会被村民谴责，村民甚至会说这个人做了大逆不道之事，会遭天谴。可见，不孝敬父母长辈是一件多么可耻之事。《论语》记载了一段孔子与宰我的对话：孔子认为子女离开父母怀抱需要三年之久，所以父母去世后守丧三年是通制，应当遵循，以表达对父母的怀念与孝

---

① 参见《论语·为政》：孟懿子问孝。子曰："无违。"樊迟御。子告之曰："孟孙问孝于我，我对曰，无违。"樊迟曰："何谓也？"子曰："生，事之以礼；死，葬之以礼，祭之以礼。"

心①。这是古时丧礼中讲究的丁忧②，虽然现在看来守丧三年实在太久，不利于生产与经济发展，是陋习，已经被革除，但是对父母的养育之恩确实要终身不忘。

纵观华夏五千年的文明史，"孝"是最早出现的道德范畴之一。《尔雅》对"孝"解释为"善事父母为孝"。何为孝？《论语》从正面给予回答。

"父母唯其疾之忧"，要善待自己。《孝经》载："身体发肤，受之父母，不敢毁伤，孝之始也。"（《孝经·开宗明义》）这是行孝行的基础，没有生命其他一切都是空谈，如同"皮之不存毛将焉附"一样，其他都将归于零。这就要求为人子女在社会生活中务必保全生命，不可随意拿生命开玩笑，"人最宝贵的东西是生命，生命属于我们只有一次"，动不动就要寻死觅活，这其实是对父母最大的不孝。所以《孝经》对于有损生命存续的三种行为进行严厉的批评，"事亲者，居上不骄，为下不乱，在丑不争。居上而骄则亡，为下而乱则刑，在丑而争则兵。三者不除，虽日用三牲之养，犹为不孝也"（《孝经·纪孝行》）。身居高位要做到不骄不傲，否则傲者必败；为人部属要恭敬从命，否则悖乱必罚；同等地位的同辈、同事、同僚之间要友好相处，争斗必然会引来凶险之祸。这三种行为无不危及生命自取灾祸，甚者还会殃及父母双亲。三种行为一日不除，即使每天都用大鱼大肉来奉养父母，老人依然还会忧虑、担心，这也是不孝的表现。孔子曾说"其为人也孝弟，而好犯上者，鲜矣；不好犯上，而好作乱者，未之有也。君子务本，本立而道生。孝弟也者，其为仁之本与！"（《论语·学而》）汉代注重孝，以孝治理国家，皇

---

① 参见《论语·阳货》：宰我问："三年之丧，期已久矣。君子三年不为礼，礼必坏；三年不为乐，乐必崩。旧谷既没，新谷既升，钻燧改火，期可已矣。"子曰："食夫稻，衣夫锦，于女安乎？"曰："安！""女安则为之。夫君子之居丧，食旨不甘，闻乐不乐，居处不安，故不为也。今女安，则为之。"宰我出。子曰："予之不仁也！子生三年，然后免于父母之怀。夫三年之丧，天下之通丧也。予也有三年之爱于其父母乎？"

② 丁忧：遇到父母或祖父母等直系尊长的丧事，后多指官员遇父母丧事必须辞官会祖籍为父母守丧二十七个月。

帝的谥号都带有"孝"字，如汉孝文帝、汉孝武帝。汉代还推行举孝廉[①]制度，以更好地强化以"孝"治国的推行力度。清康熙帝基于"孝子不会犯上作乱"这一认知，大力提倡孝道，还据此编写了语录《圣谕》，作为地方基层组织的宣传资料，进一步在底层社会弘扬孝道思想，以实现其"全天下人都居家孝敬父母，不犯上作乱、不争强好胜"的无为而治目标。在孝亲思想的严加教育下，汉族士子因行孝而把反清复明的种子掩埋在心中，最终归于沉寂。通过这一措施，清朝也确实实现了以孝治天下的目的。一个孝子为了能够陪伴父母，就会想方设法避免惹祸上身，无论居上位，还是下位，抑或是平民百姓，都会遵循社会道德规范，遵守国法，不触碰底线、不逾越高压线。

"无违"于礼，要顺从父母。《论语》载："孟懿子问孝，子曰：'无违。'樊迟御，子告之曰：'孟孙问孝于我'，我对曰'无违'。樊迟曰：'何谓也？'子曰：'生，事之以礼；死，葬之以礼，祭之以礼。'"（《论语·为政》）孟僖子作为鲁国负责礼仪的官员，随同鲁昭公出访楚国，途径郑国，到达楚国，两国都以非常正式的外交礼仪来接待鲁昭公，可是孟僖子都不知道如何以对等的外交礼仪来答谢，让鲁昭公和自己出尽洋相。孟僖子对此深以为耻，遂发奋学习周礼，避免类似现象的再次发生。临终之时，孟僖子嘱咐孟懿子和南宫敬叔师事孔子，学习礼仪和其他知识，使他们以后不至于像自己一样遭人耻笑。[②]孟懿子遵照父亲的遗愿向孔子学习礼仪，期间向孔子请教什么是"孝"。孔子明确回答"无违"，进一步解释就是"在社会生活中子女要不违

---

① 举孝廉是汉朝的一种由下向上推选人才为官的制度，孝廉是察举制的主要科目之一。被举人大多为州郡属吏或通晓经书的儒生。

② 参见《左传·昭公七年》：孟僖子病不能相礼，乃讲学之，苟能礼者从之。及其将死也，召其大夫曰，"礼，人之干也。无礼，无以立。吾闻将有达者曰孔丘，圣人之后也，而灭于宋。其祖弗父何，以有宋而授厉公。及正考父，佐戴、武、宣，三命兹益共。故其鼎铭云：'一命而偻，再命而伛，三命而俯。循墙而走，亦莫余敢侮。饘，鬻于是，以糊余口。'其共也如是。臧孙纥有言曰：'圣人有明德者，若不当世，其后必有达人。'今其将在孔丘乎？我若获没，必属说与何忌于夫子，使事之，而学礼焉，以定其位。"故孟懿子与南宫敬叔师事仲尼。

背礼节，父母在世时要按礼节来侍奉他们，父母去世后按礼节来安葬他们，并且按礼节来祭祀他们"。孔子说的"三年无改于父之道，可谓孝矣"（《论语·学而》）也是对"无违"的解读，他认为子女在社会生活中要听从父母的教导，不要违背父母的良苦用心。换句话说就是要听从长辈的谆谆教诲，才能从长辈身上获得他们的人生经验，使自己在社会交往和知识积累中少走弯路、少犯错误和少出状况，所谓"站在巨人肩上"就是这个道理。孔子担心世人会误解其意，又讲道："事父母几谏，见志不从，又敬不违，劳而不怨。"（《论语·里仁》）"无违"父母并不是唯父命盲从，而是遵从符合社会伦理道德规范父命，如果不符合，还得劝谏，一味盲从将陷父母于不义。

"父母在，不远游"，要敬养父母。孟郊①在《游子吟》中写到"慈母手中线，游子身上衣。临行密密缝，意恐迟迟归。谁言寸草心，报得三春晖"，这是普天下父母对子女不求回报的爱和毫无怨言的奉献情感的最真实素描。"可怜天下父母心"②，年幼的子女很多时候不能理解父母的苦心，甚至会误会父母的苦心，然而父母仍然会义无反顾的无微不至地照顾子女。"生我劬劳""生我劳瘁"（《诗经·蓼莪》）是父母为了子女的茁壮成长付出了最艰辛、最忘我、最执着、最精细的劳作，付出了苦与累，付出了汗水与乳汁，付出了一辈子的温暖与慈爱、欢愉与悲切，甚至付出了血与泪的最真实的写照③。孔子认为"父母在，不远游，游必有方"（《论语·里仁》），以期父母需要照顾时子女能够床前尽孝，回报父母的养育之恩。对于不能尽心侍奉父

---

① 孟郊（751 年—815 年），字东野，汉族，湖州武康（今浙江省湖州市德清县）人，祖籍平昌（今山东省德州市临邑县），先世居汝州（今属河南省汝州市），唐代著名诗人，少年时期隐居嵩山。孟郊仕历简单，清寒终身，为人耿介倔强，死后曾由郑余庆买棺殓葬。故诗也多写世态炎凉，民间苦难。孟郊现存诗歌 574 多首，以短篇的五言古诗居多，代表作有《游子吟》。今传本《孟东野诗集》10 卷。有"诗囚"之称，与贾岛齐名，人称"郊寒岛瘦"。

② 参见慈禧为母亲写的诗："世间爹妈情最真，泪血溶入儿女身。殚竭心力终为子，可怜天下父母心！"

③ 邓剑华，陈万阳.谈德育视阈下的大学生孝道教育 [J].教育探索，2010（1）：3.

母的子女，孔子予以严厉的批评，说到"今之孝者，是谓能养。至于犬马，皆能有养。不敬，何以别乎"（《论语·为政》）、"色难。有事，弟子服其劳；有酒食，先生馔，曾是以为孝乎"（《论语·为政》）。关于如何侍奉父母，《孝经》给出了回答："孝子之事亲也，居则致其敬，养则致其乐，病则致其忧，丧则致其哀，祭则致其严。"（《孝经·纪孝行》）子女是父母身上掉下的骨与肉，父母是子女的生命之根，子女赡养父母是建立在真挚孝顺的感情基础上的。古人推崇"百善孝为先，论心不论迹，论迹天下无孝子"①，侍奉父母除了要在物质上给予满足外，还要在精神上给予慰藉，即在社会生活中子女对父母长辈的爱要发自真心，要意识到这是自己义不容辞的责任，从而给予父母无微不至的照料与关怀，使父母能从内心感到欣慰。

"扬名于后世"，激励子孙。《孝经》中有"立身行道，扬名于后世，以显父母，孝之终也"（《孝经·开宗明义章》）和"始于事亲，中于事君，终于立身"（《孝经·开宗明义章》）的说法，《孟子》载"大孝终身慕父母"②（《孟子·万章上》）。孝道是德行的根本，德行是仁、义、礼的表征。个体在社会生活中遵循、践行孝道，涵养仁爱之心，仗义执言，把握做人的礼节，留下做人做事的美名，便可以成为后代子孙立身行事的楷模。《论语》载："父在，观其志，父没，观其行；三年无改于父之道，可谓孝矣。"（《论语·学而》）父母为我们闯出了一片天地，子女应该在这片天地中继续经营，做出更大的业绩，突显父母的荣光。《中庸》更为明确地说："夫孝者，善继人之志，善述人之事者也。"换句话说，继承父母的遗志、完成父母的未竟事业，是子女应有的孝行。杨家将一门忠烈人人推崇，歌颂杨家世代守卫边疆的书籍得到广泛流传，也是孝道使然。中国传统孝道观念不仅强调子女一

---

① 参见梁章钜《楹联丛话》："百行孝为先，论心不论事，论事贫家无孝子；万恶淫为首，论事不论心，论心终古少完人。"

② 参见《孟子·万章上》：人少，则慕父母；知好色，则慕少艾；有妻子，则慕妻子；仕则慕君，不得于君则热中。大孝终身慕父母。五十而慕者，予于大舜见之矣。

味地保身安命和持家守业，还主张在此基础上要进一步地创造事业、成就事业、建功立业，以进一步彰显孝行。

（三）无“信”则耻

“信”在《说文解字》中的释义是“诚也。从人从言。会意。”“信”在金文中的字形为“”，左边是“人”，右面是“言”，合在一起，表示“一个人所说的话真实可信”。“信”的异体字是“訫”，左边是言，右边是心。也就是说，一个人所说的话皆是由心而出，也是“言语真实”的意思。言语真实便是不虚诈，不欺妄，也就是我们所说的“诚实”“诚信”。这样的品质在行为上表现为“讲信用”“丈夫一言许人，千金不易”（司马光《资治通鉴·唐纪》）。信就是诚信，要求个体在社会生活中信守诺言，不欺诈，在经济生活中做到童叟无欺。知识是谋生的手段，诚信是立世的根本，在社会生活中诚信被看作做人的基本准则，人们要讲诚信话、办诚信事、做诚信人。

言而无信，遭人唾弃。子曰：“人而无信，不知其可也。大车无輗，小车无軏，其何以行之哉？”（《论语·为政》）孔子认为一个没有诚信可言的人，在社会生活中将寸步难行，所谓“言忠信，行笃敬，虽蛮貊之邦行矣。言不忠信，行不笃敬，虽州里行乎哉”[①]（《论语·卫灵公》）。如果社会生活中的个体都不讲信用，都是尔虞我诈之徒，社会有机体将如同“大车无輗，小车无軏”（《论语·为政》）一般，一动就会散架，社会秩序就会分崩离析。所以，人们把违背诚信看作十分可耻的行为，个体言而无信就会遭到世人唾弃。对此，孔子进一步指出治理国家就是要取信于民，同时让所有人遵循诚信法则，《论语》载：“子贡问政。子曰：‘足食，足兵，民信之矣。’子贡曰：‘必不得已而去，于斯三者何先？’曰：‘去兵。’子贡曰：‘必不得已而去，于斯二者何先？’曰：‘去食。自古皆有死，民无信不立。’”（《论语·颜渊》）

---

① 参见《论语·卫灵公》：子张问行。子曰：“言忠信，行笃敬，虽蛮貊之邦行矣。言不忠信，行不笃敬，虽州里行乎哉？立，则见其参于前也；在舆，则见其倚于衡也，夫然后行。”子张书诸绅。

信守诺言，社会褒扬。子夏曰："贤贤易色；事父母，能竭其力；事君，能致其身；与朋友交，言而有信。虽曰未学，吾必谓之学矣。"（《论语·学而》）曾子曰："吾日三省吾身：为人谋而不忠乎？与朋友交而不信乎？传不习乎？"（《论语·学而》）孔子强烈要求弟子在社会生活中要做到信守诺言，子夏、曾子真切地感受到了"信"的重要性，他们意识到没有"信"的个体很难融入主流社会。诚信是传统社会的五常德之一，孔子曾说"君子义以为质，礼以行之，孙以出之，信以成之。"（《论语·卫灵公》）当今社会的人们要做事，要立足，要有所成就，"信"同样至关重要。在商业帝国中，许多人因为诚信成就了自己的事业。很多企业家，尤其是很有作为的、很有成就的企业家都深有感触地说"诚信是生意场上一个获得商机的很重要的关键要素"，前华人首富李嘉诚先生一直都记着他母亲对他说的话，经商如同做人，诚信当头则无危不克。哪怕你遇到危机，因为你有诚信，许多业内人士会伸出援手帮你平安度过困厄。诚信经商可以做大企业，诚信做人有时则可以活命。史载，季布一诺千金，并因自己诚信而免于被刘邦追杀。① 《郁离子》则记载了一个商贾失信丧命的案例。济阴有个巨商过河时船沉了，他抓住一根大的麻

----

① 参见司马迁《史记·季布栾布列传》：季布者，楚人也。为气任侠，有名于楚。项籍使将兵，数窘汉王。及项羽灭，高祖购求布千金，敢有舍匿，罪及三族。季布匿濮阳周氏。周氏曰："汉购将军急，迹且至臣家，将军能听臣，臣敢献计；即不能，愿先自刭。"季布许之。乃髡钳季布，衣褐衣，置广柳车中，并与其家僮数十人，之鲁朱家所卖之。朱家心知是季布，乃买而置之田。诚其子曰："田事听此奴，必与同食。"朱家乃乘轺车之洛阳，见汝阴侯滕公。滕公留朱家饮数日。因谓滕公曰："季布何大罪，而上求之急也？"滕公曰："布数为项羽窘上，上怨之，故必欲得之。"朱家曰："君视季布何如人也？"曰："贤者也。"朱家曰："臣各为其主用，季布为项籍用，职耳。项氏臣可尽诛邪？今上始得天下，独以己之私怨求一人，何示天下之不广也！且以季布之贤而汉求之急如此，此不北走胡即南走越耳。夫忌壮士以资敌国，此伍子胥所以鞭荆平王之墓也。君何不从容为上言邪？"汝阴侯滕公心知朱家大侠，意季布匿其所，乃许曰："诺。"待间，果言如朱家指。上乃赦季布。当是时，诸公皆多季布能摧刚为柔，朱家亦以此名闻当世。季布召见，谢，上拜为郎中。

杆大声呼救并许诺谁救了他就给谁 100 两金子。可是被救上岸后他却翻脸不认账了，只给了渔夫 10 两金子。渔夫埋怨他不守信用，他竟然说一个渔夫，一生都挣不了几个钱，给十两金子已经够意思啦。没想到后来在同样的地点这个巨商又翻船落水了，渔夫不再出手相救，商人于是淹死在河中。① 所以，失信于人者，一旦遭难，只有坐以待毙。诚信之人非常注重自己的社会评价，会努力做到言出必行，力求"以行言"，反对"以舌言"，并以言过其行为耻。孔子十分推崇信，曾说到"弟子入则孝，出则悌，谨而信，泛爱众，而亲仁"（《论语·学而》），"老者安之，朋友信之，少者怀之"（《论语·公冶长》）。

（四）无"礼"则耻

"礼"的小篆字符为"禮"，《说文解字》："礼，履也，所以事神致福也。从示从豊，豊亦声。"左边的"示"表示祭祀时的袅袅香烟，右边的"豊"在甲骨文中像豆形器皿里装满玉串，表示用最美好的物品敬拜神灵。古时以礼乐文化治国，"礼"被引申为古代社会的等级制度以及与之相适应的行为准则和道德规范。"夫礼者，所以定亲疏，决嫌疑，别同异，明是非也"（《礼记·曲礼上》），"礼，经国家，定社稷，序民人，利后嗣者也"（《左传·隐公十一年》），"进退有度，尊卑有分，谓之礼"（《汉书·公孙弘传》），这些论述说明个体在社会生活中必须依礼行事，违礼会遭到社会谴责，成为人人喊打的"过街老鼠"。

学礼以立身，树形象。《论语》载："尝独立，鲤趋而过庭，曰：'学《诗》乎？'对曰：'未也。''不学《诗》，无以言。'鲤退而学《诗》。他日又独立，

---

① 参见刘基《郁离子·贾人》：济阴之贾人，渡河而亡其舟，栖于浮苴之上，号焉。有渔者以舟往救之，未至，贾人急号曰："我济上之巨室也，能拯（音 jiù）我，予尔百金。"渔者载而升诸陆，则予十金，渔者曰："向许百金，而今予十金无乃不可乎！"贾人勃然作色曰："若渔者也，一日之获几何！而骤得十金，犹为不足乎？"渔者黯然而退。他日，贾人浮吕梁而下，舟薄于石又覆，而渔者在焉。人曰："盍救诸？"渔者曰："是许金而不酬者也。"立而观之，遂没。

鲤趋而过庭，曰：'学《礼》乎？'对曰：'未也。''不学《礼》，无以立。'鲤退而学《礼》。"（《论语·季氏》）这是一段孔子与孔鲤的父子对话，孔子敦促孔鲤要多读《诗》《礼》这样的文化典籍，使孔鲤不断丰富自身的人文底蕴，在社会生活中遵循《诗》《礼》所倡导的行事准则，做到"从心所欲，不逾矩"（《论语·为政》）。孔子认为熟读《诗》，名言美句可以信手拈来，与人交谈言辞不会干瘪，可以在人前自然流露出文士的儒雅；熟读《礼》，立身行事依礼而行不会逾矩，为人处世不会离经叛道，能够塑造自己大丈夫的形象。如此，个体通过学习《诗》《礼》来涵养自己的人文情怀，在社会交往中就能树立"文质彬彬，然后君子"（《论语·雍也》）的美好形象。孔子对弟子说"君子博学于文，约之以礼，亦可以弗畔矣夫"（《论语·雍也》），阐释的就是这个道理。晏子①使楚时，楚人几次想羞辱晏子，结果反被羞辱，这是楚人不懂礼而招来的羞辱。②全力奉行孔子"仁礼"学说精髓的颜

---

① 晏子（公元前578年—公元前500年），名婴，字仲，谥平，习惯上多称平仲。夷维（今山东省莱州市）人，春秋时期著名政治家、思想家、外交家。历任齐灵公、庄公、景公三朝，辅政长达50余年。以有政治远见、外交才能和作风朴素闻名。晏婴聪颖机智，能言善辩。内辅国政，屡谏齐侯。对外他既富有灵活性，又坚持原则性，出使不受辱，捍卫了齐国的国格和国威。

② 参见《晏子春秋·内篇·杂下》：晏子使楚。楚人以晏子短，楚人为小门于大门之侧而延晏子。晏子不入，曰："使狗国者从狗门入，今臣使楚，不当从此门入。"傧者更道，从大门入。见楚王。王曰："齐无人耶？"晏子对曰："齐之临淄三百闾，张袂成阴，挥汗成雨，比肩继踵而在，何为无人？"王曰："然则何为使予？"晏子对曰："齐命使，各有所主：其贤者使使贤主，不肖者使使不肖主。婴最不肖，故宜使楚矣！"晏子将使楚。楚王闻之，谓左右曰："晏婴，齐之习辞者也。今方来，吾欲辱之，何以也？"左右对曰："为其来也，臣请缚一人，过王而行，王曰：'何为者也？'对曰：'齐人也。'王曰：'何坐？'曰：'坐盗。'"晏子至，楚王赐晏子酒，酒酣，吏二缚一人诣王。王曰："缚者曷为者也？"对曰："齐人也，坐盗。"王视晏子曰："齐人固善盗乎？"晏子避席对曰："婴闻之，橘生淮南则为橘，生于淮北则为枳，叶徒相似，其实味不同。所以然者何？水土异也。今民生长于齐不盗，入楚则盗，得无楚之水土使民善盗耶？"王笑曰："圣人非所与熙也，寡人反取病焉。"

渊，在与人交谈时曾说："仰之弥高，钻之弥坚。瞻之在前，忽焉在后。夫子循循然善诱人，博我以文，约我以礼，欲罢不能。既竭吾才，如有所立卓尔，虽欲从之，末由也已。"（《论语·子罕》）颜渊高度赞扬孔子的师道，称赞孔子对弟子的循循善诱，促进了弟子成人成才。孔子引导弟子学习文化典籍，使其不断拓展自己的知识面，获取做人做事的"大道"，要求弟子在社会生活中遵循礼仪规范不违背礼制。颜渊这种道德高深的人，在社会生活中能够深刻把握礼的本质，学会克制自己不良的欲望与行为，真正达到了"不贰过"的做人境界。

依礼来处事，扬美名。子曰："非礼勿视，非礼勿听，非礼勿言，非礼勿动。"（《论语·颜渊》）孔子强调个体在社会生活中要做到"视听言动"都以礼来节制，做人做事都要依礼而为，这样才能达到理想的效果。换句话说，如果人人都严格要求自己，"视听言动"都符合礼制的规范，那么社会生活中不健康的东西就没有传播载体，谣言就没有人去恶意传播，没有价值的事情就没有必要去热议，不符合道义的事就没有人愿意干。孔子讲到的"以约失之者，鲜矣"（《论语·里仁》）告诉我们，个体时时处处以党纪国法来约束自己，就可以"清清白白做人，明明白白做事"。"礼之用，和为贵。先王之道斯为美，小大由之。有所不行，知和而和，不以礼节之，亦不可行也"（《论语·学而》），孔子认为人与人之间相处讲究"礼"，追求处事和平，可以为社会的和谐稳定奠定坚实基础。为人处世讲究"礼"，人人都感觉得到了尊重，心情愉悦也就杜绝了斗勇好狠的念头，从而使社会秩序井然。如果不讲"礼"的话可能会出现人人蛮横，社会无序、混乱的现象。所以在社会生活中人们一定要用"礼"，抵制非"礼"行为，以达到善的境界。对于季氏在家采用八佾舞于庭的逾礼行为①和"三家者，以《雍》彻"②的祭祀行为，孔子都给予了严厉的谴责，说"是可忍也，孰不可忍也"（《论语·八

---

① 参见《论语·八佾》：孔子谓季氏："八佾舞于庭，是可忍也，孰不可忍也？"
② 参见《论语·八佾》：三家者，以《雍》彻。子曰："'相维辟公，天子穆穆'，奚取于三家之堂？"

佾》)。对于功勋卓著的管仲"邦君树塞门，管氏亦树塞门。邦君为两君之好，有反坫，管氏亦有反坫"(《论语·八佾》)僭越礼制行为，孔子同样予以严正的挞伐。《论语》中记载了孔子与子路的一番对话："子路曰：'卫君待子而为政，子将奚先？'子曰：'必也正名乎！'子路曰：'有是哉，子之迂也！奚其正？'子曰：'野哉，由也！君子于其所不知，盖阙如也。名不正，则言不顺；言不顺，则事不成；事不成，则礼乐不兴；礼乐不兴，则刑罚不中；刑罚不中，则民无所措手足。故君子名之必可言也，言之必可行也。君子于其言，无所苟而已矣。'"(《论语·子路》)孔子在"正名"理论中，把礼的功用提高到了无比重要的地位。

二、碌碌无为真可耻

苏联作家尼古拉·阿列克谢耶维奇·奥斯特洛夫斯基在《钢铁是怎样炼成的》中写道："一个人的生命是应该这样度过的：当他回首往事的时候，不因虚度年华而悔恨，也不因碌碌无为而羞愧。这样在临死的时候，他才能够说：'我的生命和全部的精力都献给世界上最壮丽的事业——为人类的解放而斗争。'"人应该有所追求，人如果没有了奋斗的目标，将会是一具行尸走肉的躯壳。孔子欣赏建功立业的群体，对于子产赞誉有加，说到"有君子之道四焉：其行己也恭，其事上也敬，其养民也惠，其使民也义"(《论语·公冶长》)；对于管仲赞不绝口，说到"人也。夺伯氏骈邑三百，饭疏食，没齿无怨言"(《论语·宪问》)。所以有人议论管仲时，孔子说"管仲相桓公，霸诸侯，一匡天下，民到于今受其赐。微管仲，吾其被发左衽矣。岂若匹夫匹妇之为谅也，自经于沟渎而莫之知也"(《论语·宪问》)。因此一旦出现"诵《诗》三百，授之以政，不达；使于四方，不能专对"(《论语·子路》)的尴尬场景，将会贻笑大方，耻辱至极。

"每事问"，丰富阅历。《论语》记载："子入太庙，每事问。或曰：'孰谓鄹人之子知礼乎？入太庙，每事问。'子闻之，曰：'是礼也。'"(《论语·八佾》)有人觉得孔子浪得虚名，作为礼学专家主持仪式时每一件事都还要询问他人。孔子听到这一议论，说"这就是礼的精髓所在。一是求证自己的做法是否有误，给自己提供学习的机会；二是谦虚处事，便于私下交流，倘使颐指气使，一副非我莫属的姿态，便会难以与他人共事"。对于这一点，近代教育家陶行知创作了一首诗《每事问》："发明千千万，起点是一问。禽兽不如人，过在不会问。智者问得巧，愚者问得笨。人力胜天工，只在每事问。"可以说每事问确实是积累知识、丰富阅历的最佳路径。孔子有一段经典的论述，他曾说"吾十有五而志于学，三十而立，四十而不惑，五十而知天命，六十而耳顺，七十而从心所欲，不逾矩"（《论语·为政》），又说自己达到了"发愤忘食"①的境界，并在积累才学的过程中获得了极大的满足。孔子还告诉我们这样一个道理，学习要趁早设定目标，而且要点滴积累、持之以恒，这样才会在"勤学如春起之苗，不见其增，日有所长"中学业精进，学识水平自然每过一段时间便能上升一个台阶。对于游手好闲的人，孔子是深恶痛绝的，他曾说"饱食终日，无所用心，难矣哉！不有博弈者乎？为之，犹贤乎已"（《论语·阳货》）。老子也说道："为学日益，为道日损。"老子（《道德经》）学问是靠知识、读书、经验，在"积土成山，积水成渊"中慢慢累积起来的。今天懂一点，明天再懂一点，后天又懂一点，知识才会不断地增长，人们才能够掌握足够的知识，将这些内容融会贯通使之成为自己的知识体系。

学思结合，增长才干。子曰："学而不思，则罔；思而不学，则殆。"（《论语·为政》）学习不能离开思考，思考也不能离开学习，学思结合才能相辅相成。在学习过程中，只知道死记硬背知识点而不加以思考做到融会贯通，那么所学知识点充其量只是文字堆积起来的符号，随着时间的推移会被遗忘殆尽。同时，对于所学知识不能考究其中缘由，做不到学以致用，书读

---

① 参见《论语·述而》：叶公问孔子于子路，子路不对。子曰："女奚不曰：其为人也，发愤忘食，乐以忘忧，不知老之将至云尔。"

得再多也是"百无一用"①的酸腐秀才。许多人纸上谈兵时是牛人，一旦遇到实际情况就无从下手，这便是学而不思的恶果。学习之后要通过思考掌握其中精髓，将知识点予以有效贯通，形成自己的学术见解，并应用于实践，从而达到实事求是、学以致用的目的。思考是一种能力，这种能力的提升离不开丰富的知识，倘若没有积累到足够的知识作为支撑，只是一味地冥思苦想无法破茧成蝶，甚至会形成心魔，带来身心危害。在孔子看来，学与思二者要完美结合，领会所学之精髓，活学活用，才能增长才干并解决实际问题。如何学呢？孔子关于学习的建议有"学而时习之"（《论语·学而》）、"行有余力，则以学文"（《论语·学而》）、"君子食无求饱，居无求安，敏于事而慎于言，就有道而正焉，可谓好学也已"（《论语·学而》）、"敏而好学，不耻下问"（《论语·公冶长》）、"学如不及，犹恐失之"（《论语·泰伯》）。他认为每天都要抓住一切机会学习，每天学一点，每天都要有进步，在"苟日新，日日新，又日新"中不断成长，切不可"中道而废"②。如何思呢？孔子认为要多角度地、辩证地看问题，思考问题才会有所得，提出了有名的"九思"方法论，即"视思明，听思聪，色思温，貌思恭，言思忠，事思敬，疑思问，忿思难，见得思义"（《论语·季氏》）。要根据实际情况来思考问题，做到"博学而笃志，切问而近思，仁在其中矣"（《论语·子张》），才能有解决实际问题的能力。思考问题还要见此及彼，从事物的一方面看到另一方面，"见贤思齐焉，见不贤而内自省也"（《论语·里仁》）。孔子认为思考必须在拥有知识的基础上进行，否则会无所得，曾说到"吾尝终日不食，终夜不寝，以思，无益，不如学也"（《论语·卫灵公》）。

---

① 百无一用指百样之中无一有用的。形容毫无用处。出自清代黄景仁的《杂感》：十有九人堪白眼，百无一用是书生。

② 参见《论语·雍也》：冉求曰："非不说子之道，力不足也。"子曰："力不足者，中道而废，今女画。"

三、违法犯罪实可耻

中国传统社会历来重视个人名节，有人行事有辱名节时便会感觉羞愧难当，为避免不必要的麻烦，人们在社会生活中提倡做到"瓜田不纳履，李下不正冠"①（曹植《君子行》）。孔子要求为人子女要做到"弟子入则孝，出则悌，谨而信，泛爱众，而亲仁"（《论语·学而》），自觉接受父母的教诲，以"孝悌忠信"处世，不可作奸犯科。有子对此予以发挥来劝谏世人："其为人也孝弟，而好犯上者，鲜矣；不好犯上，而好作乱者，未之有也。君子务本，本立而道生。孝弟也者，其为仁之本与！"（《论语·学而》）中国向来是德主刑辅的社会，对于违背传统伦理道德胡作非为的人，才会用刑法来加以制裁。法律至高无上，是高压线，不可触碰。违法犯罪的人，轻则辱身，重则辱家，甚至会被株连九族。杨震以清廉为宝，为官自律，死后留下"四知堂"美名②；和珅贪赃枉法，虽富可敌国，然最终身败名裂，遗臭万年。

耻辱刑，汲取教训免受辱。古代对于罪行较轻的犯人会施加耻辱刑，让他们居住在自己家里，每天接受来自街坊邻里的道义审判。街坊邻居在对他进行道义审判的过程中，也会反省自身言行，正所谓"见贤思齐焉，见不贤而内自省也"（《论语·里仁》）、"择其善者而从之，其不善者而改之"（《论语·述而》），避免自己陷进相同的泥潭而不自知。耻辱刑对身体伤害不大，

---

① 参见曹植《君子行》：君子防未然，不处嫌疑间。瓜田不纳履，李下不正冠。嫂叔不亲授，长幼不比肩。劳谦得其柄，和光甚独难。周公下白屋，吐哺不及餐。一沐三握发，后世称圣贤。

② 参见范晔《后汉书·杨震列传》：大将军邓骘闻其贤而辟之，举茂才，四迁荆州刺史、东莱太守。当之郡，道经昌邑，故所举荆州茂才王密为昌邑令，谒见，至夜怀金十斤以遗震。震曰："故人知君，君不知故人，何也？"密曰："暮夜无知者。"震曰："天知，神知，我知，子知。何谓无知！"密愧而出。后转涿郡太守性公廉，不受私谒。子孙常蔬食步行，故旧长者或欲令为开产业，震不肯，曰："使后世称为清白吏子孙，以此遗之，不亦厚乎！"

但对人的自尊伤害强烈。接受耻辱刑犯人，要么需要身着不同于常人的服饰，要么被黥面，要么被剃去头发或胡须，要么被割鼻子割耳朵，每一样都让人无地自容。《太平御览》载："唐虞象刑而民不敢犯，苗民用刑而民兴相渐。唐虞之象刑，上刑赭衣不纯，中则杂屦，下刑墨幪，以居州里，而民耻之。"（李昉《太平御览·刑法部》）《文献通考》中说："然则涅其颡（音sǎng）者，乃五刑之正，而黥其面者，乃五虐之法也。颡受墨涅，若肤疾然，虽刑而不害；以字文面，则弃人矣。是法也，始于有苗，至刘仁恭、朱全忠加甚。籍民为兵，无罪而黥之，使终身不能去，以自别于平人，非至不仁者，莫忍为也。"（马端临《文献通考·兵考四》）

死刑，辱没家门不可犯。死刑犯一般是杀人越货的江洋大盗，也有一些人是对现政权不满而意欲颠覆的被镇压的造反派头目，这些人对社会稳定造成极大的伤害，必须处以极刑起到杀一儆百的震慑作用。世人最痛恨江洋大盗，他们无恶不作、无孔不入，让人时刻生活在恐怖之中，过着提心吊胆的日子。由于他们的反社会性，人们对其人及其行为不齿，对其家人也是痛恨有加。如果一户人家有死刑犯，这个家庭的其他成员都将无法正常生活，乡亲们都会跑到他们家门口指桑骂槐，并把他们家的事情当成茶余饭后的谈资。古时死刑犯秋后问斩时，十里八乡的人都会前来围观，在看了贴在闹市的宣判告示后，一传十、十传百，十里八乡的人便全都知晓了犯人的罪行，犯人死了倒是一了百了，但是犯人的家人却要忍受他人的白眼很多年，直到此事被众人遗忘为止。所以说，死刑犯等于是把家里人都连累了，从此以后家人都将生活在邻里他乡的嘲讽之中，真正是辱没家门。如果是重罪，就不仅仅是辱没家门的问题，而是家门不幸，可能会被株连九族①，或一同受戮，

---

① 株连九族指一人犯死罪，家族成员与其共同承担刑事责任的刑罚制度，即由一个人的死罪扩展为家族成员的共同死罪。古代九族一般包括父族四、母族三、妻族二（这里的族人指直系亲属和配偶）。父族四：指自己一族，出嫁的姑母及其儿子一家，出嫁的姐妹及外甥一家，出嫁的女儿及外孙一家；母族三：指外祖父一家，外祖母的娘家，姨母及其儿子一家；妻族二：是指岳父的一家、岳母的娘家。

或被迁徙到边远的不毛之地，名誉受辱，生活受困，很难再过上正常人的日子。

第二节　免耻之道

孔子依据人们在社会生活中所处的地位不同，把人分成四类，芸芸众生的小人、尚未出仕的士、居于执政地位的卿大夫和执掌权柄的王侯。孔子根据社会生活正常运转的需要，对不同的人提出了不同的耻德要求，社会地位越高耻德的要求越高，只有做到了耻德要求的内容才不会被世人嘲讽，当然也就不存在受辱一说。对于现代社会来说，让人们正确认知耻德，按照耻德要求立身行事，对于我国早日实现中国梦和顺利推进第二个百年奋斗目标具有现实的指导意义。我们只有在社会生活中修身养性，涵养美好的德行，并予以力行，才能成为"心中有党、心中有民、心中有责、心中有戒"的党的"四有"好干部，"有理想信念、有道德情操、有扎实学识，有仁爱之心"的人民的"四有"好老师，"有理想、有道德、有文化、有纪律"的国家的"四有"好青年，做有益于社会发展的新时代中国追梦人，避免走入蒙耻的死胡同。

一、平民百姓之耻

春秋时期，生活在社会底层的农民、手工业者、商人与官员等"大人"相对而被称作"小人"，这里的小人并不是指有道德瑕疵的人。孔子经常说"女为君子儒，无为小人儒"（《论语·雍也》）、"君子怀德，小人怀土；君子怀刑，小人怀惠"（《论语·里仁》）、"君子周而不比，小人比而不周"（《论语·为政》）、"君子学道则爱人，小人学道则易使也"（《论语·阳货》），这里的"小人"并不是"唯女子与小人为难养也，近之则不孙，远之则怨"（《论语·阳货》）的伪君子，而是生活在社会底层的平民百姓。孔子对上古以来的美德进行了深入浅出的阐述，构建了以"仁—礼"为核心的社会道德规范，奠定了"仁义礼智信"五常德思想雏形，形成了平民百姓在社会生活和人际交往中应当遵循的准绳，保证了社会生活秩序井然。

做人行仁，不仁则耻。《论语》载："樊迟问仁。子曰：'爱人。'"①（《论语·颜渊》）孟子曾说"君子所以异于人者，以其存心也。君子以仁存心，以礼存心。仁者爱人，有礼者敬人。爱人者，人恒爱之；敬人者，人恒敬之"（《孟子·离娄下》）。"仁者，爱人"，社会生活中个体行仁需要拥有一颗热爱、同情、关心、帮助他人的心。对于如何培养仁爱之心，孔子认为应当在社会生活中落实"泛爱众，而亲仁"（《论语·学而》）的理念，奉行"己所不欲，勿施于人"（《论语·颜渊》）和"己欲立而立人，己欲达而达人"（《论语·雍也》）的人际交往金银律，以不断培养自己的仁心和仁性。孔子要求弟子从孝悌开始来培养仁爱精神，须知"孝弟也者，其为仁之本与"（《论语·学而》）。社会生活中个体行仁，需要做到立身行事，要学会换位思考，将心比心，理解他人、体谅他人的难处，这样遇事就不会斤斤计较，以便减少不必要的摩擦；在遇到无法避免的冲突时，要多从自身来查找原因，做到"躬自厚而薄责于人"（《论语·卫灵公》）。对于犯了非原则性错误的人要给予改过的机会，正如子夏所说"大德不逾闲，小德出入可也"（《论语·子张》），如果一味地"疾之已甚"②，把其逼入绝路，必定会物极必反，得不到想要的结果。救人急难，做到"雪中送炭""周急不继富"③，这才是真正的仁者仁心。孔子反对以"巧言、令色、足恭"（《论语·公冶长》）、

① 参见《论语·颜渊》：樊迟问仁。子曰："爱人。"问知。子曰："知人。"樊迟未达。子曰："举直错诸枉，能使枉者直。"樊迟退，见子夏曰："乡也吾见于夫子而问知，子曰：'举直错诸枉，能使枉者直。'何谓也？"子夏曰："富哉言乎！舜有天下，选于众，举皋陶，不仁者远矣。汤有天下，选于众，举伊尹，不仁者远矣。"
② 参见《论语·泰伯》：子曰："好勇疾贫，乱也；人而不仁，疾之已甚，乱也。"
③ 参见《论语·雍也》：子华使于齐，冉子为其母请粟。子曰："与之釜。"请益。曰："与之庾。"冉子与之粟五秉。子曰："赤之适齐也，乘肥马，衣轻裘。吾闻之也：君子周急不继富。"

"匿怨而友其人"（《论语·公冶长》）来掩饰自己的不仁之心，他经常用"仁远乎哉？我欲仁，斯仁至矣"（《论语·述而》）的口头禅来勉励弟子与时人在社会生活中力行仁道，做到"无终食之间违仁"①（《论语·里仁》），信守"里仁为美"（《论语·里仁》），杜绝为富不仁、为虎作伥，从而使整个社会都充满仁爱。

做人仗义，无义则耻。《中庸》："义者，宜也。"徐中舒《说文解字段注》："义之本训谓礼容各得其宜。"在这里"宜"是"正确合宜的道理或举动"。唐代的韩愈曾说："博爱之谓仁，行而宜之之谓义"（韩愈《原道》）。"义"代表正当性与恰当性，要求个体在社会生活中的一言一行都要符合社会主流价值观。孔子认为做人要"行义以达其道"，以符合社会伦理道德规范为准绳，守住做人底线，做可以做、应该做的事，不能做的事、会招致羞辱的事坚决不做，以展示君子形象。孔子讲"义以为上""义之与比"，孟子讲"羞恶之心，义之端也"（《孟子·公孙丑上》），用"义"的标准来衡量处事方式正确与否，避免出现"好心办坏事"的尴尬，更不得演一出"君子有勇而无义为乱，小人有勇而无义为盗"（《论语·阳货》）的闹剧，让人大跌眼镜。个体心中无"义"，就做不到"见利思义""见得思义"，就可能会放纵自己无尽的物欲，不择手段地向社会、他人索取，甚至会导致人与人之间相互倾轧、公开掠夺，最终结局可能是社会失序，发生动乱。做人仗义，要求人们在社会生活中要有崇高的道德追求，培育和践行社会主义核心价值观，把公平正义作为人生最高的为人处世准则，立身行事要符合公平正义的准则，做到不苟且，不随波逐流。孔子要求社会生活中的个体都能近"义"、徙"义"，合乎"义"的标准，随时矫正自私自利之倾向，并说到"信近于义，言可复也。恭近于礼，远耻辱也"（《论语·学而》）、"德之不修，学之不讲，闻义不能徙，不善不能改，是吾忧也"（《论语·述而》）、"不义而富

① 参见《论语·里仁》：子曰："富与贵，是人之所欲也；不以其道得之，不处也。贫与贱，是人之所恶也；不以其道得之，不去也。君子去仁，恶乎成名？君子无终食之间违仁，造次必于是，颠沛必于是。"

且贵，于我如浮云"①（《论语·述而》），号召人们以实际行动来践行道义。

做人有礼，违礼则耻。礼是礼仪、礼节、礼制的总称，是维护社会秩序的工具，也是个体人际交往应当遵循的规范。人人有礼，才能维持社会的和谐稳定，实现"礼之用，和为贵"②（《论语·学而》）的社会治理目标。孔子认为"恭近于礼，远耻辱也"③（《论语·学而》），正如俗语所说"礼多人不怪"，做人有礼，在社会交往中可以赢得他人的敬重。"礼"是个体道德行为选择的取舍标准，"约之以礼"能够避免出现"恭而无礼则劳，慎而无礼则葸，勇而无礼则乱，直而无礼则绞"（《论语·泰伯》）的窘境。孔子特别注重礼教，要求弟子学礼、懂礼、守礼和践行仪礼规范，鲜明地指出"不学《礼》，无以立"（《论语·季氏》）。孔子对弟子提出入下要求：做人懂礼，把握礼的本质；做事用礼，约束自身言行节制不良嗜好，做到"非礼勿视，非礼勿听，非礼勿言，非礼勿动"（《论语·颜渊》），达到善的境界；待人讲礼，依礼行事，在礼让、礼敬中赢得社会和他人的尊敬；交往循礼，促进社会的有序运转，"君子敬而无失，与人恭而有礼。四海之内皆兄弟也"④（《论语·颜渊》），增进人与人之间的感情。孔子盛赞重礼隆礼的人，"未若贫而乐，富而好礼者也"⑤（《论语·学而》）。孔子劝导人们不要违礼行事，这会招致社会舆论的谴责，无论是否身居高位，即使是鲁昭公迎娶吴国女子

---

① 参见《论语·述而》：子曰："饭疏食，饮水，曲肱而枕之，乐亦在其中矣。不义而富且贵，于我如浮云。"

② 参见《论语·学而》：有子曰："礼之用，和为贵。先王之道斯为美，小大由之。有所不行，知和而和，不以礼节之，亦不可行也。"

③ 参见《论语·学而》：有子曰："信近于义，言可复也。恭近于礼，远耻辱也。因不失其亲，亦可宗也。"

④ 参见《论语·颜渊》：司马牛忧曰："人皆有兄弟，我独亡！"子夏曰："商闻之矣，死生有命，富贵在天。君子敬而无失，与人恭而有礼。四海之内皆兄弟也，君子何患乎无兄弟也？"

⑤ 参见《论语·学而》：子贡曰："贫而无谄，富而无骄，何如？"子曰："可也。未若贫而乐，富而好礼者也。"

之事，因其行事有违礼制所以遭到诸多非议①。季氏"八佾舞于庭"，祭祀用《雍》乐②，甚至到泰山去祭祀山神③，这些行为都严重僭越了礼制，突破了礼制规范所允许的范围，孔子给予了严厉的批评；对于功勋卓著的管仲居家办公设置"树塞门""反坫"的僭越礼制的行为④，孔子同样予以严正的挞伐。

做人明智，寡智则耻。许多人将"智"理解为聪明有智慧，那就与我们所要建构的道德社会相距甚远，如有些人耍的小聪明便不是"智"的行为。孟子曾说："是非之心，智之端也。"（《孟子·公孙丑上》）"智"要求人们在社会生活中明辨是非，按社会主流价值观的要求立身行事，弘扬真善美，挞伐假恶丑。孔子认为做人要想明智最关键的是分析问题看待事物要杜绝"毋意，毋必，毋固，毋我"（《论语·子罕》）的先入为主的心态，要以实事求是的态度辩证地看待问题，按照事物发展的具体情况来决定正确的做法。"知者不惑"，明智的人不会想当然，被表面现象所迷惑，不会迷失心智，感情用事，能够避免"一朝之忿，忘其身以及其亲"⑤（《论语·颜渊》）的人间悲剧的发生，或者陷入"爱之欲其生，恶之欲其死。既欲其生，又欲其死"（《论语·颜渊》）的自相矛盾的困境。孔子发现宰我昼寝的恶习后骂宰我"朽木不可雕也，粪土之墙，不可圬也"（《论语·公冶长》），提出识

---

① 参见《论语·述而》：陈司败问："昭公知礼乎？"孔子曰："知礼。"孔子退，揖巫马期而进之，曰："吾闻君子不党，君子亦党乎？君取于吴，为同姓，谓之吴孟子。君而知礼，孰不知礼？"巫马期以告。子曰："丘也幸，苟有过，人必知之。"

② 参见《论语·八佾》：三家者，以《雍》彻。子曰："'相维辟公，天子穆穆'，奚取于三家之堂？"

③ 参见《论语·八佾》：季氏旅于泰山。子谓冉有曰："女弗能救与？"对曰："不能。"子曰："呜呼！曾谓泰山不如林放乎？"

④ 参见《论语·八佾》：子曰："管仲之器小哉！"或曰："管仲俭乎？"曰："管氏有三归，官事不摄，焉得俭？""然则管仲知礼乎？"曰："邦君树塞门，管氏亦树塞门。邦君为两君之好，有反坫，管氏亦有反坫。管氏而知礼，孰不知礼？"

⑤ 参见《论语·颜渊》：樊迟从游于舞雩之下，曰："敢问崇德，修慝，辨惑。"子曰："善哉问！先事后得，非崇德与？攻其恶，勿攻人之恶，非修慝与？一朝之忿，忘其身以及其亲，非惑与？"

人的正确方法是"听其言而观其行"①（《论语·公冶长》）、"视其所以，观其所由，察其所安"（《论语·为政》），在全面考察的情况下达到"人焉廋哉"的效果。明智之人不会轻易听信他人的一面之词，而是会通过"众恶之，必察焉；众好之，必察焉"（《论语·卫灵公》）来做出准确判断，免遭蒙蔽。为了解蔽，我们要遵照道德规范和事理来做出判断，学会与人沟通，善于接纳他人意见，如果动不动就"攻乎异端"，最终只能是"斯害也已"。

做人诚信，失信则耻。诚与信互训，在现代汉语语境中，诚与信一般会组成复合词使用。诚信要求个体在社会生活中遵守诺言，不欺诈，诚信是人立身于世的基本道德品质。孔子曾说："自古皆有死，民无信不立。"（《论语·颜渊》）平民百姓缺乏诚信品质，就无法在社会中立足，人人不讲诚信社会秩序就会混乱。所以人要在能够做得到时才说，做不到的事就不用说，否则失信于人，害人又损己，正如孔子所说"古者言之不出，耻躬之不逮也"（《论语·里仁》）。个体在生活中应力求做到知行合一，言行相顾，遵守诺言，引领社会生活中的人们都遵循"信"的规范要求，"君子义以为质，礼以行之，孙以出之，信以成之"（《论语·卫灵公》）。"朝闻道，夕死可矣"（《论语·里仁》），闻道之后应信道笃行，如果"执德不弘，信道不笃"（《论语·子张》），那便"焉能为有，焉能为亡"（《论语·子张》）。"信"从根本上来说是不失言于人，不欺人，守诺言，履行和实践个人所做出的承诺，"狂而不直，侗而不愿，悾悾而不信，吾不知之矣"（《论语·泰伯》）。"信"的另一内涵是信用和信任，也就是上下级和朋友之间必须讲究信用，彼此才会互相信任。为了使诚信思想深入社会、深入人群，孔子不厌其烦地论及信的重要性，如"信则人任焉"（《论语·阳货》）、"敬事而信"（《论语·学而》）。

---

① 　参见《论语·公冶长》：宰予昼寝。子曰："朽木不可雕也，粪土之墙，不可圬也；于予与何诛？"子曰："始吾于人也，听其言而信其行；今吾于人也，听其言而观其行。于予与改是。"

二、士之耻

在等级社会中居于底层的人有士农工商之说，士是介于大夫和庶民之间的阶层。春秋时期，士是没有出仕的知识分子的通称，成功出仕的士被称为卿大夫，时运不济的士只能从事诸如聚徒讲学之类的工作，或者成为隐士遁入山林之中。孔子出生于没落的贵族家庭，自学成才成了士，他曾经担任中都宰、大司寇兼摄相事，因"堕三都"① 遭到季孙斯抵制后，只能周游列国，再一次聚徒讲学。孔子无疑是一位"穷则独善其身，达则兼济天下"（《孟子·尽心上》）的名士。士游走于社会底层，其言行深刻影响着底层平民百姓，从某种意义上来说引领了生活在底层人们的价值取向。士在社会生活中即便"任重道远"②，也要负重前行，推进社会进步；即便在"惶惶如丧家之

---

① 堕三都指春秋时期鲁国孔子辅政期间，堕毁三桓（鲁国公族季孙氏、叔孙氏、孟孙氏）私邑的历史事件。按照周礼，天子、诸侯、大夫筑城的高度、广度都有定制。春秋中期以后，鲁国政权不断下移，被称作"三桓"的叔孙氏、季孙氏、孟孙氏三族之家臣势力渐强，经常以下犯上，侵凌"三桓"，甚至越过"三桓"而干预国政，或以其控制之邑为据点发动叛乱。而当时"三桓"已控制不了他们的私邑，导致私邑为他们的家臣邑宰所盘踞。鲁定公十二年（公元前 498 年），孔子为鲁国的大司寇兼摄相事，为了加强君权，防止家臣据"三桓"之私邑反叛，这年夏天，孔子建议鲁定公拆毁"三桓"私邑郈、费、郕。起初，季孙斯和叔孙州仇、仲孙何忌想要抑制家臣势力，也支持堕三都。叔孙氏先堕毁郈邑。费邑宰公山不狃（也作弗扰、不扰）起兵反鲁，率军攻入鲁国国都曲阜，鲁定公和季孙斯（季桓子）、仲孙何忌（孟懿子）和叔孙州仇（叔孙武叔）躲在季氏之宫武子之台。孔子派申句须、乐颀率军击败弗扰，弗扰逃到齐国。齐国军队守在了鲁国边境，坐等鲁定公带军队去推掉最后一位国相的城墙，齐国就会攻进首都。而郕邑宰公敛处父反对堕毁郕邑，使三桓开始反对堕三都。堕三都行动就此半途而废，同时也暴露出孔子和三桓成了敌人，孔子不得不中断仕途和救国理想，与弟子们踏上了周游列国的道路。

② 参见《论语·泰伯》：曾子曰："士不可以不弘毅，任重而道远。仁以为己任，不亦重乎？死而后已，不亦远乎？"

犬"① 窘境下，也要四处周游讲学；在"滔滔者，天下皆是也"（《论语·微子》）归隐山林的隐士劝谏下②，在"知其不可而为之"③凡人耻笑中，也要肩负推进社会进步的责任。孔子要求弟子在社会生活中务必做到"志于道，据于德，依于仁，游于艺"（《论语·述而》），做人行事要光明磊落。故士在"道德仁艺"上有瑕疵，是可耻的。

志于道。朱熹认为"志者，心之所之之谓。道，则人伦日用之间所当行者是也。知此而心必之焉，则所适者正，而无他歧之惑矣"（朱熹《四书章句集注》）。这里的"道"，朱熹解释为人道，是形而下的社会个体共同遵循的道德规范。个体只有一心向"道"求"道"，才能正其心，解其蔽，不误入歧途。"志于道"要求士对"道"要心向往之，并在社会生活中的广泛遵循，要有"朝闻道，夕死可矣"（《论语·里仁》）的殉道决心，发扬"忧道不忧贫""谋道不谋食"④（《论语·卫灵公》）的弘"道"精神，使"在明明德，在亲民，在止于至善"（《礼记·大学》）的"大学之道"在世间风行。虽然弘之"道"上任重而道远，但弘"道"之士应看淡富贵利禄，做到见利思义、见得思义，如果只是停留在"耻恶衣恶食"的低俗层面，便只能陷入

---

① 参见《司马迁史记·孔子世家》：孔子适郑，与弟子相失，孔子独立郭东门。郑人或谓子贡曰："东门有人，其颡似尧，其项类皋陶，其肩类子产，然自要以下不及禹三寸。累累若丧家之狗。"子贡以实告孔子。孔子欣然笑曰："形状，末也。而谓似丧家之狗，然哉！然哉！"

② 参见《论语·微子》：长沮、桀溺耦而耕，孔子过之，使子路问津焉。长沮曰："夫执舆者为谁？"子路曰："为孔丘。"曰："是鲁孔丘与？"曰："是也。"曰："是知津矣。"问于桀溺。桀溺曰："子为谁？"曰："为仲由。"曰："是鲁孔丘之徒与？"对曰："然。"曰："滔滔者，天下皆是也，而谁以易之？且而与其从辟人之士也，岂若从辟世之士哉！"耰而不辍。子路行以告。夫子怃然曰："鸟兽不可与同群，吾非斯人之徒与而谁与？天下有道，丘不与易也。"

③ 参见《论语·宪问》：子路宿于石门。晨门曰："奚自？"子路曰："自孔氏。"曰："是知其不可而为之者与？"

④ 参见《论语·卫灵公》：子曰："君子谋道不谋食。耕也，馁在其中矣；学也，禄在其中矣。君子忧道不忧贫。"

"不恒其德，或承之羞"（《论语·子路》）的尴尬境界。孔子是"志于道"的典范，为了弘道，他创办私学，培养了三千弟子，这些弟子成为在诸侯国传道的"种子"。当孔子在鲁国受到季氏阻挠，无法将道付诸实践时，遂率弟子周游列国，意图另辟蹊径实现弘道愿望，后来被仪封人称为"木铎"。

据于德。朱熹认为"据者，执守之意。德者，得也，得其道于心而不失之谓也。得之于心而守之不失，则终始唯一，而有日新之功矣"（朱熹《四书章句集注》）。由此可见"据于德"不是一些学者解读的根据于德，而是以社会伦理道德规范作为立身处世的凭借，即人的现实生活道路与理论指导必须以社会伦理道德规范为基准来做出准确的价值选择。孔子认为士在社会生活中要以社会伦理道德规范立身，以良好的道德修养和美好的道德品行来影响世人，改造世风，担负起"齐一变，至于鲁；鲁一变，至于道"（《论语·雍也》）的布道。孔子曾劝导季康子说"子欲善而民善矣。君子之德风，小人之德草，草上之风，必偃"①（《论语·颜渊》）。孔子认为士应当旗帜鲜明地按社会伦理道德规范来评判他人的是非功过，而不能当老好人、和稀泥，当"乡原②"，这可是"德之贼也"（《论语·阳货》）的行为；也不能巧舌如簧、掩盖真相、搬弄是非、败坏德性，在"巧言乱德"（《论语·卫灵公》）的过程中制造更多是非；更不能"道听而涂说"（《论语·阳货》），不加甄别，见风就是雨，混淆社会视听，这是"德之弃也"（《论语·阳货》）的做法。孔子非常担忧弟子"德之不修，学之不讲，闻义不能徙，不善不能改"（《论语·述而》），做不到"好德如好色"（《论语·卫灵公》）般的价值追求，导致世风日下而引发社会动乱。

---

① 参见《论语·颜渊》：季康子问政于孔子曰："如杀无道，以就有道，何如？"孔子对曰："子为政，焉用杀？子欲善而民善矣。君子之德风，小人之德草，草上之风，必偃。"

② 乡原：原，通"愿"，"乡愿"指心口不一、伪善欺世的老好人，也就是孟子所讲的"同乎流俗，合乎污世。居之似忠信，行之似廉洁，众皆悦之"，使人难以认清其本来面目的小人。

　　依于仁。朱熹认为"依者，不违之谓。仁，则私欲尽去而心德之全也。功夫至此而无终食之违"（朱熹《四书章句集注》）。这里的"仁"不再局限于小人之仁，不再停留在自己要做一个好人的层面上。士之仁是在社会生活中推行"恭宽信敏惠"①的"仁道"，要"仁以为己任"②（《论语·泰伯》），以天下苍生为念，追求"安己安人安百姓"的社会担当，让整个社会都充满仁爱。《论语》载："子路问君子。子曰：'修己以敬。'曰：'如斯而已乎？'曰：'修己以安人。'曰：'如斯而已乎？'曰：'修己以安百姓。修己以安百姓，尧、舜其犹病诸。'"（《论语·宪问》）士的价值体现在通过自身的人格魅力引领社会风气走向，使生活在自己周围的人都能遵循社会伦理道德规范，不做有违社会伦理道德规范的事，促进社会生活安定有序、社会风气持续向好。士的历史使命是在社会生活中弘扬伦常，使之深入人心，达到移风易俗、民德淳朴归厚的教化目的。孔子晚年率领弟子周游列国，四处讲学便是"士"的担当的表现，他期望自己的学说能够"安己安人安百姓"，实现仁德风行于天下的抱负。

　　游于艺。钱穆在《论语新解》写道："游，游泳。艺，人生所需……人之习于艺，如鱼在水，忘其为水，斯有游泳自如之乐。故游于艺，不仅可以成才，亦所以进德。""游于艺"就是社会生活中的个体精通六艺③，以六艺精髓来指导自身融入社会生活，安身立命。何为六艺？孔子曾说："六艺之于治，一也。《礼》以节人，《乐》以发和，《书》以道事，《诗》以达意，《易》以神化，《春秋》以道义。"（司马迁《史记·滑稽列传》）班固《汉书·艺文志》："《乐》以和神，仁之表也；《诗》以正言，义之用也；《礼》以

---

① 参见《论语·阳货》：子张问仁于孔子。孔子曰："能行五者于天下为仁矣。"请问之。曰："恭、宽、信、敏、惠。恭则不侮，宽则得众，信则人任焉，敏则有功，惠则足以使人。"

② 参见《论语·泰伯》：曾子曰："士不可以不弘毅，任重而道远。仁以为己任，不亦重乎？死而后已，不亦远乎？"

③ 参见《周礼·地官司徒·保氏》："养国子以道。乃教之六艺：一曰五礼，二曰六乐，三曰五射，四曰五御，五曰六书，六曰九数。"此六艺习惯上被称作小六艺。

明体，明者著见，故无训也；《书》以广听，知之术也；《春秋》以断事，信之符也。五者，盖五常之道，相须而备，而《易》为之原。故曰'《易》不可见，则乾坤或几乎息矣'，言与天地为终始也。至于五学，世有变改，犹五行之更用事焉。"（《汉书·艺文志》）孔子非常重视六艺的教育，"孔子以《诗》《书》《礼》《乐》教。弟子盖三千焉，身通六艺者七十有二人"（司马迁《史记·孔子世家》）。孔子在《诗》《礼》上的教育用情很深，希望弟子能够按照《诗》《礼》倡导的主流价值观念来立身行事，做到"兴于《诗》，立于《礼》，成于《乐》"（《论语·泰伯》）的处世之道，为体现六艺的重要性不无感慨地说"《诗》，可以兴，可以观，可以群，可以怨"（《论语·阳货》）"不学《诗》，无以言""不学《礼》，无以立"（《论语·季氏》）。

三、卿大夫之耻

古代社会的卿大夫多是世袭祖先受封的爵位，或者因自己功勋卓著被国王赐官封爵，卿大夫都担任重要官职，辅助君王治理天下。孔子赞赏郑国明相子产为政的四大美德，说到"其行己也恭，其事上也敬，其养民也惠，其使民也义"（《论语·公冶长》）；谈到管仲匡扶周室之功，说到"相桓公，霸诸侯，一匡天下，民到于今受其赐"[①]（《论语·宪问》）；对于季康子执政采用"杀无道，以就有道"的治国方式表示不屑，说到"子为政，焉用杀"[②]（《论语·颜渊》）。这里强烈地体现了孔子要求卿大夫建功立业的思想，希望卿大夫肩负起推动社会文明进步、保障人们安居乐业的使命。如果卿大夫做不到为官一任造福一方，终身碌碌无为毫无建树，被世人称为酒囊饭袋，

[①]　参见《论语·宪问》：子贡曰："管仲非仁者与？桓公杀公子纠，不能死，又相之。"子曰："管仲相桓公，霸诸侯，一匡天下，民到于今受其赐。微管仲，吾其被发左衽矣。岂若匹夫匹妇之为谅也，自经于沟渎而莫之知也。"

[②]　参见《论语·颜渊》：季康子问政于孔子曰："如杀无道，以就有道，何如？"孔子对曰："子为政，焉用杀？子欲善而民善矣。君子之德风，小人之德草，草上之风，必偃。"

则实为可耻，卿大夫若想避耻应做到如下几点。

　　建功立业。卿大夫要想青史留美名，就要有所作为，建立功业，服务江山社稷。然而，春秋之时世道衰微，卿大夫考虑的不是如何辅佐国王治理国家，让老百姓过上"老有所终，壮有所用，幼有所长，矜、寡、孤、独、废疾者皆有所养，男有分，女有归"（《礼记·礼运》）的幸福生活，而是如何争权夺利甚至谋刺国王以求上位，为此孔子以微言大义的春秋笔法，创作《春秋》，以期整肃卿大夫为政之邪气①。为了强化社会治理，孔子提出"正名"②说，认为卿大夫要制定各项规章制度，让百姓有所适从，否则他们便会手足无措。借用今天的话来说，就是"把纪律和规矩挺在前面"，避免出现不教而杀的"四恶"③治理模式。孔子本人也是卿大夫中建功立业的代表，在担任中都宰时他通过礼乐教化使中都达到了路不拾遗的社会治理境界，"西方则之"；在担任司寇期间，辅佐鲁定公与齐国在夹谷会盟，在签订协

---

① 参见《孟子·滕文公下》：世道衰微，邪说暴行又作，臣弑君者而有之，子弑其父者有之。孔子惧，作《春秋》。《春秋》者，天子之事也。是故孔子曰：知我者其惟《春秋》乎！罪我者其惟《春秋》乎！

② 参见《论语·子路》：子路曰："卫君待子而为政，子将奚先？"子曰："必也正名乎！"子路曰："有是哉，子之迂也！奚其正？"子曰："野哉，由也！君子于其所不知，盖阙如也。名不正，则言不顺；言不顺，则事不成；事不成，则礼乐不兴；礼乐不兴，则刑罚不中；刑罚不中，则民无所措手足。故君子名之必可言也，言之必可行也。君子于其言，无所苟而已矣。"

③ 参见《论语·尧曰》：子张问于孔子曰："何如斯可以从政矣？"子曰："尊五美，屏四恶，斯可以从政矣。"子张曰："何谓五美？"子曰："君子惠而不费，劳而不怨，欲而不贪，泰而不骄，威而不猛。"子张曰："何谓惠而不费？"子曰："因民之所利而利之，斯不亦惠而不费乎？择可劳而劳之，又谁怨？欲仁而得仁，又焉贪？君子无众寡，无小大，无敢慢，斯不亦泰而不骄乎？君子正其衣冠，尊其瞻视，俨然人望而畏之，斯不亦威而不猛乎？"子张曰："何谓四恶？"子曰："不教而杀谓之虐。不戒视成谓之暴。慢令致期谓之贼。犹之与人也，出纳之吝，谓之有司。"

议时通过斗智斗勇成功收复被齐国侵占的汶阳等地。① 卿大夫在关键时刻，要挺身而出，要为江山社稷的安稳锤炼自己"可以托六尺之孤，可以寄百里之命，临大节而不可夺也"（《论语·泰伯》）的品质与能力，以期达到"老者安之，朋友信之，少者怀之"②（《论语·公冶长》）的社会治理效果。孔子曾经说，舜有臣五人而天下治，武王有乱臣十人而天下安③，可见卿大夫见危致命对确保江山社稷无虞有很大作用。

造福一方。子路向孔子请教怎样才能成为君子的时候，孔子告诉他应在"修己以敬""修己以安人""修己以安百姓"（《论语·宪问》）上下功夫，只有具备了"安己""安人""安百姓"的社会治理才能，并且在社会治理中充分施展出这种才能，实现"近者说，远者来"（《论语·子路》）的社会治理效能，造福治下黎民百姓。针对古代农业社会的现实，孔子提出"敬事而

---

① 参见司马迁《史记·孔子世家》：定公十年春，及齐平。夏，齐大夫黎鉏言于景公曰："鲁用孔丘，其势危齐。"乃使使告鲁为好会，会于夹谷。鲁定公且以乘车好往。孔子摄相事，曰："臣闻有文事者必有武备，有武事者必有文备。古者诸侯出疆，必具官以从。请具左右司马。"定公曰："诺。"具左右司马。会齐侯夹谷，为坛位，土阶三等，以会遇之礼相见，揖让而登。献酬之礼毕，齐有司趋而进曰："请奏四方之乐。"景公曰："诺。"于是旄旌羽袚矛戟剑拨鼓噪而至。孔子趋而进，历阶而登，不尽一等，举袂而言曰："吾两君为好会，夷狄之乐何为于此！请命有司！"有司却之，不去，则左右视晏子与景公。景公心怍，麾而去之。有顷，齐有司趋而进曰："请奏宫中之乐。"景公曰："诺。"优倡侏儒为戏而前。孔子趋而进，历阶而登，不尽一等，曰："匹夫而营惑诸侯者罪当诛！请命有司！"有司加法焉，手足异处。景公惧而动，知义不若，归而大恐，告其群臣曰："鲁以君子之道辅其君，而子独以夷狄之道教寡人，使得罪于鲁君，为之奈何？"有司进对曰："君子有过则谢以质，小人有过则谢以文。君若悼之，则谢以质。"于是齐侯乃归所侵鲁之郓、汶阳、龟阴之田以谢过。

② 参见《论语·公冶长》：颜渊、季路侍。子曰："盍各言尔志。"子路曰："愿车马衣轻裘，与朋友共，敝之而无憾。"颜渊曰："愿无伐善，无施劳。"子路曰："愿闻子之志。"子曰："老者安之，朋友信之，少者怀之。"

③ 参见《论语·泰伯》：舜有臣五人而天下治。武王曰："予有乱臣十人。"孔子曰："才难，不其然乎？唐虞之际，于斯为盛。有妇人焉，九人而已。三分天下有其二，以服事殷。周之德，其可谓至德也已矣。"

信，节用而爱人，使民以时"(《论语·学而》)的为政观点，"敬事而信"是卿大夫为政的态度，"节用而爱人"是卿大夫为政的方式方法，"使民以时"是卿大夫为政的基本要求。如此方可以达到郑国子产的"其行己也恭，其事上也敬，其养民也惠，其使民也义"(《论语·公冶长》)思想境界，这样不仅能够"修己以敬"，而且还能够"修己以安人""修己以安百姓"(《论语·宪问》)，让老百姓过上太平日子。孔子认为卿大夫治理国家要有教化的情怀，要以文化人，安定天下，因此提出"君子学道则爱人，小人学道则易使也"(《论语·阳货》)、"民可使由之，不可使知之"(《论语·泰伯》)。孔子与弟子冉有有过一次对话，充分体现了这一教化思想，《论语》记载："子适卫，冉有仆。子曰：'庶矣哉！'冉有曰：'既庶矣，又何加焉？'曰：'富之。'曰：'既富矣，又何加焉？'曰：'教之。'"(《论语·子路》)

四、王侯之耻

王侯是国家最高统治者，一言九鼎，决定着国家的兴衰成败。追求长盛不衰、国泰民安是王侯治理国家的终极目标，如果成为亡国之君将遗臭万年。孔子的理想国是大同社会，因此他希望王侯积极建构"天下为公，选贤与能，讲信修睦"①(《礼记·礼运》)的社会治理体系。假使王侯能够做到"君君、臣臣"②"与民同乐"③，以上率下，必定会赢得臣民的爱戴，在"臣事

---

① 参见《礼记·礼运》：大道之行也，天下为公，选贤与能，讲信修睦。故人不独亲其亲，不独子其子，使老有所终，壮有所用，幼有所长，矜、寡、孤、独、废疾者皆有所养，男有分，女有归。货恶其弃于地也，不必藏于己；力恶其不出于身也，不必为己。是故谋闭而不兴，盗窃乱贼而不作，故外户而不闭，是谓大同。

② 参见《论语·颜渊》：齐景公问政于孔子。孔子对曰："君君、臣臣、父父、子子。"公曰："善哉！信如君不君、臣不臣、父不父、子不子，虽有粟，吾得而食诸？"

③ 参见《孟子·梁惠王下》："今王田猎于此，百姓闻王车马之音，见羽旄之美，举欣欣然有喜色而相告曰：'吾王庶几无疾病与，何以能田猎也？'此无他，与民同乐也。"

君以忠"(《论语·八佾》)和"民德归厚"(《论语·学而》)的坚实基础上实现国家的长治久安。孔子赞赏尧舜的治国之道,说到"大哉尧之为君也!巍巍乎!唯天为大,唯尧则之,荡荡乎,民无能名焉。巍巍乎其有成功也,焕乎其有文章"(《论语·泰伯》);推崇文王武王和周公励精图治,说到"周监于二代,郁郁乎文哉!吾从周"(《论语·八佾》)。在孔子看来,王侯无法治理好国家,导致身死国灭是可耻之事。

天下为公。"天下为公"是指国王不能有私心,而是要以天下黎民百姓的福祉为重,正如孟子所说"民为贵,社稷次之,君为轻"(《孟子·尽心下》)。尧与众臣讨论传位事宜之时,有人建议传位给其子丹朱,但是尧觉得丹朱不肖,不能保证让黎民百姓过上幸福的生活,最终选择传位给了舜。[①]《礼记正义》解释说:"天下为公,谓天子位也,为公谓揖让而授圣德,不私传子孙,即废朱、均而用舜、禹也。"(孔颖达《礼记正义》)由此可知,上古帝王都是以黎民百姓的福祉为重,不会以个人及子孙的利益得失为标准来权衡取舍,所以才有尧传位舜、舜传位禹的千古美谈。

选贤与能。《礼记正义》载:"'选贤与能'者,向明不私传天位,此明不世诸侯也,国不传世,唯选贤与能也,黜四凶,举十六相之类是也。"孔颖达《礼记正义》"选贤与能"是国家长治久安的根本所在。国家的治与乱和国家的选人与用人机制有很大的关系,选用贤良与能人国家治理将秩序井然,选用小人则国家祸乱败亡近在眼前。李世民以魏征为相,出现"贞观之治",人民生活幸福安宁,以至于魏征离世后,李世民发出"夫以铜为镜,可以正衣冠;以史为镜,可以知兴替;以人为镜,可以明得失"(刘昫《旧唐书·魏徵传》)的感叹;李隆基擢升重用安禄山与史思明,结果引发"安

---

① 参见《史记·五帝本纪》:尧立七十年得舜,二十年而老,令舜摄行天子之政,荐之于天。尧辟位凡二十八年而崩。百姓悲哀,如丧父母。三年,四方莫举乐,以思尧。尧知子丹朱之不肖,不足授天下,于是乃权授舜。授舜,则天下得其利而丹朱病;授丹朱,则天下病而丹朱得其利。尧曰"终不以天下之病而利一人",而卒授舜以天下。

史之乱"①，使唐王朝走向衰败。可见，国君所选所用之人才对于国家兴亡何其重要。

讲信修睦。孔颖达主持编撰的《礼记正义》解释说："'讲信修睦'者，讲，谈说也。信，不欺也。修，习。睦，亲也。此淳无欺，谈说辄有信也。故哀公问周丰云'有虞氏未施信于民，而民信之是也'。"（孔颖达《礼记正义》）作为一国之君，对内要取信于民，让老百姓支持国君的各项主张，推进各项改革，以求国富民强；对外要与友邦和睦相处，赢得和平发展的外交环境。设想一个国家，如果民众不支持国君的各项政策，无论把政策解释得多么美好，也不能得到民心。没有民意的支持，国家便注定会走向灭亡。国内安定，外部环境不好依然无法发展，因为执政者每天都要思考如何应对外部势力的渗透，如何抵御外部势力的入侵，在全民皆兵的形势下怎样能使国力得到发展等问题。没有国泰民安的环境，国家的发展便会犹如海市蜃楼般可望而不可即。这就是我国改革开放后奉行韬光养晦、谋求国内外和平相处的原因之所在，也是改革开放后我国一举成为世界第二大经济体的关键所在。由此可见，王侯的核心工作是营造国内外和平环境，让国家迅速发展壮大，以抵御国内外的风险和挑战。

---

① "安史之乱"是中国唐代玄宗末年至代宗初年（755年—763年）由唐朝将领安禄山与史思明背叛唐朝后发动的战争，是同唐朝的朝臣与统治者争夺统治权的内战，也是唐朝由盛而衰的转折点。这场内战使得唐朝人口大量丧失，国力锐减。因为发起反唐叛乱的指挥官以安禄山与史思明二人为主，因此事件被冠以安史之名。

第三章 耻之用

廉耻，士君子之大节。

——（宋）欧阳修

第一节　有耻则格

"人之所以为人者，何已也？曰：以其有辨也。饥而欲食，寒而欲暖，劳而欲息，好利而恶害，是人之所生而有也，是无待而然者也，是禹、桀之所同也。"（《荀子·非相》）先哲告诉我们，人之所以为人是因为人能明是非、知善恶、辨美丑、别荣辱，个体不会做有损于人格尊严之事，或者说个体如果有违背社会主流价值的行为，一旦自我觉察到或经他人提醒后能够马上进行自我行为矫正。人非圣贤，孰能无过，关键在于是否有勇气改正过错，这就是"知耻而后勇"对于个体行为的矫正功能。所以说，个体思想道德境界的高低，不在于个体有没有过错，而在于个体能否改正过错。古语云："人谁无过？过而能改，善莫大焉。"（《左传·宣公二年》）个体有"耻"才能改正过错，不贰过，个体的德性才能够不断提升臻于至善，因此，知错就改是个体涵养美德的基本功。勇于改正过错的人是因为其羞耻心发挥着强大的导善作用，个体羞于犯错能够促使自己德行逐渐向圣贤靠拢。"思古之圣贤，与我同为丈夫，彼何以百世可师？我何以一身瓦裂？耽染尘情，私行不义，谓人不知，傲然无愧，将日沦于禽兽而不自知矣；世之可羞可耻者，莫大乎此。"（袁了凡《了凡四训·改过之法》）。袁了凡①教育子女在社会生活中，不要贪图享乐，不要沾染恶习，目无国法，暗地里做为人所不齿的丑事，如若一天天就此沉沦下去，如同禽兽一般毫无羞耻悔改之心，这便是做人最大

---

① 　袁黄（1533年—1606年），初名表，后改名黄，字庆远，又字坤仪、仪甫，初号学海，后改号了凡，后人常以其号了凡称之。袁了凡是明朝重要思想家，是迄今所知中国第一位具名的善书作者。他的《了凡四训》融会道教哲学与儒家理学，劝人积善改过，强调从治心入手的自我修养，提倡记功过格，在社会上流行一时。

的耻辱和悲哀。孔子非常注重人们羞耻心的培育，期望通过涵养羞耻心来格正人的行为举止，孔子曾说："道之以政，齐之以刑，民免而无耻，道之以德，齐之以礼，有耻且格。"（《论语·为政》）孔子认为，创建大同社会需要从"德""礼"教化入手，引导个体涵养羞耻心。这样，个体在羞耻心的驱动下即便在社会生活中"随心所欲"，也能做到"不逾矩"。假使个体没有羞耻心来格正品行，就不会以违背"德""礼"为耻，只会迫于刑法的威慑，暂时不作恶，但作恶之心未死，一旦时机成熟就会为所欲为、无恶不作；相反，如果个体拥有羞耻心，就会"守死善道"，自觉加强德行修养，立身行事不追随邪枉、不附和歪理。孟子在此基础上提出"四端说"，明确讲到"无羞恶之心，非人也"，要求世人以"耻"为律令，把伦理道德规范根植于内心深处。后世儒家关于"耻"的论述，更多集中在"耻"对于个体道德人格培养的重要性上。例如，朱熹认为耻乃人禽之别的关键，有耻才是人，无耻便只是拥有人体躯壳的禽兽："耻者，吾所固有羞恶之心也。存之则进于圣贤，失之则入于禽兽，故所系为甚大。"（朱熹《四书章句集注》）陆九渊对"耻"做了进一步阐发，认为人无耻是做人最大的祸患，无耻之人不能称作人，"夫人之患莫大乎无耻，人而无耻，果何以为人哉？"（陆九渊《陆九渊集》）

一、格道德良知

耻德是区分人与禽兽的根本所在，先贤们对此有着相当精辟的论述。古人说"鹦鹉能言，不离飞鸟；猩猩能言，不离禽兽"（《礼记·曲礼上》），鹦鹉和猩猩能够学会人类的语言，但是它们依旧是飞禽走兽。因为在动物世界里这些飞禽走兽除了食与色，没有其他要求，它们没有羞耻心，没有价值判断，当然不存在行为取舍的问题。但是人类在文明进步的历程中有了伦常，出现了是非、善恶、美丑、荣辱的概念，形成了社会伦理道德规范，并要求个体在社会生活中遵循这些规范以保障社会的正常运转。人们遵循伦常是真善美，应该得到褒扬，是光荣的事；违背伦常则是假恶丑，应该予以谴责，是耻辱的事。人类若只满足于"饱食、暖衣，居逸"① 则与禽兽无异。人有了羞耻心，就会促使自己的言行趋善远恶、扬荣避耻，格正自身的言行举止。这也是中国历代仁人志士基于"耻"文化的内涵要求，推崇明是非、知善恶、辨美丑、别荣辱的道德品格的原因。孟子提出"无恻隐之心，非人也；无羞恶之心，非人也；无辞让之心，非人也；无是非之心，非人也"（《孟子公孙丑上》）、"人之所以异于禽兽者几希，庶民去之，君子存之。舜明于庶物，察于人伦，由仁义行，非行仁义也。"（《孟子·离娄下》）人与动物的区别不是很大，这种区别在于人类懂得善，并在耻德的驱动下恪守"仁义礼智"四心追求善。社会是由共同生活的个体通过各种各样的关系联合起来的整体，是在"仁义礼智"等道德观念、行事准则规范下有秩序、有礼仪、相亲相爱地生活在一起的人类的命运共同体。在孟子看来，"恻隐之心，仁也；羞恶之心，义也；恭敬之心，礼也；是非之心，智也。仁义礼智，非由外铄我也，我固有之也"（《孟子·告子上》），因此，个体在社会生活中必须以"耻"为标尺，来格正"仁义礼智"四心，将其转化为自身良好的道德品行。

尽天伦。中国是孝道社会，讲"养儿防老""多子多福"。为人子女让父母长辈、兄弟姐妹同享天伦之乐，是道德社会得以延续的基本要求。孔子非常注重子女的孝悌德行，讲求"弟子入则孝，出则悌，谨而信，泛爱众，而亲仁。行有余力，则以学文"（《论语·学而》）；子女长大后，独立生活，不能让父母担心自身德行不好，因为"父母唯其疾之忧"（《论语·为政》）；父母年龄大了，失去了劳动能力，子女要尽心敬养，因为"今之孝者，是谓能养。至于犬马，皆能有养。不敬，何以别乎？"（《论语·为政》）；父母老了，期望子女床前尽孝，因此要做到"父母在，不远游，游必有方"（《论语·里仁》）。孟子期望自己家的老人，在五十岁时能够穿上衣服，在七十

---

① 参见《孟子·滕文公上》：人之有道也，饱食、暖衣，居逸而无教，则近于禽兽。

岁时能够有肉吃，过上富足的日子。① 孟子讲"仰足以事父母，俯足以畜妻子"（《孟子·梁惠王上》），又讲"父母俱存，兄弟无故"②（《孟子·尽心上》），强调父子兄弟间人伦的重要性。荀子也很注重孝道的培养，他认为无孝就跟动物类同，曾说："然则人之所以为人者，非特以二足而无毛也，以其有辨也。今夫狌狌形笑亦二足而毛也，然而君子啜其羹，食其胾（音 zì）。故人之所以为人者，非特以其二足而无毛也，以其有辨也。夫禽兽有父子而无父子之亲，有牝牡而无男女之别，故人道莫不有辨。"（《荀子·非相》）传统社会非常注重孝道，在农村若是老人过世了，无论家里穷与富，在出殡前一夜一定会请和尚或道士来做法场，超度亡灵，如果逝者是女性便唱《十月怀胎》③，通过讲述十月怀胎女性身体的变化，再现女性怀孕育儿的艰辛；逝者

---

① 参见《孟子·梁惠王上》：曰："无恒产而有恒心者，惟士为能。若民则无恒产，因无恒心。苟无恒心，放辟邪侈，无不为已。及陷于罪，然后从而刑之，是罔民也。焉有仁人在位，罔民而可为也？是故明君制民之产，必使仰足以事父母，俯足以畜妻子，乐岁终身饱，凶年免于死亡。然后驱而之善，故民之从之也轻。今也制民之产，仰不足以事父母，俯不足以畜妻子，乐岁终身苦，凶年不免于死亡，此惟救死而恐不赡，奚暇治礼义哉？王欲行之，则盍反其本矣！五亩之宅，树之以桑，五十者可以衣帛矣。鸡豚狗彘之畜，无失其时，七十者可以食肉矣。百亩之田，勿夺其时，数口之家可以无饥矣。谨庠序之教，申之以孝悌之义，颁白者不负戴于道路矣。老者衣帛食肉，黎民不饥不寒，然而不王者，未之有也！"

② 参见《孟子·尽心上》：君子有三乐，而王天下不与存焉。父母俱存，兄弟无故，一乐也；仰不愧于天，俯不怍于人，二乐也；得天下英才而教育之，三乐也。君子有三乐，而王天下不与存焉。

③ 民间法事中流传的一段经文，主要讲女性从怀孕到分娩期间十月怀胎的生活艰辛，养儿不知娘的苦，养女方知感母恩，教育世人要善待父母双亲与长辈，让他们有愉悦的晚年生活。

是男性便唱《二十四孝》①，历数二十四个孝行故事，让人感悟为人子女应该恪守孝道，延续家风，让死者的亡魂得以安息，让生者在唱词中去追念父母长辈养育自己的艰辛和为家庭建设做出的巨大贡献。这与我们在清明节之时，到祖先坟墓前祭扫追思性质是一样的，其目的就是在社会生活中推行孝道，让长辈安享天伦。

不逾矩。孔子一生都在追求道德文章②，自述"我非生而知之者，好古，敏以求之者也"（《论语·述而》），"三人行，必有我师焉：择其善者而从之，其不善者而改之"（《论语·述而》），"盖有不知而作之者，我无是也。多闻，择其善者而从之；多见而识之；知之次也"（《论语·述而》），"述而不作，信而好古，窃比于我老彭"（《论语·述而》），"默而识之，学而不厌，诲人不倦，何有于我哉"（《论语·述而》）。孔子从十五岁开始立志于修习人道，随着年龄的增长，德行不断得到提升，终于在七十岁时，达到了"从心所欲，不逾矩"的道德境界。③作为至圣先师的孔子尚且要不断地修炼自身德性，我们更要不断地修身养性，化性起伪，牢记伦理道德规范并在社会生活中严格遵循。年轻人由于思想不成熟，阅历不足，缺乏经验，容易受情感

---

① 二十四孝：古人的二十四种行"孝"的故事，包括孝感动天、戏彩娱亲、鹿乳奉亲、百里负米、啮指痛心、芦衣顺母、亲尝汤药、拾葚异器、埋儿奉母、卖身葬父、刻木事亲、涌泉跃鲤、怀橘遗亲、扇枕温衾、行佣供母、闻雷泣墓、哭竹生笋、卧冰求鲤、扼虎救父、恣蚊饱血、尝粪忧心、乳姑不怠、涤亲溺器、弃官寻母。元代郭守正将二十四位古人行孝之事辑录成书，由王克孝绘成《二十四孝图》流传世间；清末，张之洞等人将之扩编至《百孝图说》。陈少梅依照元代王克孝《二十四孝图》内容绘制了《二十四孝图》卷，此后徐操创作的《二十四孝史》则更具个性化。

② 道德文章，指思想品德和学识学问。出自辛弃疾《渔家傲·为余伯熙察院寿》：道德文章传几世，到君合上三台位。自是君家门户事。当此际，龟山正抱西江水。三万六千排日醉，鬓毛只恁青青地。江里石头争献瑞，分明是：中间有个"长生"字。

③ 参见《论语·为政》：子曰："吾十有五而志于学，三十而立，四十而不惑，五十而知天命，六十而耳顺，七十而从心所欲，不逾矩。"

左右，犯下常人无法理解的错误。孔子告诉我们为人处世不要被感情左右，"爱之欲其生，恶之欲其死。既欲其生，又欲其死，是惑也"①（《论语·颜渊》）；也不可意气用事，这会制造社会混乱，给自己和家人带来不必要的麻烦，"好勇疾贫，乱也；人而不仁，疾之已甚，乱也"（《论语·泰伯》）。孔子还告诉我们，不可年少轻狂，要准确认知自己，知道自己的分量，须知"人外有人，山外有山"。人一旦开始狂妄，随之而来的就是放荡不羁，这样容易贻笑大方。于是孔子发出"狂而不直，侗而不愿，悾悾而不信，吾不知之矣"（《论语·泰伯》）的感叹，"古者民有三疾，今也或是之亡也。古之狂也肆，今之狂也荡；古之矜也廉，今之矜也忿戾；古之愚也直，今之愚也诈而已矣"（《论语·阳货》）。孔子还教育弟子不要随意议论他人，不是当事人就不知道是非曲直，不了解情况，一旦结论错误便会覆水难收。子贡方人，被孔子狠狠地教育了一顿。②为警示子贡，孔子将老子给他的临别赠言转送给了子贡："吾闻富贵者送人以财，仁人者送人以言。吾不能富贵，窃仁人之号，送子以言，曰：'聪明深察而近于死者，好议人者也。博辩广大危其身者，发人之恶者也。为人子者毋以有己，为人臣者毋以有己。'"（司马迁《史记·孔子世家》）为了子贡的人生道路走得顺、走得远，孔子语重心长地告诫子贡：有知识的人，太聪明深察，不易活得长久，因为他喜欢议论别人的优劣长短；太博学善辩的人，难保自身，因为他喜欢揭发他人的斑斑劣迹。孔子教导弟子不要背地里议论、评价别人，因为一传十、十传百之后话就变味了，尤其是经过别有用心的人一加工，就会"好事变坏事"，悔之晚矣。③

---

① 参见《论语·颜渊》：子张问崇德辨惑。子曰："主忠信，徙义，崇德也。爱之欲其生，恶之欲其死。既欲其生，又欲其死，是惑也。'诚不以富，亦只以异'"。

② 参见《论语·宪问》：子贡方人。子曰："赐也，贤乎哉？夫我则不暇。"

③ 邓剑华.《论语》修身论 [M].济南：山东大学出版社，2015：135.

二、格社会公序良俗

《新华字典》第 7 版对公序良俗的解释为"指社会所具备的良好的公共秩序和道德风尚"。古代先哲认为,"耻"是人们趋善远恶的道德原点,是引导人们在道德涵养上自强不息、止于至善的精神力量,是一切美德的发端,也是个体成就美德之所系,正所谓"风俗之美,在养民知耻。耻者,治教之大端"(康有为《孟子微》)。"耻"的道德起点是乐"道","道"在社会生活中便是公序良俗,即为维系社会稳定而人人都要遵循的伦常。孔子常说"君子谋道不谋食。耕也,馁在其中矣;学也,禄在其中矣。君子忧道不忧贫"(《论语·卫灵公》),他担心弟子不依"道"而行,而知耻就会遵循伦常,以"孝悌忠信礼义廉耻"为圭臬,不狐假虎威欺上压下、不助纣为虐为虎作伥。如此,公序良俗便会风行于世,人们就不会伦理失序、道德失范,便可"邪事不生",达到"老吾老,以及人之老;幼吾幼,以及人之幼"的理想社会状态。孔子为鼓励世人做到"不违仁",提出"不恒其德,或承其羞"(《论语·子路》)的忠告。他还告诫世人不要投机取巧,曾说:"巧言,令色,足恭,左丘明耻之,丘亦耻之。匿怨而友其人,左丘明耻之。丘亦耻之"(《论语·公冶长》)。孔子看不起枉"道"之人,认为"士志于道,而耻恶衣恶食者,未足与议也"(《论语·里仁》)。孔子要求弟子"志于道,据于德,依于仁,游于艺"(《论语·述而》),提倡"朝闻道,夕死可矣"(《论语·里仁》)的殉道精神,以求在生活中严格遵循主流社会所提倡的公序良俗。

以直报怨,以德报德。[①]在社会生活中,有些人的生存哲学是睚眦必报,即"以眼还眼,以牙还牙",这种以暴制暴的处事方式,可能会导致事态不断升级,最终只能是鱼死网破。但是有些人主张"忍一时之气,免百日

---

① 参见《论语·宪问》:或曰:"以德报怨,何如?"子曰:"何以报德?以直报怨,以德报德。"

之忧""退一步，海阔天空"的退让之道。这两种方式都无法伸张公序良俗，维护社会稳定。孔子提倡以"恭宽信敏惠"[1]的心态处世，以"以直报怨，以德报德"[2]（《论语·宪问》）的方式待人。《新唐书》记载娄师德与其弟的对话："其弟守代州，辞之官，教之耐事。弟曰：'人有唾面，洁之乃已。'师德曰：'未也。洁之，是违其怒，正使自干耳。'"（《新唐书·娄师德传》）娄师德采用"以德报怨"方式待人，其本意是一种忍让、一种修养、一种高姿态，让施暴者反思自身的行为以感化施暴者。但是殊不知他的一厢情愿会让对方认为自己是正确的，以为是他的刚正战胜了娄师德的胆怯和懦弱，并进一步强化了对方的这一认知，导致了对方在错误的道路上越走越远。所以，娄师德的办法无法化解对方的怨恨，还会强化了对方的错误观念。所以，有人向孔子提出以德报怨的方式处理问题好不好时，孔子反问：你以德报怨，那又用什么方式来报德呢？孔子给出的正确答案是"以直报怨，以德报德"[3]。即用自己正直的行为去化解别人因误会产生的怨恨，用"投我以木瓜，报之以琼琚（音jū）"（《诗经·木瓜》）的行为去报答别人给予的恩德。别人怨恨自己，可能是自己的过错或者是误会造成的，要用自己光明磊落的胸襟去化解别人的怨恨，让他感受到你的正直、善良，误会自然会冰释，怨恨自然会化解。如果自己有错，便要承认错误并向对方道歉。对于无理取闹之人，可以采取法律的手段，强制让对方接受教育，使其在面壁思过中改邪归正，而不要一味地逆来顺受，不论是非、不讲原则地以德报怨。

　　心存畏戒之心，守死善道。子曰："君子有三畏：畏天命，畏大人，畏圣人之言。"（《论语·季氏》）这里的"畏"不是畏惧，而是敬畏。天命是自

---

[1]　参见《论语·阳货》：子张问仁于孔子。孔子曰："能行五者于天下为仁矣。"请问之。曰："恭、宽、信、敏、惠。恭则不侮，宽则得众，信则人任焉，敏则有功，惠则足以使人。"

[2]　同[1]。

[3]　参见《论语·宪问》：或曰："以德报怨，何如？"子曰："何以报德？以直报怨，以德报德。"

然法则，顺之者昌，逆之者亡。畏天命就不会心生妄念，会顺应自然法则，顺从天地安排，会意识到"绿水青山就是金山银山"，而不会与天斗、与地斗。郑康成把"大人"解读为"天子诸侯为政教者"。畏大人，是对有德有位者的敬畏，因为他们负责治理国家，教化百姓，维护着社会秩序的稳定，稍有差错，便会危及社会安宁。圣人是已经觉悟了的人，皇侃对"圣人之言"的解读为"谓五经典籍圣人遗文也。其理深远，故君子畏之也"。畏圣人之言，是因为圣人的话具有普世性，是人人遵循的万古不易的道理，违背了会使人蒙辱，因此足以使人敬畏。但是在现实社会生活中，偏偏有些小人"不知天命而不畏也，狎大人，侮圣人之言"（《论语·季氏》），时刻都在突破社会道德的底线。孔子劝导世人还要做到三戒以，少犯错误，即"少之时，血气未定，戒之在色；及其壮也，血气方刚，戒之在斗；及其老也，血气既衰，戒之在得"（《论语·季氏》）。少年之时，人还未发育成熟，要戒除对女色的迷恋；壮年之时，血气方刚，要戒除与人争强斗狠；老年之时，身体进入衰落期，要戒除贪得无厌。色、斗、得三者，都容易与人起纷争，纷争一起，便容易把道德仁义抛之脑后，在冲动的驱使下无所不用其极，害人又害己。

三、格国家公平正义

管仲认为，"耻"的核心是"不从枉"。高校思想政治教育工作者教育大学生，要讲透"女为君子儒，无为小人儒"（《论语·雍也》）的道理，使大学生服务于社会发展，走上工作岗位后尤其是成为单位领导后要维护国家公平正义，让员工过上有尊严的生活。《孔子家语》记载："孔子初仕，为中都宰。制为养生送死之节，长幼异食，强弱异任，男女别涂，路无拾遗，器不雕伪。为四寸之棺，五寸之椁，因丘陵为坟，不封不树。行之一年，而西方之诸侯则焉。"（《孔子家语·相鲁》）孔子任中都宰时，大兴"德""礼"教化，制定各类乡规民约，引领社会风气走向健康轨道，这些措施推行了仅仅一年便培育出路不拾遗的淳朴民风，中都大治，百姓安居乐业。孔子的教化闻于四方，以至西方各诸侯国都以鲁国为榜样。汪灏对这段文字解读为孔子做中都邑宰时，为治下的百姓制定了"厚养薄葬"的公共法则。"养生"强调"差别性"，明确保护弱势群体，具体包括如下内容：尊老扶幼，按年齿享受不同的饮食标准；使命有差，量力而任，按身体素质的强弱分配不同的工种；男女有别，分工不同，男女不混杂同工。规定了丧葬从简的"送死"法则，强调执行的"统一性"：禁止丧葬习俗中的铺张奢靡之风，下葬的棺椁上不许雕刻复杂的纹饰，棺椁制作执行统一标准，即棺厚四寸、椁厚五寸；墓穴一律要建在非农耕、非住宅用地的荒山丘陵上；不许堆积起高大的坟丘，也不许树立显著的墓志标识物。①从历史和现实中，我们可以知道，国家公平正义的伸张，需要人们自我约束遵循礼法，更需要执政者的提倡、示范与运用国家机器进行维护。对于季康子执政准备采用"杀无道，以就有道"②的治国理念，孔子予以了否定，说到"政者，正也。子帅以正，孰敢不正"（《论语·颜渊》），并且说"苟子之不欲，虽赏之不窃"（《论语·颜渊》）。可见，执政者的羞耻心，决定了社会风气的走向；平民百姓的羞耻心，决定了社会舆论的导向。如果个体能够做到"君君、臣臣、父父、子子"（《论语·颜渊》），各安其位，遵循社会伦理道德规范，必定能够做到"慎终追远，民德归厚矣"（《论语·学而》），成为"文质彬彬"的君子。

尊五美，摒四恶。郑国贤相子产身居高位，上对君主恭敬有礼，下对黎民惠泽万千，孔子将其美德归纳为"行己恭、事上敬、予民惠、使民义"，说到"其行己也恭，其事上也敬，其养民也惠，其使民也义"（《论语·公冶长》）。作为执政者，要通过"行己恭"的人格魅力来推行善政，伸张国家公

---

① 汪灏.圣治遗风：《孔子家语》"孔子宰中都"新解[EB/OL].（2014-02-12）[2022-04-02]. http://news.takungpao.com/history/zhuanti/2014-02/2273688_2.html

② 参见《论语·颜渊》：季康子问政于孔子曰："如杀无道，以就有道，何如？"孔子对曰："子为政，焉用杀？子欲善而民善矣。君子之德风，小人之德草，草上之风，必偃。"

平正义，让老百姓得到真正的实惠。政策的顺利实行与执政者的品行有很大的关系，品行好的人登高一呼应者云集，品行不好的人应者寥寥无几，所谓"其身正，不令而行；其身不正，虽令不从"（《论语·子路》）。《左传》记载了一则子产不毁乡校①的故事，子产通过乡校来收集人们对国家政策的看法，并从善如流，化行天下，惠泽全国。子张向孔子询问如何从政，孔子提出执政者要做到"尊五美，屏四恶"②（《论语·尧曰》），尤其要注重教化，使得人们遵循社会公德，维护社会秩序稳定。如果没有教化，没有制定人们遵循的政策，人们都不知道什么是对与错，"无所措手足"③便成为必然。人们一旦犯了错误又使用直接用刑惩处的手段，便会引发民怨，也许在不久的将来会引发大规模动乱，所以孔子坚持"为政以德"，力求达到"譬如北辰，居其所而众星共之"（《论语·为政》）的社会治理效果，并告诫执政者要"道

① 参见《左传·襄公三十一年》：郑人游于乡校，以论执政。然明谓子产曰："毁乡校，何如？"子产曰："何为？夫人朝夕退而游焉，以议执政之善否。其所善者，吾则行之；其所恶者，吾则改之。是吾师也，若之何毁之？我闻忠善以损怨，不闻作威以防怨。岂不遽止？然犹防川：大决所犯，伤人必多，吾不克救也；不如小决使道，不如吾闻而药之也。"然明曰："蔑也今而后知吾子之信可事也。小人实不才。若果行此，其郑国实赖之，岂唯二三臣？"仲尼闻是语也，曰："以是观之，人谓子产不仁，吾不信也。"

② 参见《论语·尧曰》：子张问于孔子曰："何如斯可以从政矣？"子曰："尊五美，屏四恶，斯可以从政矣。"子张曰："何谓五美？"子曰："君子惠而不费，劳而不怨，欲而不贪，泰而不骄，威而不猛。"子张曰："何谓惠而不费？"子曰："因民之所利而利之，斯不亦惠而不费乎？择可劳而劳之，又谁怨？欲仁而得仁，又焉贪？君子无众寡，无小大，无敢慢，斯不亦泰而不骄乎？君子正其衣冠，尊其瞻视，俨然人望而畏之，斯不亦威而不猛乎？"子张曰："何谓四恶？"子曰："不教而杀谓之虐。不戒视成谓之暴。慢令致期谓之贼。犹之与人也，出纳之吝，谓之有司。"

③ 参见《论语·子路》：子路曰："卫君待子而为政，子将奚先？"子曰："必也正名乎！"子路曰："有是哉，子之迂也！奚其正？"子曰："野哉，由也！君子于其所不知，盖阙如也。名不正，则言不顺；言不顺，则事不成；事不成，则礼乐不兴；礼乐不兴，则刑罚不中；刑罚不中，则民无所措手足。故君子名之必可言也，言之必可行也。君子于其言，无所苟而已矣。"

之以政，齐之以刑，民免而无耻。道之以德，齐之以礼，有耻且格"（《论语·为政》）。

举直错诸枉，能使枉者直。《论语》记载了一段孔子与樊迟的对话：樊迟问什么是仁？孔子回答爱人。樊迟又问什么是智。孔子回答辨别人。对此樊迟没有悟透，孔子告诉他"举直错诸枉，能使枉者直"。樊迟从房间退出，遇见子夏便把自己的困惑说了出来。子夏告诉他孔子说的话寓意深刻，人或贤能，或邪恶。仁者爱人，不能盲目地去爱他人；智者辨人，让贤能者居上位，让不肖者居下位，这是为了更好地施爱。[1] 作为君王如果不懂得辨别人才，让邪恶之人居了上位，让贤达之士居了下位，那么邪恶之人得志后就会肆意妄为，挥舞权力大棒启动"人与人之间的互害模式"，看不顺眼谁就会公报私仇，会导致很多人无处申冤，这样下去结果只能是引发社会治理混乱。如果君王知人善辩，像"舜举皋陶，汤举伊尹"一样，将贤达之人选拔出来置于邪恶之人之上，让贤达之人管理国家、治理社会，邪恶之人没有恣意妄为的平台，只能安分接受贤达之人的教化，久而久之，邪恶之人受到教化，化性起伪，也会渐渐变得正直起来。商王武丁[2] 还是世子时，在民间发现傅说[3] 很有治国才干便把他暗自记在心上。继承王位后，武丁假托仙人送梦，指路画像，遣使寻找傅说，把他从版筑工作中直接提拔到朝廷。傅说

---

[1] 参见《论语·颜渊》：樊迟问仁。子曰："爱人。"问知。子曰："知人。"樊迟未达。子曰："举直错诸枉，能使枉者直。"樊迟退，见子夏曰："乡也吾见于夫子而问知，子曰：'举直错诸枉，能使枉者直。'何谓也？"子夏曰："富哉言乎！舜有天下，选于众，举皋陶，不仁者远矣。汤有天下，选于众，举伊尹，不仁者远矣。"

[2] 武丁（？—公元前 1192 年），子姓，名昭，商朝第二十三任君主，夏商周断代工程将武丁在位时间定为公元前 1250 年—公元前 1192 年。武丁在位时期，勤于政事，任用刑徒出身的傅说及甘盘、祖己等贤能之人辅政，励精图治，使商朝政治、经济、军事、文化得到空前发展，史称"武丁盛世"。公元前 1192 年，武丁去世，庙号高宗。

[3] 傅说（约公元前 1335—1246 年），殷商时期卓越的政治家、军事家，辅佐殷商高宗武丁安邦治国，形成了历史上著名的"武丁中兴"的辉煌盛世，留有"知之非艰，行之惟艰"的名句，被后世尊称为"圣人"。

辅政之后，采取了许多措施发展生产，抑制贵族的骄奢淫逸，缓和了社会矛盾，使商王朝上上下下关系协调，人们安居乐业，最终出现了"武丁中兴"的辉煌盛世。

第二节　美在知耻

"耻"的终极目标是崇德向善，追求至善，古人讲"大学之道，在明明德，在亲民，在止于至善"（《礼记·大学》）。如果作奸犯科，便会为千夫所指，颜面扫地，虽在"州里"亦会寸步难行。个体如果为人善良，能像孔子一样力行"恭宽信敏惠"[1]，则"四海之内皆兄弟也"[2]（《论语·颜渊》）、"虽蛮貊之邦行矣"（《论语·卫灵公》）。对此，石成金说："耻之一字，乃人生第一要事。如知耻，则洁身励行，思学正人之所为，皆光明正大，凡污贱淫恶，不肖下流之事，决不肯为；如不知耻，则事事反是。"（石成金《传家宝·人事通》）"耻"对于个体成人成才的意义，不仅在于它是人禽之别的标准，更重要的是它始终贯穿于人们道德品质养成的整个过程，驱动个体按照主流社会伦理道德规范要求不断提升德性修养，成为社会进步需要的德才兼备的人才。

一、耻乃道德涵养的起点

理学家周敦颐说："必有耻，则可教。"（周敦颐《通书·幸》）周敦颐认为，个体有羞耻心是进行道德教化的前提，没有羞耻心道德教化便无从谈

---

① 参见《论语·阳货》：子张问仁于孔子。孔子曰："能行五者于天下为仁矣。"请问之。曰："恭、宽、信、敏、惠。恭则不侮，宽则得众，信则人任焉，敏则有功，惠则足以使人。"

② 参见《论语·颜渊》：司马牛忧曰："人皆有兄弟，我独亡！"子夏曰："商闻之矣，死生有命，富贵在天。君子敬而无失，与人恭而有礼。四海之内皆兄弟也，君子何患乎无兄弟也？"

起。孟子认为，"人之所以异于禽兽者几希，庶民去之，君子存之。舜明于庶物，察于人伦，由仁义行，非行仁义也"（《孟子·离娄下》）。人与动物的区别其实没有太大：动物有生命，人也有；动物有四肢，人同样有；动物有食与色的需求，人也一样有。但是，人在社会文明不断演进的过程中，形成了伦理道德规范，产生了高尚德行的追求，明确了是非、善恶、美丑、荣辱的界限，并在社会生活中追求真善美。人讲修身养性、懂教化传承，这是作为社会性动物的巨大进步。孟子以"仁义"的行为来区别人与动物。孟子认为人的"仁义"行为是天性使然的，并从人们对小孩将要掉进水井会产生恻隐之心来论证人的天性是善的，因为人与生俱来具有"四心"，孟子曾说："乃若其情，则可以为善矣，乃所谓善也。若夫为不善，非才之罪也。恻隐之心，人皆有之；羞恶之心，人皆有之；恭敬之心，人皆有之；是非之心，人皆有之。恻隐之心，仁也；羞恶之心，义也；恭敬之心，礼也；是非之心，智也。仁义礼智，非由外铄我也，我固有之也，弗思耳矣。"（《孟子·告子上》）人的"仁义"的行为是由内心的恻隐、羞恶、恭敬、是非"四心"驱动的。孟子对此做了进一步的论述，认为"由是观之，无恻隐之心，非人也；无羞恶之心，非人也；无辞让之心，非人也；无是非之心，非人也。恻隐之心，仁之端也；羞恶之心，义之端也；辞让之心，礼之端也；是非之心，智之端也。人之有是四端也，犹其有四体也。"（《孟子·公孙丑上》）可见，孟子从人性本善的角度进行立论，论证人先天拥有恻隐之心、羞恶之心、辞让之心、是非之心等"四心"，对应于仁、义、礼、智等"四德"，所以"四心"是"四德"的发端，"四心"泯灭则"四德"丧失。

"恻隐之心、羞恶之心、辞让之心、是非之心"是人内在的向善心理，是人的善心的发端，是道德情感的最初萌芽。在社会生活中，个体要将与生俱来的"四心"情感倾向加以发扬光大，以培育出仁、义、礼、智的道德品质，实现"善端"向"善德"的转化。按照个体德性修养依靠"四心"的自我发展来看，似乎人皆可以为尧舜，但现实中并非人人都是道德楷模，有些人甚至成了十恶不赦的恶魔。究其原因，正如孟子所讲"凡有四端于我者，知皆扩而充之矣，若火之始然，泉之始达。苟能充之，足以保四海；苟不充之，不足以事父母"（《孟子·公孙丑上》），个体德性的成长必须充分发挥个体的主观能动性，不断习得社会道德规范并加以扩充，自身德性才能愈加完善。孟子进一步讲到，人心的善与不善不在于天赋的道德品性"才"，"若夫为不善，非才之罪也"（《孟子·告子上》）；善与不善的差异在于后天努力及其所受到的教育环境的影响，"富岁，子弟多赖；凶岁，子弟多暴，非天之降才尔殊也，其所以陷溺其心者然也""地有肥硗，雨露之养，人事之不齐也"（《孟子·告子上》）。"四心"只不过是"四德"形成的一种情感倾向，"求则得之，舍则失之"（《孟子·尽心上》），不能掉以轻心，而要学会"求"其心，"养"其德。在现实生活中，个体要不断进行道德品行的锻炼与道德意志的磨炼，将"四端"养护、扩充成为"四德"，而"四心"的发扬有赖于知耻心的驱动。仁义礼智是社会道德规范，人人都要遵循信守，一旦违背便会遭到社会舆论的谴责。假使个体没有羞耻心，就会我行我素，在错误的道路上继续走下去。如果个体违背了社会伦理道德，因为拥有羞耻心，在听到他人和社会不好的议论时，便会羞愧难当，改正错误的想法便从内心油然而生。所以说，"四德"转化为个体的德行，就在于个体内心涵养的羞耻心是否足够强大，是否足以将"四德"外化为具体行为并在道德生活中予以实践。

二、耻乃道德养成的内在动力

朱熹说："人有耻，则能有所不为。"（朱熹《朱子语类》）知耻之人，有所为有所不为，是因为知廉耻；无耻之人，无所不为，是因为不知廉耻。个体拥有羞耻心，能够做到有所为有所不为，内心会坚守道德规范主动拒绝不能做的事情。须知，人世间最宝贵的不是财富，而是一颗正直无私、品行高洁的君子之心。春秋时，宋国司城子罕清正廉洁，深受国人爱戴。有人无意间得到一块玉，请行家鉴定后拿去献给子罕，子罕拒绝了他的好意，并说："您以玉石为宝，而我以廉洁为宝。我接受了您的玉石，您没有了玉石，同时我也丧失了廉洁品行，我们俩人都失去了自己的宝。"①德性高洁的人，在羞耻心的规约下，意志坚定，于贫富、得失、义利之间能够做出正确的取舍，做到有所为有所不为，以彰显个人的人格魅力，成就自己的道德美名。

孔子曾说"不恒其德，或承之羞"（《论语·子路》）。孔子认为教育弟子立身行事务必做到"行己有耻"（《论语·子路》），在社会生活中以不蒙受耻辱为最低追求，以不违仁为奋斗目标，最终培养出七十二贤人。孟子要求弟子在社会生活中要不断习得道德规范，使"仁、义、礼、智"四善端不断得以扩充，把道德规范内化为道德品质外化为道德品行，进而自然而然地将社会伦理道德规范涵养成自己为人处世的行为准则。个体德行在内化外铄的过程中，知耻之心、羞耻之感发挥着至关重要的作用。个体涵养了羞耻心，立身行事时就会担心自己会有不良的行为令自己蒙羞受辱。所以，有耻之人会"吾日三省吾身"（《论语·学而》），会自觉反省自身言行，做到及时纠偏、调整自身的处事方式，如果有违反社会伦理道德规范和主流价值取向的行为，就会及时终止避免酿成大错，从而有效确保行为结果的正确性与合理性，及时做到"行己有耻"（《论语·子路》）。在道德修养过程中，个体通过自我学习扩充德行、自我约束修炼品行，自我规范彰显品德，可以实现道德意志的自我超越。如此，诸如规范、准则之类的外律便可以被转化为内在的道德自觉。这种转化的积极作用在于，个体由"要我做"变成"我要做"，规范、准则的要求成了自身的德行需要，使得道德情感因发自内心而持久、深入。孟子的"存心"到"养心"，进而到"尽心"，其实质就是"知情意行"的转化，提高了道德自律性。"存心"就是保住天赋的善心，如恻隐之

---

① 参见《吕氏春秋·异宝》：宋之野人耕而得玉，献之司城子罕，子罕不受。野人请曰："此野人之宝也，愿相国为之赐而受之也。"子罕曰："子以玉为宝，我以不受为宝。"故宋国之长者曰："子罕非无宝也，所宝者异也。"今以百金与抟黍示儿子，儿子必取抟黍矣；以和氏之璧与百金以示鄙人，鄙人必取百金矣；以和氏之璧、道德之至言以示贤者，贤者必取至言矣。其知弥精，其所取弥精；其知弥粗，其所取弥粗。

心、羞恶之心、辞让之心、是非之心，让善心进一步生根萌芽。存善心，扩而充之就能进德；失善心，良知泯灭就会丧德。"养心"就是培养"仁、义、礼、智"的道德品质，将由恻隐之心、羞恶之心、辞让之心、是非之心发展而来的"仁、义、礼、智"德性予以内化、固化，使其上升为个体内心拥有的道德情操和思想境界。"尽心"则要求个体充分发挥"耻之一字，乃人生第一要事。如知耻，则洁身励行，思学正人之所为，皆光明正大"（石成金《传家宝·人事通》）的能动作用和自觉精神，努力实现"凡污贱淫恶，不肖下流之事，决不肯为"（石成金《传家宝·人事通》）的道德自觉，做到"君子无终食之间违仁，造次必于是，颠沛必于是"（《论语·里仁》）。为恶是因为个体丧失了"夜气"①，如果个体"失其本心"（《孟子·告子上》），首要的任务便是尽快把失去的"心"找回来以"求放心"，这就是孟子所说的"学问之道无他，求其放心而已矣。"（《孟子·告子上》）。

赞扬是对高尚行为营造表达敬意与高度认可的舆论，羞辱是对可恶不伦之事的舆论鞭打与精神谴责。荣辱是道德主体对照社会道德规范要求，对自身行为是否逾越道德底线，在内心所形成的情感体验，肯定性体验为"荣"，否定性体验为"耻"。如何做到趋荣避辱，在于个体对涵养的羞耻心的自制与调节。许衡曾说："教人，使人必先知有耻，无耻则无所不为。既知耻，又须养护其知耻之心，督责之使有所畏，荣耀之使有所慕。"（许衡《许文正公遗书·卷一》）个体在社会生活中接受道德教化，认知社会伦理道德规范的本质要求，清楚遵循伦常为荣，悖离伦常为耻，从而可以在内心深处树立其是非、真假、善恶、美丑的界限，形成"人唯知所贵，然后知所耻。不知吾之所当贵，而谓之有耻焉者，吾恐其所谓耻者非所当耻矣"（《陆九渊集·拾遗》）的明理心态。个体的道德生活离不开道德认知，道德认知是个体耻德形成不可或缺的前提条件，知荣明耻才能"无违"。如果个体不能区分善恶

---

① 夜气指晚上静思所产生的良知善念。参见《孟子·告子上》："牿之反覆，则其夜气不足以存；夜气不足以存，则其违禽兽不远矣。"

荣耻，没有正确的道德认知，不能区分真善美与假恶丑，不知道应该做什么、应该怎么做，在社会生活中便会手足无措。只有正确认识何者为真、为善、为美，方能耻所当耻，荣所当荣。道德认知并不是对书本知识的认知，如有些人社会主义核心价值观烂熟于胸，但在道德生活中却没有将其进行有效的内化。道德认知应该是在社会生活中对"真善美"的本质认知，力行社会主义核心价值观，通过道德实践来把握其精神内核，实现道德的内化。可以说，道德认知从生活中来，又被运用到生活中去，个体才会在社会生活中追寻主流社会的价值要求，做真善美之人。

三、耻乃自我超越的精神力量

萨特在《存在与虚无》中写道："羞耻是对我原始堕落的体验，不是由于我犯下了这样那样的错误，而只是由于我'落'入了世界，没于事物之中，并且由于我需要他人为中介以便是我所是的东西。"[①] 他还写道说："羞耻是对自我的羞耻，它承认我就是别人注意和判断着的那个对象。我只能因为我的自由脱离了我以便变成给定的对象而对我的自由感到羞耻。这样，我的未反思的意识一开始和我的被注视的自我的关系就不是一种认识的关系而是存在的关系。"[②] 萨特认为"耻"的产生有赖于两个人的并存：自我与他人。"耻"源于现实中自我与他人的比较，一旦自我不如他人，自我的耻感便油然而生。如果我们把他人进行无限扩充，便是社会，所以耻是一种社会生活体验。个体羞耻的感觉就是这种比较的反映，通过比较从而发现自己的不足，是一种社会性的负面情感体验。个体就是通过自我比较，从而更加清楚地认识自我。可见，"耻"的形成源于与他人的比较，人在认识到自我存在的缺陷时便会萌生羞耻。从这个意义上来说，耻感的有无是人进行自我超越的前提。

---

① 萨特.存在与虚无 [M].4 版.陈宣良，译.上海：生活·读书·新知三联书店，2012：361.

② 萨特.存在与虚无 [M].4 版.陈宣良，译.上海：生活·读书·新知三联书店，2012：328.

"耻"虽然源自个体内心自我与他人的比较，但实际上其是由个体对社会公认的道德标准、伦理规范的价值认同与对自我现实表现的差距而产生的。个体在内心对自身的现实表现予以反省，认识到自身存在的不足，从而感到羞愧可耻。"耻感"就是个体在反省过程中的内心体悟，它要求个体为避免蒙受耻辱而在社会生活中弥补不足、改过自新，通过自我否定来实现"荣"。可见，"耻"是负面的，是"荣"的对立面。"耻"以否定自身不良的行为来定义"荣"、把握"荣"，通过远离"耻"来实现"荣"。个体有了羞耻心，便会依据社会公认的道德标准、伦理规范对自身错误言行予以否定，通过调整使自身言行符合主流价值规范。所以说，耻感是个体在内心依照公认的道德标准、伦理规范中的是非、善恶、美丑、荣耻标准对自身言行予以审视，并对特定事件的负面评价而产生的情感倾向。拥有耻感意识的个体能够准确把握是非、善恶、美丑、荣耻的界限，知道何为是、何为善、何为美、何为荣，认识到拥有"真善美"的言行会得到社会赞誉，于是在社会生活中坚守"真善美"的言行，这样在耻感意识作用下个体能够真正把道德情感内化为道德品质。

"耻"是个体内心的自我体悟，是将现实中的自我展现在道德理想状态中的自我面前，通过这种赤裸裸的自我内在的比较，将社会公认的道德标准、伦理规范之光照进内心世界，从而实现精神上的自我超越与自我救赎。这是典型的"自耻"。自耻的另一种特殊形式是"人耻"，即将他人遭受的"耻"投射到自己的灵魂之中，进而由"人耻"而"自耻"，最终避免蒙耻。因为有"耻"，所以会羞于与无耻之人同流合污，身边便会都是"近朱者"没有"近墨者"，便能够在"见贤思齐焉"中提升德行。德行的提升，要求个体在耻感的作用下具有一定的道德反思与自我批判的能力，拥有主流社会的价值观念与行事原则，具备良知与善念，具有强烈的人格尊严，从而实现自我超越。因此，"耻"的存在就是人类走向文明的体现。

个体通过"自耻"发现自己的欠缺，于是在社会生活中去弥补这种欠缺，并在弥补这种欠缺的过程中实现自我超越。个体在耻的自我觉悟中发现自己实际存在的欠缺，可以内生出克服缺陷、超越缺陷的强大动力。个体在自耻的情绪作用下，内在地具有弃耻向荣、祛恶向善的冲动，这恰恰印证了"知耻而后勇"的个体自我超越。马斯洛层次需要理论告诉我们，人在社会生活中生存的最终目的在于自我追求与自我超越并达到自我实现，追求与超越的过程就是个体不断克服缺陷、弥补不足的动态性、创造性的过程。个体正是在克服一个个缺陷的过程中不断超越当下、超越自我而趋于完美。个体对欠缺的自觉认识促进自己不断进步、提升。没有对缺陷的克服，人类便没有进步、没有超越；正是对缺陷的克服，人类生命的价值才得以实现。

第三节　成在知耻

当前，在习近平总书记的号召下，文化自信这面大旗在神州大地上高高飘扬，对国学的研究有如雨后春笋，结出的硕果指引着人们立身行事的前进方向。中华优秀传统文化在培育和践行社会主义核心价值观中得到广泛的运用，其中，耻感文化在促进个体成人成才成长中占据着举足轻重的地位。耻是人与动物相区别的一种文明标识，是个体蒙受羞辱后的情感体验，是人之为人的道德底线。个体有了知耻心、羞耻感，在社会生活中立身行事就不会触碰道德底线，便能够遵循"己所不欲，勿施于人"和"己欲立而立人，己欲达而达人"《论语·雍也》的人际交往的金银律，借用孔子的话来讲便是要达到即使"从心所欲"，也"不逾矩"的至高境界。孔子在"修《诗》《书》，定《礼》《乐》，序《周易》，作《春秋》"的过程中，对"耻"的内涵与外延进行了很好的德行拓展，形成了中华耻感文化的理论源头。孔子关于"耻"的论述，多数被弟子或再传弟子以语录体的形式记载在《论语》中，形成了相对完备的"耻"论体系，并以之来引导人们涵养美德，构建儒家理想中的大同社会。其后的儒家大师在继承孔子"耻"论的基础上，进一步加以拓展，形成了中华民族独特的耻感文化，成就了国人的耻感意识。

一、成人需要耻的约束

个体在社会生活、人际交往中必须遵循"孝悌忠信礼义廉耻"伦理道德规范，尤其是"耻"德，其是个体德性彰显的核心要素。关于"耻"的论述多记载在传世经典、美文中，其数目众多，成了个体德性提升的阶梯。《礼记》记载："殷人尊神，率民以示神，先鬼而后礼，先罚而后赏，尊而不亲。其民之敝，荡而不清，胜而无耻。"（《礼记·表记》）可见，早在夏商之时，耻就已经成为一种人际交往的规范，其通过个体内在的德行修养与外在的舆论导向来共同制约人们思想道德、行为品性，使个体的言行严格遵循主流社会的价值规范，即做到孔子所说的"行己有耻"。

"不恒其德，或承之羞"①。孔子认为人如果不能长久地保持自己良好的德行，在社会生活中肯定会遭受耻辱。在人际交往中个体要遵循诚信原则，说话办事做人都要讲诚信，这样才可以赢得他人的信任与敬重。若个体信奉"巧言"处世哲学，便可能会"乱德"，甚至成为他人嘲笑的对象。个体如果表现出一副"巧言、令色、足恭"的嘴脸，肯定不是一个正人君子，人们必须对其加以提防。如果个体把怨恨隐藏在内心深处却装出一副友善的面孔，便可能在任何时候对他人进行报复，正直的人都会羞于与这种人为伍。俗话说"无事献殷勤，非奸即盗"，习惯于花言巧语的人，大多不是德行高深的人，甚至是令人讨厌的人。《诗经》中就有关于耻的论述，诗人们通过诗歌来表达对耻辱行为的厌恶，寄望人们能够在社会生活中遵循道德规范，远离耻辱。例如，《蓼莪》写到"哀哀父母，生我劬劳""哀哀父母，生我劳瘁"，父母为养育子女含辛茹苦、历尽艰辛，子女长大后要感恩父母的养育之情，以敬养之心来行孝，让父母能够在物质与精神层面上享受天伦之乐。如果出现"瓶之罄矣"的窘境，实乃"维罍之耻"，理应受到严肃批评。诗

---

① 　参见《论语·子路》：子曰："南人有言曰：'人而无恒，不可以作巫医。'善夫！'不恒其德，或承之羞。'"子曰："不占而已矣。"

人以"瓶"喻父母，以"罍"喻子女，因瓶从罍中汲水，瓶空使罍无水可汲，这是罍的责任，以此来隐讽子女无能，无法让父母安度晚年，子女应该为没有尽到应有的孝心而感到可耻。

"相鼠有齿，人而无止"。(《诗经·相鼠》)孔子在删述六经之时，对耻进行了大量的阐述，用以引导人们立身行事遵循伦常。知耻之人，在耻德的驱使下就会遵守社会公德、职业道德、家庭美德，个人品德的美好就会一览无遗，从而成为明礼之人。明礼之人，立身行事就会考虑社会观瞻，有辱自身人格的事肯定不会做，从而成为服务于社会发展的人。所以说社会的和谐稳定，不能仅仅依靠法律的密织，寡廉鲜耻之辈在受到法律制裁之前已经制造了诸多的社会混乱，惩戒他们也不能弥补社会损失。但是如果个体能够修养身心，做谦谦君子，人与人之间互相尊敬，没有摩擦，社会生活就会相安无事。《相鼠》记载："相鼠有皮，人而无仪。人而无仪，不死何为？相鼠有齿，人而无止。人而无止，不死何俟？相鼠有体，人而无礼。人而无礼，胡不遄死？"这里"止"通"耻"，是廉耻之意。诗人选中丑陋、狡黠、偷窃成性的老鼠与卫国"在位者"进行对比，公然判定那些长着人形而寡廉鲜耻的在位者连老鼠也不如。诗人看到"在位者"诸如父子反目、兄弟争立、父淫子妻、子烝父妾的种种不端行为，这些没有一件不是丑恶至极、无耻之尤的失德行为，诗人对这些人进行了无声的控诉，祈祷他们早日死去，以免玷污"人"这个崇高的字眼。诗人在此已经把拥有羞耻感、知耻心上升为成人的根本标准，认为其是人禽之别的依据所在，告诫人们做人不可寡廉鲜耻。

二、成长需要耻的指引

耻感文化导向有荣有耻，荣是君子追求的道德高标，它会给人带来耀眼的光环；耻是君子不能触碰的道德底线，一旦触碰会被社会唾弃。知耻是耻感文化的核心，是人之为人的根本要求，也是人改过迁善的道德原点，为个体追求道德高标指引了路径。个体在羞耻心的规约下，会激励自己遵循道德规范，不断调整自身言行，趋荣避耻、扬荣拒耻。

　　个体要想在全面从严治党战略布局中有所成就要知耻。季康子曾经向孔子咨询如何处理政事，孔子意味深长地说"子为政，焉用杀？子欲善而民善矣。君子之德风，小人之德草。草上之风，必偃"（《论语·颜渊》）。孔子在这里所说的君子，泛指手中握有实权的各级官吏，他们的所作所为会直接成为老百姓模仿的对象，成为引领社会风气走向的风向标。顾炎武在《廉耻》中说"'礼义，治人之大法；廉耻，立人之大节，盖不廉则无所不取，不耻则无所不为。人而如此，则祸败乱亡亦无所不至，况为大臣，而无所不取，无所不为，则天下其有不乱，国家其有不亡者乎？'然而四者之中，耻尤为要。"（顾炎武《日知录·廉耻》）知廉耻是个体在社会生活中安身立命的根本法则，官员没有廉耻将会利欲熏心而为所欲为，整个社会就会乌烟瘴气。历史上改朝换代的起因大多是由于贪官污吏横行不法，导致老百姓无路可走、无法生存，只好铤而走险，反抗官府，继而揭竿而起走上推翻旧王朝的道路。党中央深刻认识到"治国就是治吏"的道理，要求各级官员"为官一任，造福一方"，全心全意为人民服务。习近平总书记要求各级官员务必践行初心、担当使命，把"人民对美好生活的向往，就是我们的奋斗目标"当作前进动力，要求各级官员以"我将无我，不负人民"的心境，牢记"国之大者"，做"信念坚定、为民服务、勤政务实、敢于担当、清正廉洁"的好干部，以自身良好的道德风范来带动整个社会风气的好转。然而当前社会，在苍蝇老虎一起打的高压态势下，依然还有部分官员为了满足私欲，铤而走险、贪赃枉法，没有信守"常修为政之德，常思贪欲之害，常怀律己之心"的戒律，没有秉持"权为民所用、情为民所系、利为民所谋"的用权原则。因此，加强党的建设和党风廉政建设依旧是新时代的重大课题。大学生作为素质、能力、知识等层次都比较高的群体，必将承担起实现中华民族伟大复兴中国梦的历史重任。大学生中的佼佼者将会走上领导岗位，成为各行各业的领军人物，托举祖国建设的明天。国家开启的"选调生"和"大学生考公务员、大学生当村官"的用人模式，将加速大学生走上领导岗位，成为官员。所以，大学生的思想道德素质如何，将直接影响我国官场文化的走向、我党的党风廉政建设的成败、国家的长治久安。在高校扎实开展耻德教育，就是要发掘并培育大学生的羞耻心，让大学生充分认识到"风俗之美，在养民知耻。耻者，治教之大端"（康有为《孟子微》）的深刻内涵，使其走上工作岗位后恪尽职守、廉洁奉公，为创建干部清正、政府清廉、政治清明的"三清"社会做贡献。

个体肩负"强国有我，请党放心"的重任需要耻德的激励。孔子曾说："诵《诗》三百，授之以政，不达；使于四方，不能专对。虽多，亦奚以为？"（《论语·子路》）《诗经》在孔子的心目中占据了很高的地位，他认为研读《诗经》可以做到人情练达，处理政事会游刃有余。对于死读书、读死书最终把书读死的人，做不到活学活用、学以致用的人，孔子是看不上的。所以在教学过程中孔子坚持"循循然善诱人"（《论语·子罕》），让弟子们做到学以致用、经世致用，避免成为理论经验丰富却不会将其用于实践的"书呆子"。例如，赵括纸上谈兵头头是道，却导致秦赵两国长平一战，赵国四十万大军被秦军活埋，赵国从此一蹶不振走向灭亡，赵括本人也成为千载笑柄。土地革命战争时期，毕业于苏联伏龙芝军事学院的李德，人称"图上的指挥家"①，在红军第五次反围剿中把井冈山苏区折腾得损失殆尽，不得不突围开始二万五千里长征。李德终觉愧对中国共产党、害怕被人耻笑，以至于其在回忆录《中国纪事》中对第五次反围剿之事一字不提。孔子要求弟子追求社会大同，不能沉湎于衣食住行，说"士志于道，而耻恶衣恶食者，未足与议也"（《论语·里仁》）。一个读书人如果仅停留在以自己吃穿不好为耻辱的层面上，其境界只有小我，当然就不会有大我的格局，因此无法担当起实现中华民族伟大复兴的中国梦的使命。高校思想政治教育工作者要教育引导大学生成为一名真正的学者，必须引导大学生学习孔子"发愤忘食，乐以忘忧"（《论语·述而》）和颜回"一箪食，一瓢饮，在陋巷，人不堪其忧，回也不改其乐"（《论语·雍也》）的治学精神，使他们在科研大道上无惧"路

① 叶永烈.历史选择了毛泽东[M].北京：天地出版社，2019：296.

漫漫其修远兮"的艰辛，始终保持"吾将上下而求索"的钻劲，在前人研究的基础上不断推陈出新，为国家科学技术的进步贡献自己的智慧。当前，世界正面临百年未有之大变局，中国要突出重围奋进新时代，需要在科学技术上尤其是高端技术上要一枝独秀，而不能受制于人。大学生要时刻谨记"落后就要挨打"的历史教训和"弱肉强食"的丛林法则，要清楚地意识到在高科技的竞争、创新能力的竞争中能否脱颖而出的历史性重任落在了自己身上，在新长征路上要努力跑好自己的这一棒，向党和祖国递交一份完美的人生答卷。梁启超^①曾说"少年智则国智，少年强则国强，少年富则国富，"（梁启超《少年中国说》），他清楚地表达了青少年是国与国之间竞争的人才核心要素，青少年在全球竞争中获胜则国家兴旺发达。如果全体大学生拥有"书山有路勤为径，学海无涯苦作舟"的治学状态，"世上无难事，只要肯登攀"的科研探索精神，在自己的研究领域孜孜以求，则国家的创新能力将会得到提升，综合国力将会得到大幅提高。高校开展耻德教育就是要坚信"知耻而后勇"的论断，以鸦片战争后"国家蒙辱、人民蒙难、文明蒙尘"带来的种种屈辱来激励大学生广泛地涉猎各科文化知识，通过博闻强记来格物致

---

① 梁启超（1873 年—1929 年），字卓如，一字任甫，号任公，又号饮冰室主人、饮冰子、哀时客、中国之新民、自由斋主人。广东省广州府新会县熊子乡茶坑村（今广东省江门市新会区茶坑村）人。中国近代思想家、政治家、教育家、史学家、文学家。戊戌变法（百日维新）领袖之一、中国近代维新派、新法家代表人物。梁启超幼年时从师学习，八岁学为文，九岁能缀千言，17 岁中举。后从师于康有为，成为资产阶级改良派的宣传家。维新变法前，梁启超与康有为一起联合各省举人发动"公车上书"运动，此后先后领导北京和上海的强学会，又与黄遵宪一起办《时务报》，任长沙时务学堂的主讲，并著《变法通议》为变法做宣传。戊戌变法失败后，梁启超与康有为一起流亡日本，在政治思想上逐渐走向保守，但是他是近代文学革命运动的理论倡导者。逃亡日本后，梁启超在《饮冰室合集》《夏威夷游记》中继续推广"诗界革命"，批判了以往那种在诗中运用新名词以表新意的做法。梁启超在海外推动君主立宪。辛亥革命之后一度加入袁世凯政府，担任司法总长；之后对袁世凯称帝、张勋复辟等严词抨击，并加入段祺瑞政府。梁启超还曾倡导新文化运动，支持五四运动。《饮冰室合集》为其著作合编。

知，准确地把握事物发展的本质规律及事物间的客观联系，以实事求是的态度发现问题、分析问题，科学地解决问题，不断提升自己的创新能力。高校要引导大学生以"头悬梁，锥刺股"和"闻鸡起舞"的意志品质来发愤学习，不断地把零散的学科知识点内化为学生自己的学科知识理论体系，从而在研究性学习中不断地积累科研成果最终推陈出新，使大学生成为具有开拓创新能力的科技人才。

赓续国家发展动力需要耻感来催生干事创业的和谐环境。孟子曾说："人不可以无耻，无耻之耻，无耻矣。"（《孟子·尽心上》）他还说道："无羞恶之心，非人也。"（《孟子·公孙丑上》）在传统社会里，有没有羞耻感、知耻心，是人之为人的重要标识，是社会稳定的基石。知耻是其他行为规范的根本，个体遵循美德皆是建立在知耻的基础之上，道德良知的约束之下。欧阳修曾说"礼义廉耻，国之四维；四维不张，国乃灭亡"（欧阳修《新五代史·冯道传》），朱熹曾说"耻者，吾所固有羞恶之心也。存之则进于圣贤，失之则入于禽兽，故所系为甚大"（朱熹《四书章句集注》），顾炎武曾说"人之不廉而至于悖礼犯义，其原皆生于无耻也，故士大夫之无耻，是谓国耻"（顾炎武《日知录·廉耻》）。这些论述深刻揭示了人之所以会做出有悖礼义道德之事，其根源就是因为没有知耻之心，在欲望的驱动下为了满足自己的私欲将毫无顾忌地为所欲为，甚至不择手段地去达到自己的目的。为警示世人莫入耻途，康有为提出"四耻"说："一耻无志。志于富贵，不志于仁，可耻也。二耻循俗。徇于风气，不能卓立，可耻也。三耻鄙吝……凡鄙吝者，天性必薄，为富不仁，可耻也，宜拔其根。四耻懦弱。曾子以懦弱为庸人，见义不为，可耻也。"（康有为《长兴学记》）由此可见，古人寄希望普通大众通过涵养羞耻心来规范自身言行，涤荡社会污浊，净化社会风气，实现"风俗之美，在养民知耻"（康有为《孟子微》）的社会治理目标。当前，高校落实立德树人的根本任务，就是要教育引导大学生认知"德者，本也""才者，德之资也；德者，才之帅也"（《资治通鉴·周威烈王二十三年》）"若无德，则虽体魄智力发达，适足助其为恶"所蕴含的道理。2006年3月4日，时任总书记胡锦涛同志在看望出席全国政协十届四次会议的委员时提出，要引导广大干部群众尤其是青少年树立"八荣八耻"的社会主义荣辱观，并以之规范社会生活。通过分析我们可知社会主义荣辱观中"以热爱祖国为荣、以危害祖国为耻，以服务人民为荣、以背离人民为耻，以团结互助为荣、以损人利己为耻，以诚实守信为荣、以见利忘义为耻"是个体德行的表现，有德者荣无德者耻；"以崇尚科学为荣、以愚昧无知为耻"是个体才智的表现，有才者荣无才者耻；"以辛勤劳动为荣、以好逸恶劳为耻，以遵纪守法为荣、以违法乱纪为耻，以艰苦奋斗为荣、以骄奢淫逸为耻"，是个体羞耻心的表现，有羞耻心者荣无羞耻心者耻。[①]2014年5月4日，习近平总书记在北京大学师生座谈会上的讲话，强调大学生要修德，加强道德修养，注重道德实践。习近平总书记提到"道德之于个人、之于社会，都具有基础性意义，做人做事第一位的是崇德修身。这就是我们的用人标准为什么是德才兼备、以德为先，因为德是首要、是方向，一个人只有明大德、守公德、严私德，其才方能用得其所。修德，既要立意高远，又要立足平实。要立志报效祖国、服务人民，这是大德，养大德者方可成大业。同时，还得从做好小事、管好小节开始起步，'见善则迁，有过则改'，踏踏实实修好公德、私德，学会劳动、学会勤俭，学会感恩、学会助人，学会谦让、学会宽容，学会自省、学会自律"。高校思想政治教育工作者开展耻德教育就是要让大学生在社会生活中明是非、知善恶、辨美丑、别荣辱，做有德、有才、知耻之人。大学生通过教育与学习，在内心深处树立社会道德规范拥有是非荣辱界限，从而可以在社会生活中多做有德之事而远离无耻之辱，成为德才兼备的社会主义事业的建设者和接班人。

社会主义核心价值观建设需要个体接受耻文化的熏陶。孔子曾说"朝闻道，夕死可矣"（《论语·里仁》）。在孔子看来做人做事的大道是至关重要

---

① 邓剑华.试论《论语》耻德教育在高校德育中的价值[J].湘南学院学报，2014，35（6）：6.

的，大道是社会生活中立身行事之所依，因此发出"大清早弄明白了做人做事的真谛，即使到傍晚就死了也不会留下什么遗憾"的感慨。中华优秀传统文化告诉我们做人做事的真谛在于遵循"孝悌忠信礼义廉耻"八德，耻要知之去之，其他则要求之守之，以彰显个体道德修养的境界。耻作为个体道德修养提升的原点，大学生只有知耻才能远耻、拒耻，自觉修正立身行事的准则做到"改过迁善"，才能在哪里跌倒就在哪里爬起来，拒绝"贰过"，才能坚守道德底线，追求道德崇高。如果将"八德"进行分类："孝、悌"跟家庭美德有关，"忠、礼、义"跟社会公德有关，"廉"跟职业道德有关，"信、耻"跟个人品德有关。① 在社会生活中，大学生在知耻的基础上涵养道德品性就会做到"吾日三省吾身"（《论语·学而》）、"见贤思齐焉，见不贤而内自省也"（《论语·里仁》）、"三人行，必有我师焉：择其善者而从之，其不善者而改之"（《论语·述而》），以追求个人德性的纯正，就会在家庭生活中营造出"父慈子孝、兄友弟恭"的和睦相处的家庭美德，走上工作岗位就会恪守"天下兴亡，匹夫有责""廉洁奉公、执政为民"的职业道德，走上社会就会遵循"礼尚往来、先义后利"的社会公德，个体德行修养就会达到"从心所欲，不逾矩"，修齐治平的理想境界也就呼之欲出。② 中共中央颁布的《公民道德建设实施纲要》，其贯彻落实的着力点就是要引导广大人民群众涵养"社会公德、职业道德、家庭美德和个人品德"。高校开展知耻教育就是要发掘大学生本身固有的羞耻心，从而培养大学生在社会生活中所必须遵循的善端，使其准确把握社会公德、职业道德、家庭美德和个人品德的道德规范。这样大学生在学习、工作、生活中就会遵循"孝悌忠信礼义廉耻"八德规范，强化"社会公德、职业道德、家庭美德和个人品德"的涵养，真正把《公民道德建设实施纲要》落实到实践之中。如此，大学生在学校就会加强自身道德修养，扬善去恶、扶正祛邪，使自己成为一名"立大志、明大

---

① 邓剑华.试论《论语》耻德教育在高校德育中的价值 [J].湘南学院学报，2014，35（6）：6.

② 同①。

德、担大任、成大才"的引领时代潮流的人。大学生走上工作岗位后，知荣明辱、与人为善的做人标准会因他们的倡导与力行而在社会上继续发扬光大。可以说，在高校开展耻德教育可以让社会上日渐缺失的"良心"回归本位，使人们信守"己所不欲，勿施于人"的交往金律，让社会公德、职业道德、家庭美德、个人品德得到伸张，从而实现为党育人、为国育才的根本目标。

三、成才要抵制耻的蜕化 [①]

当前，人们追求个性解放，而中华优秀传统文化从洒扫应对等细节处规范人的言行，因此在某些人看来，中华优秀传统文化成了制约其个性发展的桎梏。他们把有利于自己职业发展的专业知识和职业技能的硬实力看得较重，而对于增进人际和谐的人文情怀这种软实力的涵养看得很轻，甚至于无视，导致重专业轻人文的发展趋势越来越严重，使得中华耻感文化在现代人中的传承愈发困难，有些人不再利用耻德来约束自身言行。此外，现代人的耻感意识发生了很大的变化，甚至于颠覆了传统耻感观念，"不以耻为耻，反以耻为荣"的现象在某些人群中受到了热捧。这种现象引起人们足够的重视，因此人们要从自我做起，坚决抵制耻德蜕变，维系社会正常运转。

坚持善恶的道德评价标准，不以成败论英雄。中国传统耻感文化致力于培育人们的羞耻心，强化羞耻感对个体行为的约束与选择。接受传统耻感文化熏陶的国人都非常注重自己耻德的涵养，在社会生活中保有一颗羞耻之心，以主流社会的价值标准来正确对待善恶，弃恶扬善，以期成为道德高尚的人。传统耻感文化认为人只要具有正确的耻辱观，能够明是非、知美丑、辨善恶、别荣辱，就能够自觉地求荣避辱，为善去恶，按道德社会的规范来

---

① 蜕化原指虫类脱皮，借指事物向坏的方面变化，多指腐化堕落。

严格要求自己，做到自警自省，于是有了包公不持一砚归①、羊续悬鱼②等千古佳话。正如康有为所说："若淫者，人欲所固有，有耻心，则可终身守节矣；利者，人欲所同然，有耻心，则可使路不拾遗也；贪生者，人情之自然，有耻心，则可忠烈死节矣。"（康有为《孟子微》）随着改革开放的深入，社会经济快速发展，物质财富得到了极大丰富，人们的价值取向逐渐呈现出多元化的趋势，耻感文化虽然还保有善恶观念，但更多的是注重成败。成败居第一，善恶居次，以成败论英雄的成败文化逐渐兴起，大有劣币驱逐良币之嫌。这种文化心理和价值标准，影响人们的精神世界。因此，新时代的人们，一定要摆正成败心态，传承中华优秀传统文化，坚持以德为先的做人法则，看淡成败。

坚持义大于利的价值判断，以争名夺利为耻。"义"是道义、正义和公利，"利"是个人私利。先秦之时，就有了义利之辩，义与利是两种截然不同的价值取向。孔子曾说"君子喻于义，小人喻于利"（《论语·里仁》）、"君子怀德，小人怀土；君子怀刑，小人怀惠"（《论语·里仁》），提出"见利思义""见得思义"的义大于利思想。孟子重义，认为"义"是"人之正路"（《孟子·离娄上》）。董仲舒认为"天之生人也，使人生义与利。利以养其体，义以养其心。心不得义不能乐，体不得利不能安"（董仲舒《春秋繁露》），与"人为财死，鸟为食亡"和"人不为己，天诛地灭"的利大于义的思想形成鲜明对照。汉武帝独尊儒术使儒学成为正统，义大于利思想最终成为主流社会价值观，世代相传。这样，在中国传统耻感文化中义大于利便是仁人志士最基本的坚守，围绕它的论述内容亦非常丰富，如"荣辱之大

---

① 参见《宋史·包拯传》：徙知端州，迁殿中丞。端土产砚，前守缘贡，率取数十倍以遗权贵；拯命制者才足贡数。岁满，不持一砚归。

② 参见范晔《后汉书·羊续传》：贼既清平，乃班宣政令，候民病利，百姓欢服。时权豪之家多尚奢丽，续深疾之，常敝衣薄食，车马羸败。府丞尝献其生鱼，续受而悬于庭；丞后又进之，续乃出前所悬者以杜其意。续妻后与子秘俱往郡舍，续闭门不内，妻自将秘行，其资藏唯有布衾、败袛裯，盐、麦数斛而已，顾敕秘曰："吾自奉若此，何以资尔母乎？"使与母俱归。

分，安危利害之常体：先义而后利者荣，先利而后义者辱；荣者常通，辱者常穷。通者常制人，穷者常制于人，是荣辱之大分也"(《荀子·荣辱》)，把重义轻利或重利轻义作为衡量是非荣辱的基本价值尺度，明确了先义后利的处世原则。当今社会主张义利并举，人们应互利互惠实现双赢，这是正确的义利观。但是罔顾公平正义，一味追求利益最大化，放大市场经济逐利性的一面是不正确的，不利于社会主义经济社会的平稳发展。因此要在义大于利的思想指导下，在国家利益、人民利益优先的情况下，追求财富，创造更多的社会财富，提高人们的生活水平，使市场经济发展健康运行。这种"国家富强、民族振兴、人民幸福"的生活，才是人们真正想要的生活，才是幸福感满满的生活。因此，在社会生活中人们要以见利思义为荣，以见利忘义为耻。

坚持向上向善的文化追求，剔除自甘堕落思想。儒家主张积极入世，希望推行自己的政治举措给人们带来幸福的生活。为此儒生都发奋学习，以求实现"太上有立德，其次有立功，其次有立言"(《左传·襄公二十四年》)的人生目标。至圣先师曾经描述自己的学习状态为"发愤忘食，乐以忘忧"[①]，以"吾十有五而志于学，三十而立，四十而不惑，五十而知天命，六十而耳顺"的日积月累，达到了"七十而从心所欲，不逾矩"(《论语·为政》)的境界。孔子认为做人要以没有高尚的德行、没有超群的才干为羞耻，

---

① 参见《论语·述而》：叶公问孔子于子路，子路不对。子曰："女奚不曰，其为人也，发愤忘食，乐以忘忧，不知老之将至云尔。"

他教育弟子要博学多能，成为"赤也为之小，孰能为之大"①的治国能臣，对此孔子曾说"不患人之不己知，患其不能也"（《论语·宪问》）、"君子病无能焉，不病人之不己知也"（《论语·卫灵公》）、"君子疾没世而名不称焉"（《论语·卫灵公》）。也就是说，古人会以自己没有好的德行和能力为耻，不会因自己没有得到施展才华的舞台为耻，"人不知，而不愠"（《论语·学而》）是君子的行为。但是，如果弟子不把学习作为首要任务，孔子定会给予严肃批评，如宰我曾因昼寝而受到了孔子的批评。韩愈在《师说》中对于世人不求上进的现象发出了"师道之不传也久矣！欲人之无惑也难矣"（韩愈《师说》）的感叹。荀子曾说："君子能为可贵，而不能使人必贵己；能为可信，而不能使人必信己；能为可用，而不能使人必用己。君子耻不修，不耻见污；耻不信，不耻不见信；耻不能，不耻不见用。是以不诱于誉，不恐于诽，率道而行，端然正己，不为物倾侧：夫是之谓诚君子。"（《荀子·非十二子》）荀子认为君子应当以没有良好的德性、没有才学为羞耻，而不应以被人污蔑、不被人信任和重用为耻辱，没有真才实学是因为个体奋斗不够，因此确实是可耻行为，但是能不能功成名就也存在机遇问题，不是个体主观可以左右的，因而没必要引以为耻。进入新时代，我们更应该从自身做

① 参见《论语·先进》：子路、曾皙、冉有、公西华侍坐。子曰："以吾一日长乎尔，毋吾以也。居则曰：'不吾知也！'如或知尔，则何以哉？"子路率尔而对曰："千乘之国，摄乎大国之间，加之以师旅，因之以饥馑。由也为之，比及三年，可使有勇，且知方也。"夫子哂之。"求！尔何如？"对曰："方六七十，如五六十，求也为之，比及三年，可使足民。如其礼乐，以俟君子。""赤！尔何如？"对曰："非曰能之，愿学焉。宗庙之事，如会同，端章甫，愿为小相焉。""点！尔何如？"鼓瑟希，铿尔，舍瑟而作，对曰："异乎三子者之撰。"子曰："何伤乎？亦各言其志也。"曰："暮春者，春服既成，冠者五六人，童子六七人，浴乎沂，风乎舞雩，咏而归。"夫子喟然叹曰："吾与点也！"三子者出，曾皙后。曾皙曰："夫三子者之言何如？"子曰："亦各言其志也已矣。"曰："夫子何哂由也？"曰："为国以礼，其言不让，是故哂之。""唯求则非邦也与？""安见方六七十，如五六十，而非邦也者？""唯赤则非邦也与？""宗庙会同，非诸侯而何？赤也为之小，孰能为之大？"

起，牢记是非荣辱的界限，修身养性，这样才能不受名誉的利诱，不害怕别人的诽谤。我们应当革除"脚踩西瓜皮，滑到哪里算哪里"的自甘堕落的心态，应以德性才干不如人为耻，奋起赶超，只有这样才能找到适合自己的发展平台，进而成就一番事业。

第四章　耻之养

人之有所不为，皆赖有耻心。而风俗之美，在养民知耻。

——（清）康有为

第一节　弘扬传统美德以知耻

当前，高校德育面临这样一个难题，即如何在大学生群体中传承传统美德，夯实大学生思想与道德基础。人是环境的产物，环境对人的道德品性的形成具有决定性作用。荀子一而再，再而三地强调环境对人成长的重要性，"居楚而楚，居越而越，居夏而夏，是非天性也，积靡使然也"（《荀子·儒效》），"性也者，吾所不能为也，然而可化也；情也者，非吾所有也，然而可为也。注错习俗，所以化性也；并一而不二，所以成积也。习俗移志，安久移质；并一而不二，则通于神明，参于天地矣"（《荀子·儒效》），"蓬生麻中，不扶而直；白沙在涅，与之俱黑"（《荀子·劝学》），主张"君子居必择乡，游必就士，所以防邪避而近中正也"（《荀子·劝学》）。晏婴也有相同的论证，说："橘生淮南则为橘，生于淮北则为枳，叶徒相似，其实味不同。所以然者何？水土异也。今民生长于齐不盗，入楚则盗，得无楚之水土使民善盗耶？"（刘向《晏子春秋·内篇·杂下》）高校要想在大学生中有效开展思想政治工作，务必要借助中华优秀传统文化的以文化人的化育功能，大力弘扬中华传统美德，让大学生在一片充满传统美德氛围的校园中生活学习，从中习得传统美德，涵养大学生的思想道德情怀，提升大学生的思想道德品位，使其最终固化荣耻界限，扬荣避耻。在高校思想政治教育工作者实施德育涵育大学生人文情怀的过程中，应全力围绕传承传统美德，大力实施诸如孝道、仁爱、礼仪、义利、诚信等主题教育活动，增强他们的文化自觉与自信，促使其努力成为"立大志、明大德、成大才、担大任"的青年才俊，成为堪当民族复兴重任的时代新人。

一、大力实施孝道教育

中国传统社会强调家国一体。国是放大的家，统治者以孝治天下；家是缩小的国，家族人员以族权来强化孝行。所以孝德是"八德"之首，一直被国人所推崇，这是中华民族得以绵延 5000 多年而没有中断的主要原因。但是中华传统孝道文化的传承也面临着一定的困境。例如，有些父母辛苦培育的子女学有所成留学国外，成家立业也在国外，父母老了却很少有子女愿意接父母到国外共同生活，有时也没有时间来陪护老人。国内也有此类现象，在一些社会新闻中有时也会报道控诉孩子不孝的老人。传统社会的守丧、丁忧文化传统更是难以继承，究其原因有三：一是中国传统孝道文化经过历代封建统治者及御用文人的"改造"，"父为子纲"已经成为封建统治的意识形态，其消极作用极为突出，集中表现在愚民性、不平等性、封建性和保守性等方面；二是五四运动以来，在反帝反封建过程中，人们对中国传统孝道文化的内核进行的科学的、理性的研究和探讨不够，导致出现了矫枉过正的问题；三是长期以来，我国存在的"左"的思想禁锢了人们的思想。尤其是在新文化运动和"文化大革命"两个时期，对孝道文化进行了全面批判和全盘否定，使人们难以正确对待孝道文化的合理内核。① 在面临孝道传承难题的今天，我们有责任和义务进行守正创新，挖掘孝道思想的合理内核，不断强化大学生的孝道意识，更新大学生的孝道观念，培养大学生的孝道情感，提高大学生践行孝道的力度，坚定大学生的孝道意志。② 让孝道思想在大学生群体里得到更好的传承，也让我国老人享受到应有的天伦之乐。

（一）感恩回报，让父母颐养天年

父母为了给子女成长提供良好的学习生活环境，可以说是含辛茹苦，过

---

① 邓剑华.《论语》修身论 [M]. 济南：山东大学出版社，2015：137-138.
② 邓剑华.《论语》修身论 [M]. 济南：山东大学出版社，2015：138.

着起早贪黑的生活。《诗经》中描写了这样的一幅画卷，"蓼蓼者莪，匪莪伊蒿。哀哀父母，生我劬劳。蓼蓼者莪，匪莪伊蔚。哀哀父母，生我劳瘁"（《诗经·蓼莪》）。流行音乐《常回家看看》的歌词为"找点空闲，找点时间，领着孩子，常回家看看；带上笑容，带上祝愿，陪同爱人，常回家看看……老人不图儿女为家做多大贡献呀，一辈子不容易就图个团团圆圆"[1]，流露出了父母期盼子女常回家看看的心境。只是不知道年轻人在哼唱这首歌时，是否会闪过父母养育自己的画面，然后在良心的驱使下付诸行动，常回家陪护老人。当前，人们的物质生活丰富了，老人缺的不是吃和穿，而是关爱。年轻人多回家陪父母聊聊天，老人的心愿便足矣。我们经常听到有人说"树欲静而风不止，子欲养而亲不待"（《孔子家语·致思》）的古语，从中可以品味出为人子女没有膝前尽孝的懊恼，因此我们要努力做到"生，事之以礼；死，葬之以礼，祭之以礼"（《论语·为政》），在父母膝前要多尽孝道，感谢父母的养育之恩，让他们安享晚年的幸福生活，享受子孙绕膝的天伦之乐。西汉时汉文帝母亲患了重病，一病就是三年并卧床不起。汉文帝亲自为母亲煎药汤，并且衣不解带日夜守护在母亲的床前。每次看到母亲睡了，才趴在母亲床边睡一会儿。汉文帝天天为母亲煎药，每次煎完，自己总先尝一尝，看看汤药苦不苦、烫不烫，自己觉得温度差不多了才给母亲喝。[2]后人写诗称赞汉文帝的孝行，诗曰："仁孝闻天下，巍巍冠百王；母后三载病，汤药必先尝。"汉文帝日理万机，尚且能够床前尽孝，我们应该以之为榜样，

---

[1] 参见车行填词、戚建波作曲的《常回家看看》：找点空闲，找点时间，领着孩子，常回家看看；带上笑容，带上祝愿，陪同爱人，常回家看看。妈妈准备了一些唠叨，爸爸张罗了一桌好饭。生活的烦恼跟妈妈说说，工作的事情向爸爸谈谈。常回家看看，回家看看，哪怕给妈妈刷刷筷子洗洗碗。老人不图儿女为家做多大贡献呀，一辈子不容易就图个团团圆圆。常回家看看，回家看看，哪怕给爸爸捶捶后背揉揉肩。老人不图儿女为家做多大贡献呀，一辈子总操心就问个平平安安。

[2] 参见郭居敬《全相二十四孝诗选·亲尝汤药》：汉文帝，名恒，高祖第四子，初封代王。生母薄太后，帝奉养无怠。母常病，三年，帝目不交睫，衣不解带，汤药非口亲尝弗进。仁孝闻天下。

敬养双亲。孔子曾说"今之孝者，是谓能养。至于犬马，皆能有养，不敬，何以别乎。"(《论语·为政》)如果不是发自内心的敬养，便不是真正的孝行，缺乏恭敬之心，那便与饲养动物没有两样。古语"百善孝为先，原心不原迹，原迹家贫无孝子"，它强调孝子的敬养心而不是孝子提供的物质，否则的话"百里负米"①的仲由便是不肖子孙了。《孝经》进一步明确为"孝子之事亲也，居则致其敬，养则致其乐，病则致其忧，丧则致其哀，祭则致其严"(《孝经·纪孝行》)。换句话说，侍奉父母除了在物质上尽最大可能给予满足外，还要在精神上给予慰藉，即在生活中要给予父母无微不至的照料与关怀，使父母感到欣慰。②

（二）无违于礼，遵从父母良苦用心

孟僖子执掌鲁国朝政多年，无所建树，悔恨自己学业不精，导致去其他诸侯国办事受辱。临终之前，他嘱托孟懿子、南宫敬叔都要拜孔子为老师，说道："礼，人之干也。无礼，无以立。吾闻将有达者曰孔丘，圣人之后也……使事之，而学礼焉，以定其位。"(《左传·昭公七年》)孟懿子遵循父命向孔子学习为政之道，期间有一次他向孔子请教孝道。"孟懿子问孝。子曰：'无违。'樊迟御，子告之曰：'孟孙问孝于我，我对曰'无违'。樊迟曰：'何谓也？'子曰：'生，事之以礼；死，葬之以礼，祭之以礼。'"(《论语·为政》)在这段对话中孔子强调，孝道的精神内核就是要不违背孝的礼节，父母长辈活着的时候要按礼节来侍奉他们，父母长辈去世后要按礼节安葬他们，并在农历的祭祀节日里按礼节追思他们。无违于礼，说到底就是不要违背父母的良苦用心，要按照礼节来处理各类事务，有悖天理伦常之事绝

---

① 参见郭居敬《全相二十四孝诗选·百里负米》周仲由，字子路。家贫，常食藜藿之食，为亲负米百里之外。亲殁，南游于楚，从车百乘，积粟万钟，累茵而坐，列鼎而食，乃叹曰："虽欲食藜藿，为亲负米，不可得也。"子曰："由也事亲，可谓生事尽力，死事尽思者也。"

② 邓剑华，陈万阳.谈德育视阈下的大学生孝道教育 [J].教育探索，2010（1）：3.

不可违。孔子讲的无违父母，并不是要求子女愚孝，走"父叫子亡，子不得不亡"之路，而是要明白父母的良苦用心，借鉴他们的人生经验，这样可以少走弯路，快速成长。我们不要学习"曾子耘瓜"，任由父亲仗打而陷父亲于不义的愚孝行为[①]，而是应当学习"孝感动天"[②]的舜相机而动的美德，父母需要帮忙时在他们身边做事，父母要惩罚他时就逃之夭夭。无违父母还要求看到父母处事不妥时，要进行规劝，不要让他们在错误的道路上一错再

---

① 参见《孔子家语》：曾子耘瓜，误斩其根，曾晳怒，建大杖以击其背，曾子仆地而不知人久之。有顷乃苏，欣然而起，进于曾晳曰："向也参得罪于大人，大人用力教参，得无疾乎？"退而就房，援琴而歌，欲令曾晳而闻之，知其体康也。孔子闻之而怒，告门弟子曰："参来，勿内。"曾参自以为无罪，使人请于孔子。子曰："汝不闻乎？昔瞽瞍有子曰舜，舜之事瞽瞍，欲使之，未尝不在于侧；索而杀之，未尝可得。小棰则待过，大杖则逃走，故瞽瞍不犯不父之罪，而舜不失烝烝之孝。今参事父，委身以待暴怒，殪而不避，既身死而陷父于不义，其不孝孰大焉？汝非天子之民也，杀天子之民，其罪奚若？"曾参闻之，曰："参罪大矣！"遂造孔子而谢过。

② 参见司马迁《史记·五帝本纪》：舜父瞽叟顽，母嚚，弟象傲，皆欲杀舜。舜顺适不失子道，兄弟孝慈。欲杀，不可得；即求，尝在侧。舜年二十以孝闻。三十而帝尧问可用者，四岳咸荐虞舜，曰可。于是尧乃以二女妻舜以观其内，使九男与处以观其外。舜居妫汭，内行弥谨。尧二女不敢以贵骄事舜亲戚，甚有妇道。尧九男皆益笃。舜耕历山，历山之人皆让畔；渔雷泽，雷泽上人皆让居；陶河滨，河滨器皆不苦窳。一年而所居成聚，二年成邑，三年成都。尧乃赐舜絺衣，与琴，为筑仓廪，予牛羊。瞽叟尚复欲杀之，使舜上涂廪，瞽叟从下纵火焚廪。舜乃以两笠自捍而下，去，得不死。后瞽叟又使舜穿井，舜穿井为匿空旁出。舜既入深，瞽叟与象共下土实井，舜从匿空出，去。瞽叟、象喜，以舜为已死。象曰"本谋者象"。象与其父母分，于是曰："舜妻尧二女，与琴，象取之。牛羊仓廪予父母。"象乃止舜宫居，鼓其琴。舜往见之。象鄂不怿，曰："我思舜正郁陶！"舜曰："然，尔其庶矣！"舜复事瞽叟爱弟弥谨。

错，导致出现无法收拾残局的现象。闵损① 也是有名的孝子，为了能让另外两个兄弟有好的生活环境，情愿穿芦衣挨冻，此事被他父亲发现后要休掉继母以保护闵损。闵损以"母在一子寒，母去三子单"的理由来劝谏，保全了家庭的完整。他的孝顺感动了继母，于是继母把闵损也视为己出，这才有了《芦衣顺母》的故事流传人间。孔子曾说"事父母几谏，见志不从，又敬不违，劳而不怨。"（《论语·里仁》）从中我们可以看出无违父母并不是唯父母命是从，在社会生活中要剔除"父叫子亡，子不得不亡"的陷父母于不忠不义的伪孝的做法，这才是真正的孝道。②

（三）珍爱生命，保全自身

行孝的前提条件是必须有一个鲜活的生命体存在。如果连生命都不存在便无以谈孝。所以说不能善待自身躯体保全生命的人，是一个不孝的人。人生的三不幸之一就是"老年丧子"。上了年纪的老人独立生存的能力较弱，要是没有子女照顾生活便会很艰难，如果子女因故离世老人便只能孤独终老，根本谈不上颐养天年。当前高校大学生因在校园生活中不会自处，或是因为不会与人相处而出现各种伤害性案例，都是对父母的极端不孝，可能会导致父母老年时过着无所依靠的生活。为人子女都是在父母历尽艰辛下才养大的，如果子女不仅没有为家庭建设做出贡献，还先父母而去，让父母处于

---

① 闵损（公元前 536 年—公元前 487 年），字子骞。孔子学生，春秋时期鲁国南武城（今山东省临沂市平邑县）人。比孔子小十五岁，孔门七十二贤之一。在孔门中以德行与颜渊并称。孔子曾赞扬他说："孝哉，闵子骞。"有"芦衣顺母""鞭打芦花"的故事传唱至今。在孔门中以德行和老成持重著称，而尤其以孝行超群闻名于世，被后人评为"二十四孝"之一。《全相二十四孝诗选》记载：周闵损，字子骞，早丧母。父娶后母，生二子，衣以棉絮；妒损，衣以芦花。父令损御车，体寒，失镇。父查知故，欲出后母。损曰："母在一子寒，母去三子单。"母闻，悔改。后人写诗歌颂此事，诗曰："闵氏有贤郎，何曾怨晚娘？尊前贤母在，三子免风霜。"

② 邓剑华，陈万阳.谈德育视阈下的大学生孝道教育 [J].教育探索，2010（1）：3.

"白发人送黑发人"的境地，会让父母痛断肝肠，还可能会让父母因无所念想而导致家破人亡。有孝行的人，在生活中必定会珍爱生命，善待自己，因为生命无价且只有一次，失去了就再也没有了。正如《孝经》所言："身体发肤，受之父母，不敢毁伤，孝之始也。"（《孝经·开宗明义》）《大戴礼记》载："身者，亲之遗体也。行亲之遗体，敢不敬乎！""父母全而生之，子全而归之，可谓孝矣；不亏其体，可谓全矣。故君子顷步而弗敢忘孝也。"（戴德《大戴礼记·曾子大孝》）因此，为人子女要保全父母所给予的身体，珍爱生命，这是行孝的第一步。曾子临终之时，把弟子都召集到床前，要弟子们看他的手与足都是完好无损的，教育弟子要保护好躯体，以完成行孝使命。[①]《孝经》载："事亲者，居上不骄，为下不乱，在丑不争。居上而骄则亡，为下而乱则刑，在丑而争则兵。三者不除，虽日用三牲之养，犹为不孝也。"（《孝经·纪孝行》）子女是父母的生命在世上的延续，所以保全身体与生命是孝敬父母的物质前提，也是孝敬父母的基本孝行。[②]

（四）继承先辈遗志，建功立业

"大孝终身慕父母"（《孟子·万章上》），仰慕父母才会追随父母，才会继承父母遗志。据《新民晚报》载，日本某青少年研究所进行过一项问卷调查，其对象是日本的 15 所中学中的 130 名高中生、美国 13 所中学中的 1052 名高中生和中国大陆 21 所中学中的 1220 名高中生。问卷中问道："你最尊敬的人物是谁？"结果日本学生认为第一是父亲，第二是母亲；美国学生认为第一是父亲，第二是球星，第三是母亲；中国学生中排在前十位的最尊敬的人中竟没有养育他们的父母亲。[③]可见，还需要进一步培养中国学生对父母的敬重之情。古人告诉我们，"夫孝者，善继人之志，善述人之事者

---

① 参见《论语·泰伯》：曾子有疾，召门弟子曰："启予足！启予手！《诗》云：'战战兢兢，如临深渊，如履薄冰。'而今而后，吾知免夫！小子！"

② 邓剑华，陈万阳.谈德育视阈下的大学生孝道教育 [J].教育探索，2010（1）：3.

③ 邓剑华，陈万阳.谈德育视阈下的大学生孝道教育 [J].教育探索，2010（1）：3.

也"(《礼记·中庸》),行孝之人一定要继承先辈的遗志,完成先辈没有完成的事业,以告慰先辈的在天之灵。《孝经》中有"扬名于后世,以显父母"的说法,民间要求子女要光宗耀祖、光大门楣。传统社会讲求的孝道不仅强调保身安命和持家守业,而且主张在谨慎事亲、持敬行孝的基础上要进一步创造事业、成就事业,从而"保其禄位""守其宗庙"以进一步彰显孝行。①当前部分大学生在校碌碌无为,过着浑浑噩噩的日子。因此,大学生要想尽孝就要规划好自己的大学生活,积极储备专业知识,为走上工作岗位打下坚实的基础,为祖国的繁荣富强、中国梦的实现奉献自己的力量。

二、大力实施仁爱教育

《说文解字》对"仁"的解释为"仁,亲也"。《礼记·经解》对"仁"的解读为"上下相亲谓之仁"。可见仁的本义是指人与人之间的亲近关系。孔子在删述六经的过程中,对仁进行很好的阐发,使仁成了众德之首,统率其他诸德。例如,孔子认为"行五者"才能称之为仁,此五者指"恭宽信敏惠"②,并说"恭则不侮,宽则得众,信则人任焉,敏则有功,惠则足以使人"(《论语·阳货》)。孔子认为孝悌是仁的应有之义,说到"孝弟也者,其为仁之本与"。这样,几乎所有的积极的人格内容和价值规范,都可以由仁来涵盖和阐释。③尚仁爱一直以来都是中华民族的优良传统。历代明君贤臣都拥有博大的仁爱胸怀,是践行仁爱精神的杰出代表。孔子对仁爱思想的阐释被弟子或再传弟子记录在《论语》中,孔子讲爱有等差,所以孔子的仁爱思想有三个层面,一是亲人之间的亲亲之爱,这是自然的亲情之爱,如"父慈子孝,兄友弟恭";二是朋友之间亲情迁移之爱,如"己欲立而立人,己欲

---

① 邓剑华,陈万阳.谈德育视阈下的大学生孝道教育 [J].教育探索,2010(1):3.
② 参见《论语·阳货》:子张问仁于孔子。孔子曰:"能行五者于天下为仁矣。"请问之。曰:"恭、宽、信、敏、惠。恭则不侮,宽则得众,信则人任焉,敏则有功,惠则足以使人。"
③ 王锁明.传统仁爱思想的社会功能解读 [J].理论界,2011(11):2.

达而达人"(《论语·雍也》),如"朋友死,无所归,曰:'于我殡。'"(《论语·乡党》);三是陌生人之间的忠恕之爱,如"己所不欲,勿施于人"(《论语·卫灵公》),"见齐衰者、冕衣裳者与瞽者,见之,虽少,必作;过之,必趋"(《论语·子罕》)。大力实施仁爱教育就是要在大学生群体中培养这三个层面的爱,有了它们学生才会产生真正的仁爱之心,才会对他人施爱,才能将心比心,推己及人,让爱充满人间。高校在大学生群体中传承仁爱思想落实仁爱教育,就要让大学生吸取仁爱思想之精华,以成就美好人生。

(一)将亲亲之爱拓展到泛爱众

"父慈子孝,兄友弟恭"等是至亲之爱,它是人与生俱来的爱。这种爱是天然之爱,也存在于动物之间,《增广贤文》里讲到的"乌鸦反哺,羊羔跪乳"反映的就是动物世界里的亲亲之爱。在人类社会里,骨肉亲情是家人之间最原始的爱,是人们最无法割舍的爱。例如,父母无论多苦多累,回到家看到张开双手奔跑过来求拥抱的子女,都会笑逐颜开地将子女抱在怀里亲了又亲,这是长辈对晚辈的疼爱,尤其是隔代的亲情会更加浓烈。"父母在,不远游"是晚辈对长辈的关爱,身在远方的游子一旦洗去一天的喧嚣,静下心来便会勾起对长辈的思念。兄弟姐妹间离别久了,也会打电话互致问候,这是同辈亲人之间的友爱。我们的先人就是生活在这种"父慈子孝,兄友弟恭"的人际环境中。改革开放以来,我国的人员流动非常频繁。为了建设伟大的祖国,人与人之间交往的圈子不再局限于亲人,更多的时候面对的是同学、朋友、同事,人们需要将"亲亲之爱"进行有效拓展。孟子曾说"独乐乐不如众乐乐",又说到"老吾老,以及人之老;幼吾幼,以及人之幼"(《孟子·梁惠王上》),子夏曾说:"商闻之矣,死生有命,富贵在天。君子敬而无失,与人恭而有礼。四海之内皆兄弟也,君子何患乎无兄弟也?"(《论语·颜渊》)把亲亲之爱拓展到身边的同学、朋友、同事,"亲亲以睦友,友贤不弃"(《诗经·伐木序》),把亲亲之爱泛化到每个人身上,或者说把每个人都当作自己的亲人。如同《爱的奉献》歌词所说,"只要人人都献出一点爱,世界将变成美好的人间",世界就成了爱的海洋,没有摩擦,没有战争,世界和平,那将是多么美好的一件事。

(二)推己及人,力行忠恕之道

真正力行仁爱思想的路径是奉行"忠恕之道"。曾子将孔子一以贯之的仁爱之道总结为"夫子之道,忠恕而已矣"(《论语·里仁》)。"忠恕"是孔子的仁爱之道。"忠"是仁爱的积极面,讲求尽心为人,孔子曾说"夫仁者,己欲立而立人,己欲达而达人",即使自己立身处世想有所作为,也会尽心尽力地帮助别人有所作为;即使自己想飞黄腾达,也会尽心尽力地帮助别人飞黄腾达。"恕"是仁爱的消极面,讲求推己及人,孔子曾说"其恕乎!己所不欲,勿施于人",自己不愿意承受他人强加给自己的事,自己便也不要强加给别人。"忠恕之道"就是我们经常说的换位思考,将心比心、推己及人。朱熹对《论语》做注解时,给"忠恕"做了经典的解释:"尽己之谓忠,推己之谓恕。"(朱熹《论语集注》)换句话说,"忠者,心无二心,意无二意之谓;恕者,了己了人,明始明终之意"。个体以仁爱思想调节人际关系时,在积极方面对人要竭心尽力,做到"为人谋而不忠乎?与朋友交而不信乎"(《论语·学而》),为他人的成功成才提供帮助;在消极方面要通过换位思考、推己及人的方式为他人着想,以自己的不作为实现对他人的最大帮助,获得"惠而不费,劳而不怨,欲而不贪,泰而不骄,威而不猛"(《论语·尧曰》)的效果。忠恕之道是人际交往的金银律,要从积极与消极两个方面来把握立身处事的度,尽最大可能帮助、成全他人。学习和运用孔子的忠恕之道是大学生培养仁爱精神,创造和谐校园生活,共同进步、共同提高,实现人生理想的最佳路径。

(三)济人危困,助人助己走向通达

俗语云"送人玫瑰,手留余香"。有这样一则寓言故事。从前,有个人赶着一匹马和一头驴子运送货物去集市。骡子和马都驮了重量相近的货物,

走了一段路程后，骡子累得力不从心，请求马帮忙。驴子对马说："现在只有你能救我一命，帮我分担一点货物，行吗？"可是马不愿意驮更多的货物。后来驴子半路上累死了，主人便把所有的货物，包括那头驴的皮，都放在马背上驮着。这时，马几近崩溃，它悲伤地说："我真倒霉！早知如此，何不帮骡子一把。"寓言告诉我们这样一个道理：帮助别人就是帮助自己，助人助己能够走向通达。孔子提倡人与人之间要互相帮忙，共渡难关，切不可落井下石。《论语》记载：原思给孔子家当总管时，孔子每月给他小米九百斗，原思推辞不要。孔子劝原思不要推辞，并告诉原思如果自己家里吃不完可以拿这些小米去帮助邻里乡亲。[①]孔子还劝导人们在生活中要多做雪中送炭的好事，《诗经》中的"投我以木桃，报之以琼瑶"[②]也鼓励后人多行善事，毕竟好人会有好报。孔子不赞成锦上添花，他觉得这种做法有谄媚的嫌疑，所谓"周急不继富"[③]（《论语·雍也》）。孔子曾说"仁者，爱人"。爱人具体表现为关心人、帮助人，想他人之所想、急他人之所急，看到他人有困难便施以援手，度过危难，走出困境，要以帮助人为自己最大的快乐，见他人有危难，即竭力施以援手，帮助他走出困境。中华民族素有"一方有难，八方支援"的传统，当代社会也讲求"人人为我，我为人人"。所以说，相互扶持人们才能走得更好，走得更远。荀子曾说"人之生不能无群"（《荀子·富国》），严复也说到"能群者存，不能群者灭；善群者存，不善群者灭"（严复：《天演论》）。这些话深刻地揭示了这样的道理：人是社会人，生活在社会中，需要与其他的人共存，帮助他人就是在帮助自己。仁爱教育就是要引

---

① 参见《论语·雍也》：原思为之宰，与之粟九百，辞。子曰："毋！以与尔邻里乡党乎。"

② 参见《诗经·木瓜》：投我以木瓜，报之以琼琚。匪报也，永以为好也！投我以木桃，报之以琼瑶。匪报也，永以为好也！投我以木桃，报之以琼瑶。匪报也，永以为好也！

③ 参见《论语·雍也》：子华使于齐，冉子为其母请粟。子曰："与之釜。"请益。曰："与之庾。"冉子与之粟五秉。子曰："赤之适齐也，乘肥马，衣轻裘。吾闻之也：君子周急不继富。"

导大学生大力弘扬仁爱精神，培育和践行"富强、民主、文明、和谐，自由、平等、公正、法治，爱国、敬业、诚信、友善"的社会主义核心价值观，在互相关心、互相帮助的关系中实现和谐共生。

三、大力实施礼仪教育

礼节作为社会生活中人际交往的一种规范，在古代时强调相对的尊卑上下，如"君使臣以礼，臣事君以忠"①（《论语·八佾》），在当代则强调各归其位、各安其职做好本职工作，以使人们之间的关系顺畅而和谐。"尊老爱幼""父慈子孝"等都强调各自依位而行，从而使社会生活秩序井然。所以说礼本质上是用来调整社会生活的人际关系，促进人们相互尊重、相互了解，促进人际关系的融洽，促进社会和谐运转。孔子曾说"礼之用，和为贵"（《论语·学而》），有礼能促和、调和，"和实生物""致中和，天地位焉，万物育焉"。②和谐是社会正常运转最根本的保证，也是社会生活秩序井然的前提条件。在社会生活中，人们在重礼隆礼精神的指导下，依礼开展各种社交活动，从根源上维护了社会秩序的安全稳定。所以孔子谆谆教导孔鲤"不学《诗》，无以言"，"不学《礼》，无以立"（《论语·季氏》），并一再强调在社会生活中要"兴于诗，立于礼，成于乐，游于艺"（《论语·泰伯》）。春秋时期齐国国相管仲为匡扶社稷，大力实施教化，涵养国民的"礼义廉耻"四维，提出"四维不张，国乃灭亡"（欧阳修《新五代史·冯道传》）的治国理念，并进一步对四维进行解读："国有四维，一维绝则倾，二维绝则危，三维绝则覆，四维绝则灭。倾可正也，危可安也，覆可起也，灭不可复错也。何谓四维？一曰礼，二曰义，三曰廉，四曰耻。礼不逾节，义不自进，廉不蔽恶，耻不从枉。故不逾节，则上位安。不自进，则民不巧诈。不

① 参见《论语·八佾》：定公问："君使臣，臣事君，如之何？"孔子对曰："君使臣以礼，臣事君以忠。"

② 梁万俊."明礼"：道德建设的一个飞跃[J].西南民族大学学报（人文社科版），2003，24（7）：174-175.

蔽恶，则行自全。不从枉，则邪事不生。"(《管子·牧民》)。在大学生群体中开展礼仪教育，就是要引导大学生在社会生活中遵守礼仪、礼节、礼制，做到"恭近于礼，远耻辱也"(《论语·学而》)，从而彰显大学生的精神风貌。为此，大学生在校园生活中要遵循如下要求。

（一）懂礼讲礼，尊敬他人

当前，我国已经成为世界第二大经济体，对外交往频繁密切。在这种背景下，无论在现实生活中，还是在网络虚拟世界里，人与人之间的交往变得空前密切，"你中有我，我中有你"的格局已经形成，阻断人际交往的藩篱荡然无存，"闭关锁国"的历史已经一去不复返了。无论是在契约社会还是在熟人社会中，要想得到他人的尊敬与信任，就必须懂礼，并在此基础上依礼行事，从而在社会交往中既要礼尚往来、中规中矩，又要互通有无、实现双赢。如果个体在社会生活中不讲礼，不懂得尊重他人，那么便也不会得到他人的尊重，甚至会使他人对个体产生敌意，从而使得人与人之间的进一步交往变得困难重重。大学生除了学习专业知识之外，还要注重向社会学习、向经典学习。牢记如何做才有礼貌、才符合礼制并在生活中将其付诸实践，这样才能说是一个讲礼的人；广泛地学习礼制，对于礼的规章制度熟记于心，不突破其条条框框，这样才能说是一个懂礼的人。[1] 懂礼之后就要用礼，即按礼的要求来立身行事，用礼的规范来节制"视听言动"，使自己的言行符合礼的规范，达到"非礼勿视，非礼勿听，非礼勿言，非礼勿动"(《论语·颜渊》)的"约之以礼"[2] (《论语·雍也》)的最佳效果。缺乏礼的约束，本来是好的品德也会滑向社会规范的对立面，正如孔子所说的"恭而无礼则劳，慎而无礼则葸，勇而无礼则乱，直而无礼则绞"(《论语·泰伯》)。因此，在人际交往中我们时要依礼行事，循礼办事，以此赢得别人的认可，建

---

① 邓剑华.《论语》修身论 [M].济南：山东大学出版社，2015：142.

② 参见《论语·雍也》：子曰："君子博学于文，约之以礼，亦可以弗畔矣夫！"

立起良好的人际关系。对他人的尊重一定要发自内心，一旦有"巧言"的成分，就容易"乱德"，也就容易引起他人的误会。同时，因为尊敬他人是内心真实意愿的表达，所以情感的维持也会稳定而持久。

（二）守死"礼"道，遵循社会道德规范

礼最通俗的解释就是做人的规矩，守礼就是守住做人的规矩，即守住人与人之间交往的社会道德规范和法律规章制度。礼最本质的功能是约束个体在社会生活中的行为，其一言一行都要遵循社会道德规范，不能逾越"高压线"，不能突破"底线"。子贡想取消每月初一祭拜神明的活羊，孔子觉得子贡败坏了礼的习俗，不懂得形式是内容的载体，说道："赐也！尔爱其羊，我爱其礼。"（《论语·八佾》）这样个体的道德生活就会死守"礼"道，无论是在"造次"中，还是在"颠沛"中（《论语·里仁》）都能守住礼的底线；又或是在"通达①"的情况下，拥有"富而好礼②"而展现"从心所欲，不逾矩"（《论语·为政》）的境界，达到人人相安无事的社会治理境界。对大学生进行礼仪教育，就是要引导大学生在校园生活中养成遵循社会道德规范的习惯并在现实生活中力行，使大学生的言行符合礼的规范。如此，大学生走向社会后，就会按照自己在校园生活中养成的良好习惯立身行事，并可以影响周边的人，改变他们的不良习性，让社会成为充满爱的海洋。在这种背景下，每一个个体都是有温度、有热度、有深度的人，都愿意为社会做奉献，使社会主义核心价值观体现在了社会生活的方方面面，从而极大地提高了社会生活的文明程度，充分展现了文化人的社会担当。

---

① 通达，意为亨通显达。参见（汉）应劭《风俗通·声音·琴》："如有所穷困，其道闭塞，不得施行，及有所通达而用事，则著之于琴，以抒其意，以示后人。"

② 参见《论语·学而》：子贡曰："贫而无谄，富而无骄，何如？"子曰："可也。未若贫而乐，富而好礼者也。"子贡曰："《诗》云'如切如磋，如琢如磨'，其斯之谓与？"子曰："赐也，始可与言《诗》已矣。告诸往而知来者。"

（三）待人以礼，做谦谦君子

待人以礼是国人自古以来的传统，中国还因此被国际友人称为"礼仪之邦"。在与人交往的过程中，如果个体从骨子里流露出来的态度是谦让、温和，那么留给他人的便是可亲可敬的谦谦君子形象。这将会使个体在以后与他人的交往中赢得主动，因为每一个人都期望打交道的对象是明事理、讲道理，同时还讲礼的人，这样便可以进行无障碍交往，从而实现互惠双赢，这就是"晕轮效应"①带来的积极作用。在社会生活中待人以礼要求个体遇到棘手的事情时，要与对方共同面对，友好协商，达成双方都满意的解决方案。与合作伙伴共事，要热情主动，对于工作上的事情要毫无保留地相互通气，展示合作的最大诚意，不断推进深度合作。不要斤斤计较个人的利益得失；如果计较太多便很可能无法继续合作。处理矛盾时既要讲究有理有利的原则，还要展现自己的谦逊风度。在"你敬我一尺，我让你一丈"中，在"让他三尺又何妨"②的格局下，完全可以做到"相逢一笑泯恩仇"③，从敌对双方转换为合作伙伴也就成了可能，这就是古人所说的"在家靠父母，出门靠朋友"的真谛，须知"朋友多了路好走"。有子曾说"礼之用，和为贵"（《论语·学而》），待人以礼可以消解大量的戾气，带来和顺。懂得谦让的人，会杜绝武断与强迫，会克服刚愎自用，会"毋意，毋必，毋固，毋我"

---

① 晕轮效应指当认知者对一个人的某些特征形成好或坏的印象后，并且还倾向于用该印象推论该人其他方面的特征，其本质上是一种以偏概全的认知上的偏误，是一种影响人际知觉的因素，也指在人际知觉中所形成的以点概面或以偏概全的主观印象。晕轮效应的最大弊端就在于以偏概全，其特征具体表现在以下三个方面：遮掩性、表面性、弥散性。

② 参见张英回信让地典故："一纸书来只为墙，让他三尺又何妨。长城万里今犹在，不见当年秦始皇。"

③ 参见鲁迅《题三义塔》："奔霆飞焰歼人子，败井颓垣剩饿鸠。偶值大心离火宅，终遗高塔念瀛洲。精禽梦觉仍衔石，斗士诚坚共抗流。度尽劫波兄弟在，相逢一笑泯恩仇。"

(《论语·子罕》)，从而塑造自己谦谦君子的形象。

（四）谈吐文雅，树立文质彬彬的形象

孔子曾说："质胜文则野，文胜质则史。文质彬彬，然后君子。"（《论语·雍也》）孔子认为个体如果质朴本性胜过文采，就会粗野低俗；如果文采胜过质朴本性，就会虚浮不实。只有文采和质朴本性配合得相得益彰，才可成为文质彬彬的君子。隆礼讲礼之人体现的是其内心对社会道德规范遵循的态度，这种态度折射出了个体所达到的文化品位、文明修养高度，是多种美德集于内而形于外的道德诉求。古人云"大学之道，在明明德，在亲民，在止于至善"（《礼记·大学》），"自天子以至于庶人，壹是皆以修身为本"（《礼记·大学》）。加强道德修养，既要有内在的素质涵养，又有外在的形象塑造，个体需要涵养美德并使其成为内心所需。维护外在形象需要恰当的言行，该说则说，该做就做，不该说则三缄其口，不该做的就立马停止，而且要谈吐文明，举止文雅。大学生要充分利用校园生活的优渥时间，大量阅读诸如《诗经》《论语》一类的传世经典。在阅读经典的过程中涵养人文修养，以知书达礼、通达事理彰显个人气质，以"腹有诗书气自华"[①]尽显个人魅力。诚如清代诗人萧抡谓所言："人心如良苗，得养乃滋长；苗以泉水灌，心以理义养。"[②]当前社会上流行这样一段话，即"一日不读书，无人看得出；一周不读书，开始会爆粗；一月不读书，智商输给猪"，它深刻揭示了读书对于个体涵养人文的重要性。作为肩负实现中国梦重任的大学生，责任艰巨，使命重大，要切记戒除内心的浮躁，追求高雅的生活，追求有品位的生活，把精力和时间用在学习科学文化知识上，实现"学好一门技术，谋求一

---

① 参见苏轼《和董传留别》：粗缯大布裹生涯，腹有诗书气自华。厌伴老儒烹瓠叶，强随举子踏槐花。囊空不办寻春马，眼乱行看择婿车。得意犹堪夸世俗，诏黄新湿字如鸦。

② 参见萧抡谓《读书有所见作》：人心如良苗，得养乃滋长；苗以泉水灌，心以理义养。一日不读书，胸臆无佳想。一月不读书，耳目失精爽。

份职业"的初级理想；把精力和时间用在学习社会道德规范上，不断提高自身思想道德修养，以期实现"穷则独善其身，达则兼济天下"(《孟子·尽心上》)的人生蜕变，达到"我将无我，不负人民"的精神境界。

四、大力实施义利教育

孔子曾说"君子喻于义，小人喻于利。"(《论语·里仁》)义与利的取舍行为是君子与小人的分水岭，坚持义以为上、见利思义、见得思义的先义后利的是君子，坚持利以为上的先利后义的是小人。古人说"君子爱财，取之有道"，在合义、合宜、合道的前提下，鼓励兴利，推进社会发展，这是正确的求财之道，所以孔子对弟子说"富而可求也，虽执鞭之士，吾亦为之"(《论语·述而》)，"君子之于天下也，无适也，无莫也，义之与比"(《论语·里仁》)。在利益面前个体的选择标准应是"义"，符合道义的便取，不符合道义就舍，所以孟子曾说"可以取，可以无取，取伤廉"(《孟子·离娄下》)。从中我们可以深刻感受到古人在义与利的取舍上，遵循以义御利、以义统利的原则，强调做到见利思义、临财不苟而不放纵物欲。孟子提倡人们追求道义可以舍弃生命，以彰显个体的德性至纯与伟大，从而建构路不拾遗的大同社会。荀子认为，社会生活中如果个体重义轻利则为盛世，一旦转为人人逐利，社会将会走向乱世，"义胜利者为治世，利克义者为乱世"(《荀子·大略》)。当前，市场经济体制逐利性的一面越来越显现，这就需要国家重视对多样化利益的整合与调节，也需要个体拥有正确的义利观以进行合理的义利取舍，从而更好地推进"五位一体"的战略布局。

（一）引导大学生明辨义利

"利"由刀和禾构成，指用刀来收割庄稼，表示获得利益。在利益面前个体要如何进行取舍，是社会生活的大事，不可不察。孟子曾说"生，我所欲也；义，亦我所欲也。二者不可得兼，舍生而取义者也"(《孟子·告子上》)，在"义"的面前，孟子连生命都可以放弃，那么"利"又算得了什么。在"义"与"利"面前，孟子肯定会选择"义"。"义者，宜也"，个体选择"义"的标准就是适宜、合宜，符合主流社会的价值追求。明辨义利就是要明辨义利之别，合义则取，悖义则舍，不能因私利而损害公义，那么只会导致社会混乱。坚守"义"的底线，就是立身行事坚持社会主义核心价值观，时刻谨记不损公肥私，不侵害公利，在个人利益与国家利益、集体利益相冲突时，个人利益要服从国家利益、集体利益，要服务大局、服从大局。大学生应当有"为中华之崛起而读书"的使命担当，以"为天下兴利"为要务，做到公私分明、义利有别，养成廉洁清正、不苟私利的情怀。这样，大学生在走上工作岗位后，能够明辨义利，权衡轻重，对义利做出正确取舍。在"穷则独善其身，达则兼济天下"的精神指引下，大学生毕业后作为普通员工便会以国家、集体利益为上，安分守己，做好本职工作；走上领导岗位后便会以民生为重，廉洁从政，不挥霍公帑，时刻牢记习近平总书记"守住内心，从小事小节上守起，正心明道、怀德自重，勤掸'思想尘'、多思'贪欲害'、常破'心中贼'，以内无妄思保证外无妄动"的谆谆告诫，讲求"为民务实清廉"的工作作风，杜绝"四风"① 不良习气，以"打铁还需自身硬"的底气，以"踏石留印、抓铁有痕"的干劲强力推进主管工作的迅猛发展。

（二）教育大学生以义谋利

孔子曾说："富与贵，是人之所欲也；不以其道得之，不处也。贫与贱，是人之所恶也；不以其道得之，不去也。君子去仁，恶乎成名？君子无终食之间违仁，造次必于是，颠沛必于是。"（《论语·里仁》）荣华富贵与显达，每个人都希望拥有，但是要以道义的原则来获取，如果悖道而得宁可不得；贫穷与卑贱，每个人都想舍弃，但是也要以道义来摆脱，如果悖道而除宁可不除。没有道的制约，无论是否符合"义"，见到有利于自己的利益放弃公义，只能是自取其辱，如汪精卫卖国求荣永远被钉在历史的耻辱架上，犹如

---

① 四风指"形式主义、官僚主义、享乐主义和奢靡之风"四种不良习气。

秦桧以莫须有的罪名枉杀岳飞而遗臭万年。个体追求物欲享受是人的本性，但是一定要做到以义制利、以义谋利，避免物欲膨胀而走上"贪官卖权，市县卖田，司法卖法，市场卖假"的邪恶之道。孔子坚持"饭疏食，饮水，曲肱而枕之，乐亦在其中矣。不义而富且贵，于我如浮云"（《论语·述而》）的义利心态，坚定地走"义之与比"的以义谋利的求财道路。高校开展义利教育的最终目标就是要引导大学生涵养正确的义利观，以合乎"义"的手段来获取利益，绝对不用非法的、不义的手段来获取利益，杜绝"利字提中间、诚信撇两边"的人生哲学。个体以利益为出发点和归宿，所谓"放于利而行"的结果往往是"多怨"（《论语·里仁》），怨的积累超过了他人所能容忍的度便会招来杀身之祸。大学生要兴合义之利，除背义之害，谋利要取之有理、取之合道，把握"义然后取，人不厌其取"（《论语·宪问》）的原则，当取则取，可得才得。① 这样，大学生们才会"正确处理竞争和协作、自主和监督、效率和公平、先富和共富、经济效益和社会效益等关系，反对见利忘义、唯利是图，形成把国家和人民利益放在首位而又充分尊重公民个人合法利益的社会主义义利观"②，达到义与利的有机统一。

（三）培育大学生贵义兴利思想

司马迁曾说"今治生不待危身取给，则贤人勉焉。是故本富为上，末富次之，奸富最下"（司马迁《史记·货殖列传》），他旗帜鲜明地反对以不法行为谋取富贵。司马迁在《史记·货殖列传》罗列了奸富获利的各类手段："其在闾巷少年，攻剽椎埋，劫人作奸，掘冢铸币，任侠并兼，借交报仇，篡逐幽隐，不避法禁，走死地如骛者，其实皆为财用耳。今夫赵女郑姬，设形容，揳鸣琴，揄长袂""医方诸食技术之人，焦神极能，为重糈也。吏士舞文弄法，刻章伪书，不避刀锯之诛者，没于赂遗也"。在经济社会生活中

---

① 邓剑华.《论语》修身论 [M]. 济南：山东大学出版社，2015：146.
② 邓中好. 论社会主义义利观 [J]. 冶金政工研究，1998（2）：26-28.

最忌惮的便是个体只求私利，罔顾公义，不择手段地牟取暴利，因为这会导致市场信用体系的崩盘，如毒奶粉事件导致国内奶粉业急剧降温。我国历代儒家皆重视义利之辩，提倡"贵义兴利""先义后利"和"义利并重"的义利观。这对在当前市场经济活动中个体坚持"贵义兴利"的品格，保障经济秩序的良好运转，实现"国家富强、民族振兴、人民幸福"具有重大的现实指导意义。在义利观教育中，我们既要引导大学生以国家和人民利益为重，又要维护自身合法的利益，尽可能地在生产环节中创造更多的利以满足个人的需求，过上"仰足以事父母，俯足以畜妻子"（《孟子·梁惠王上》）的衣食无忧的生活，从而在社会中舒适地生存下去。[①]

五、大力实施诚信教育

《现代汉语词典》对"诚信"的解释是"诚实，守信用"，对诚信第一要素"诚实"的解释是"言行跟内心思想一致（指好的思想与行为），不虚假"。[②] 可见诚信的内涵是言行一致，表里如一。孔子要求弟子说话做事要"谨而信"，交友要做到"笃信守约"，坚定诚信意识，说诚信话、办诚信事、做诚信人。朱熹在《白鹿洞书院学规》中明确要求学生要做到"朋友有信"和"言忠信，行笃敬"，李毓秀在《弟子规》中对所有读书人提出："凡出言，信为先。诈与妄，奚可焉？"（李毓秀《弟子规》）可见古人在培养人才时非常重视其诚信意识的教育，以期建构相互信任的诚信社会。武则天曾说："虽有仁智，必以诚信为本。故以诚信为本者，谓之君子；以诈伪为本者，谓之小人。君子虽殒，善名不减；小人虽贵，恶名不除。"（武则天《臣轨·诚信章》）《二程集·论学篇》载："进学不诚则学杂，处事不诚则事败，自谋不诚则欺心而弃己，与人不诚则丧德而增怨。"（程颢、程颐《二程集·论学篇》）诚信是一切美德的基石，是个体社会交往最基本的为人准则。个体要

---

① 邓剑华.《论语》修身论 [M].济南：山东大学出版社，2015：147.
② 邓剑华.《论语》修身论 [M].济南：山东大学出版社，2015：143.

成为灵魂高尚的人，必须是一个诚实、守信的人，必须要涵养"主忠信"的品格。大学生要养成"人而无信毋宁死"的道德情操，不抄袭、剽窃他人的科研成果，将更多的精力投入到学习和创新中来，促进自己德智体美全面发展，才能在走上工作岗位后认真履行职责，完成他与社会的约定。①

（一）教育大学生要立足于实事求是②

陶行知先生在创办晓庄学校时，提出"千教万教教人求真，千学万学学做真人"的教育目标。无论是做真人，还是在生活中求真，个体都要坚持实事求是，坚持"求真""求实"的做人态度，做到言行相顾、表里如一。求真是内心最真实的想法，是最真诚的毫无掩饰的内心心境；求实是指内心表达符合实际情况，一就是一、二就是二。③个体在社会生活中有没有做到"求真""求实"，有没有"匿怨而友其人"（《论语·公冶长》），关键在于其内心有没有诚信思想意识。民国教育家蔡元培曾说："信义者，实事求是，不以利害生死关系枉其道。"这句话直白地告诉我们，个体追求信义，就不会为了自己的个人利益而屈道败德，指鹿为马，个体会实事求是，做到言行一致，其语言表达反映的便是其内心真实的世界，其处事方式是其内心真情的自然流露所致。言为心声、言行相符是实事求是的本质要求。"文、行、忠、信"（《论语·述而》）要求个体尊重客观事实，尊重自然规律，以实事求是的态度立身处世，确保自身价值取向符合社会主流价值。

---

① 邓剑华.德育视阈下的大学生诚信教育 [J].教育探索，2010（4）：4.
② 徐柏才.诚信道德的历史渊源与大学生诚信教育 [J].中南民族大学学报：人文社会科学版，2008，28（1）：4.
③ 邓剑华.《论语》修身论 [M].济南：山东大学出版社，2015：144.

（二）以善为标准，追求诚信的正当①

孟子曾说："诚者，天之道也；思诚者，人之道也。"（《孟子·离娄上》）在孟子看来，诚是真实无妄，天是自然，天之道就是自然之道或自然的规律，人之道是指做人的道理或法则。自然界的万事万物都是客观实际、真实存在的，没有半点虚假，所以说"诚"是天之道。人之道应该思"诚"，思"诚"的本质要求是追求"诚"。《道德经》记载："人法地，地法天，天法道，道法自然。"（《道德经》）在中国传统文化中，国人信奉"天人合一""天下大势，顺之者昌，逆之者亡"，认为人道与天道一致，才能无往而不胜。做人要诚实守信，不欺上瞒下，不矫揉造作，不文过饰非；与人交往要诚信相待，要"言必信，行必果""义以为上"，履行承诺。个体做到了"诚"，才能实现"以情感人"；如果感化不了别人，或许是别人还没有感受到个体内心的真诚。传统诚信观以善为行事准则，所以善意的欺骗大多能得到他人的理解，否则别人会一辈子记恨在心。个体要始终坚持把诚信建立在正向主流价值上，追求诚信的正义。在漫长的中华文明发展史上，关于诚信的典故举不胜举，既有正面的案例如一饭千金，也有反面的教材如周幽王烽火戏诸侯。大学生应从诚信典故中，学习古人的诚信品质，追求"一诺千金"的诚信境界。同时，要引导大学生剔除"逢人只说三分话，未可全抛一片心""老实人易吃亏"等为人世故的伪道，通过增长人生智慧来实现"君子可逝也，不可陷也；可欺也，不可罔也"（《论语·雍也》），避免落入他人设置的诚信陷阱。

---

① 徐柏才．诚信道德的历史渊源与大学生诚信教育 [J]．中南民族大学学报：人文社会科学版，2008，28（1）：4．

（三）把诚信内化为大学生的人生信条 [①]

中国历史上著名的晋商、徽商，他们的经商之道就是诚信，以诚信走四方。古人讲"诚信是立世的根本"，个体赖以立身的是诚信的品质，具有诚信品质的人可以走遍天下，交友天下。古时候和尚为了修庙建寺，四处化缘便可以得到热心人士的捐助，他所凭借的信物是身上的袈裟，热心人士看到袈裟，便会信任化缘的和尚，这便是诚信的力量。当前，应教育大学生要深刻认知"人而无信，不知其可也。大车无輗，小车无軏，其何以行之哉？"（《论语·为政》）的内涵，懂得"自古皆有死，民无信不立"（《论语·颜渊》）的道理，把诚信品质内化为人生信条，做到诚信待人、诚信处事。司马迁在《史记》中记载了商鞅变法立木取信的故事："令既具，未布，恐民之不信己，乃立三丈之木于国都市南门，募民有能徙置北门者予十金。民怪之，莫敢徙。复曰：'能徙者予五十金。'有一人徙之，辄予五十金，以明不欺。卒下令。"（司马迁《史记·商君列传》）《玉泉子》也记载了一则关于诚信的故事："吕元鹰出任唐东都洛阳留守时，有个处士经常到他府上陪他下棋，想在他的手下谋个差。一天，吕公正与处士对弈时，突然公差送来公文，吕公只好停棋批阅。处士见吕公专注于批阅公文，便趁机悄悄换了一枚棋子，处士因此而赢了棋。然而，处士的小伎俩未能逃脱吕公的法眼，只是没有当面说破。本来吕公比较赏识处士的才气，准备将他留在身边当个师爷。但处士偷换棋子的行为，让吕公看清了其人的品行和本质。第二天处士向吕公提起当差一事，吕公说：'我这里的池塘太小了，怕耽误先生的前程，请先生还是另谋高就吧。'"处士在吕公面前耍小聪明，可谓是既丢人又丢职，从中可以看出诚信品格对于个体立身行事的重要性。由这些案例可以深切地感受到，诚信是个体在社会上行走的标签，拥有诚信品格的人路会越走越宽、越走越

---

① 赵春华.论儒家德育思想与大学生诚信教育机制创新 [J].教育探索，2007（9）：90-91.

远，而丧失诚信品格的人路会越走越窄、越走越难。

第二节　引导学生修身以拒耻

"古之欲明明德于天下者，先治其国，欲治其国者，先齐其家者，先修其身；欲修其身者，先正其心；欲正其心者，先诚其意；欲诚其意者，先致其知，致知在格物。物格而后知至，知至而后意诚，意诚而后心正，心正而后身修，身修而后家齐，家齐而后国治，国治而后天下平。自天子以至于庶人，壹是皆以修身为本。"（《礼记·大学》）高校思想政治教育工作者要提高德育工作的实效性，就必须引导大学生有效地、自觉地进行自我修身，把中华传统美德内化为学生的德性外化为学生的品行，使学生充分彰显文质彬彬的君子形象。在修身教育过程中高校要大力开展知耻教育，让大学生知道何为耻、何为荣，从而在生活中一步一个脚印地走上涵养道德的修身大道上，最终实现拒耻扬荣。

一、立志修身，成就君子人格

"人们最困扰的不是生活的艰辛，而是看不到前途。最困扰一个人的不是没有钱，而是没有追求，看不到前途。一个人如果没有了追求，就成了河里的树叶，随波逐流，毫无自主。而有追求的人则是河里的游鱼，可以自由地追寻自己的梦想。"[1] 人生在世，不应沉湎于财富的多寡，而应该追求更高境界的道德生活，成为他人效仿的对象。明朝的沈万三富可敌国，但在后世又有几人知晓？但是像孔子、孟子，像白起、岳飞，像李白、苏轼，他们却因立德、立功、立言而名垂千古。所以孔子推崇的是道德文章，担忧的是"执德不弘，信道不笃"（《论语·子张》），没有人能够"守死善道"（《论

---

[1] 爱逍遥.人要有所追求 [EB/OL].（2014-12-16）[2022-01-12].https：//www.xuexila.com/yuedu/suibi/50643.html.

语·泰伯》）。因此，衡量一个人对社会发展的贡献不在于他所拥有的财富的多少，而在于他所推行的道是否能让人们受益，所以个体不能盲目地追求物质财富，而更应考虑修身成德。

（一）志于学，夯实德行基础

德行与知识的提升都是在学习中获得的。只有通过学习，个体才能知晓基本的道德规范，才能区分是非、善恶，才能夯实道德修养的基础，才能正确认知自我，发现自身不足。孔子非常重视学习，认为个体不学习就不懂得做人的规矩，就无法分辨是非、善恶、美丑、荣辱。孔子自述在学习的基础上，他的德行进阶为十年一个档次，曾说道："吾十有五而志于学，三十而立，四十而不惑，五十而知天命，六十而耳顺，七十而从心所欲，不逾矩。"（《论语·为政》）同时，孔子认为只有学习才会有智慧，才不会有困惑，"知者不惑"（《论语·子罕》）。"知者不惑"是由于个体能够准确辨别正误，避免在学习中出现错误的倾向："好仁不好学，其蔽也愚；好知不好学，其蔽也荡；好信不好学，其蔽也贼；好直不好学，其蔽也绞；好勇不好学，其蔽也乱；好刚不好学，其蔽也狂。"（《论语·阳货》）如果个体没有正确理解"仁、知、信、直、勇、刚"等道德品质的真正意义，容易出现导致背道而驰的"愚、荡、贼、绞、乱、狂"。"笃信好学，死守善道"（《论语·泰伯》）是孔子修身的准则。

学习首先要"笃志"，就是要有通过学习成圣成贤的志向。子夏曾说："博学而笃志，切问而近思，仁在中矣。"（《论语·子张》）孔子认为立志修身要早，"江山易改，本性难移"，个体一旦受环境影响而习得戾气后将难以成就大德，孔子在十五岁时已经"志于学"以修身求道（《论语·为政》）。孟子继承了孔子的思想学说，并予以进一步拓展。孟子认为学校是个体学习的最佳场所，有师者为弟子"授人以知识、育人以人伦"，通过师者传道受业为弟子解惑，可以促进弟子快速成人成才。孟子认为学校的任务是育人，应通过教化不断培养学生的道德品质、提升弟子的道德修养，"设为庠序学校以教之。庠者，养也，校者，教也，序者，射也。夏曰校，殷曰序，周曰庠，学则三代共之，皆所以明人伦也。"（《孟子·滕文公上》）荀子在《劝学》中开篇就说："学不可以已。"学习不能画地为牢，要学无止境，奋勇向前。学习可以超越前人，荀子曾说"青，取之于蓝，而青于蓝；冰，水为之，而寒于水"（《荀子·劝学》）。

学习要有的放矢。儒家认为，学习的精髓在于把握本质，即内在的"道"，要学"道"、知"道"，最终行"道"。孔子曾说"君子学以致其道"（《论语·子张》），"朝闻道，夕死可矣"（《论语·里仁》），"君子谋道不谋食……君子忧道不忧贫"（《论语·卫灵公》）。可见，孔子口中的学是全面而广泛的学，因此对事物、对自我、对他人、对社会等有深入的认知，这样才能把握道的精髓。如果仅仅是学习某种专门知识，那是器，便仅是一种能力。当子贡让孔子评价自己时，孔子说子贡是"瑚琏"①，还没有达到"道"的境界。关于如何才能向"道"攀升，孔子认为在"礼、乐、射、御、书、数"中游刃有余，成为集大成者，方有可能。在与人相处中，礼是最能体现个体道德修养的境界，所以孔子教育孔鲤要学礼，"不学《礼》，无以立"（《论语·季氏》）。在孔子看来，礼是社会制度和规范的总称，把握了礼的精髓，并将其用以指导自身言行，慢慢就能达到"仁"的境界，实现"仁"的目标。

学习还要做到学思结合。孔子认为"学而不思，则罔"（《论语·为政》），只读书学习而不结合实际加以思考，知识点还是知识点，学习者无法用所学知识来解决具体问题，因此会感到茫然，只有在学习中结合实际加以反思，在思考中加深对学习内容的串联，才能做到由此及彼，举一反三，学以致用。思考是透过现象看本质的理性活动，是修养身心提升德行的重要环节。思考既有所学内容的理性思考，又有对自己言行的自我省视，从思考中可以

---

① 参见《论语·公冶长》：子贡问曰："赐也何如？"子曰："女，器也。"曰："何器也？"曰："瑚琏也。"

获得真知灼见，进而使德行提升到更高境界。基于此，孔子提出"九思"，即"视思明，听思聪，色思温，貌思恭，言思忠，事思敬，疑思问，忿思难，见得思义"(《论语·季氏》)。多维度思考问题能够把握问题的实质，避免被假象迷惑。没有"九思"，道听途说就信以为真，那是"德之弃也"(《论语·阳货》)的行为。孔子提倡学思结合，反对只学不思，也反对思而不学，他曾说"吾尝终日不食，终夜不寝，以思，无益，不如学也"(《论语·卫灵公》)。学与思应当是"学而不思，则罔；思而不学，则殆"(《论语·为政》)的辩证统一关系。

（二）志于道，提升精神境界

人不应该仅仅生活在物质层面，而应该具有更高层面的道德追求。人如果没有精神追求，那就是一具行尸走肉的躯壳，与其他动物没有什么区别。正是因为人有精神层面的追求，社会才得以发展和进步。孔子曾说"士志于道，而耻恶衣恶食者，未足与议也"(《论语·里仁》)。个体如果已经志于道德境界的提升，偏偏又要贪图物质享受，那便使自己成了一个矛盾体。颜回是求仁得仁的典范，能够安于"一箪食，一瓢饮，在陋巷，人不堪其忧，回也不改其乐"(《论语·雍也》)的清贫求道生活，其内心完全沉浸在所求之"道"上，实现了"不贰过"的德性目标。君子志于道，重视精神生活，就不会为外界物欲所累，孔子即便在陈绝粮，依旧弦歌不绝，通过琴声感召弟子共克时艰。① 对此，孔子曾说"三军可夺帅也，匹夫不可夺志也。"(《论语·子罕》)

志于道，要循序渐进。子夏讲学授徒从洒扫应对开始，从小处着手夯实弟子的德行基础。对此，同为孔子弟子的子游觉得子夏的教育道路走偏了，子游认为教育弟子应该教更为高深精奥的做人道理。子夏认为，教育弟子涵

---

① 参见《论语·卫灵公》：在陈绝粮，从者病，莫能兴。子路愠见曰："君子亦有穷乎？"子曰："君子固穷，小人穷斯滥矣。"

养德行，应该从最简单的地方开始，然后一步一步引向高深，这样弟子易于把握精髓，最终才能够实现育人目标。① 子夏正确的育人之道，最终培养出了吴起、李悝、商鞅等高足，连魏文侯都尊其为师。从整部《论语》的内容可以推知，孔子一直在践行由浅入深的教学之道。例如，在讲"孝"时，先说"无违"，最后才说出孝行的标准是符合"礼"的要求，即"生，事之以礼；死，葬之以礼，祭之以礼"（《论语·为政》）。为了让弟子更好地理解"道"，孔子抛出话题后，引导弟子用"叩其两端而竭焉"的方式去感悟"道"，没有悟透的才可以再提问，否则问了孔子也不会回答。通过"不愤不启，不悱不发"（《论语·述而》）的启发式教学，在学生感悟到一定程度渴望获得真知时，孔子才会抽丝剥茧般地帮弟子析理，领着学生往深里走、往实里走，最终使学生豁然开朗，实现"告诸往而知来者"（《论语·子路》）的循序渐进的求道目标。

志于道，要一以贯之。学道是枯燥的，也是乏味的，许多人在学道过程中因枯燥而半途而废。② 对道的求取要持之以恒、一以贯之，并加以实践，从中获得快乐与满足。唐朝玄奘历时十七载，从印度取回真经，难以现象他在此期间经历了多少艰险危难，多少风餐露宿，如果他没有一以贯之的精神，没有获知佛法精髓带来的快乐与满足，肯定无法完成取经壮举。孔子周游列国十四年，就是为了传"道"，向时人传播自己的学说，他经常处于困顿状况，甚至在困于陈蔡时绝粮七日，依旧没有改变传道的信念，被仪封人尊为木铎。③ 因此，在追求"道"的过程中，要有"为之不厌"（《论语·述

---

① 参见《论语·子张》：子游曰："子夏之门人小子，当洒扫应对进退，则可矣，抑末也。本之则无，如之何？"子夏闻之，曰："噫！言游过矣！君子之道，孰先传焉？孰后倦焉？譬诸草木，区以别矣。君子之道，焉可诬也？有始有卒者，其惟圣人乎！"

② 参见《论语·雍也》：冉求曰："非不说子之道，力不足也。"子曰："力不足者，中道而废，今女画。"

③ 参见《论语·八佾》：仪封人请见，曰："君子之至于斯也，吾未尝不得见也。"从者见之。出曰："二三子何患于丧乎？天下之无道也久矣，天将以夫子为木铎。"

而》）、"发愤忘食，乐以忘忧"（《论语·述而》）、"匹夫不可夺志也"（《论语·子罕》）的执着态度，要有"朝闻道，夕死可矣"（《论语·里仁》）和"笃信好学，守死善道"（《论语·泰伯》）的求道精神，要经受住各种困难的考验，为自我修养提供强大的精神力量。

二、慎言力行，遵循道德规范

司马牛问君子。子曰："君子不忧不惧。"曰："不忧不惧，斯谓之君子已乎？"子曰："内省不疚，夫何忧何惧？"《论语·颜渊》孔子认为一个人如果在内心对自我言行进行反省而不存在有让自己感到愧疚的言行，那就是一个真正的正人君子。在光天化日之下每一个人都会展现自身良好的一面，要做到不忧不惧，关键是人在独处时是否依然能够遵循社会道德规范，做到谨言慎行，有利于社会发展的行为就力行，否则就坚决抵制。"君子一言以为知，一言以为不知，言不可不慎也"（《论语·子张》），孔子认为个体在社会生活中要"敏于事而慎于言"（《论语·学而》）。《中庸》载有"君子戒慎乎其所不睹，恐惧乎其所不闻。莫见乎隐，莫显乎微，故君子慎其独也"（《礼记·中庸》）。社会道德和伦理规范能够得到社会大众的认同的关键在于个体的内省、慎微，这也是个体由"内圣"走向"外王"的关键。一旦个体把社会道德、伦理规范内化为道德品行，使其成为自身的一种道德需要，在社会生活中身体力行，个体也就成了道德模范的化身。

（一）慎言

"慎言"就是说话谨慎小心，少说空话、套话和大话，言过其实是一件可耻的事。孔子明确提出"敏于事而慎于言"[①]（《论语·学而》），又提出"君子欲讷于言而敏于行"（《论语·里仁》）。"慎于言"是个体在社会生活中必

---

① 参见《论语·学而》：子曰："君子食无求饱，居无求安，敏于事而慎于言，就有道而正焉，可谓好学也已。"

须遵循的基本原则，该说就说，不该说的就不说，孔子曾说"言未及之而言谓之躁，言及之而不言谓之隐，未见颜色而言谓之瞽"(《论语·季氏》)。"慎于言"包括两层意思：一是不能随便说不着边际的话，做到"言必有中"①。说话做事必须以自己的实际情况和能力为依据，做得到的就说，做不到的就不要说，因为说了可能会误别人的事，误了别人的事便可能会为自己带来羞辱。孔子曾说："君子耻其言而过其行。"(《论语·宪问》)。赵括纸上谈兵头头是道，使赵王相信了赵括的能力，让他代替廉颇与秦军在长平决战，结果赵军被活埋四十万，赵国从此走向衰亡。二是不能越级发言，更不能越级表态，做到"不在其位，不谋其政"(《论语·泰伯》)。越级发言或表态是对领导的极端不礼貌和对事件的极端不负责，发言是要被落实的，表态性质的发言是能够把握方向和大局的。越级发言可能会把方向弄偏，也可能会把领导陷入两难的尴尬的境地，甚至把事情弄得无法转圜。越级表态则更不可取，可能会导致本来要推进的事被拒绝了，必须拒绝的事却被提前接受了。我们可以看到，外交官在谈判时是不会随意表态的，除非领导有具体的交代或在自己的职责范围内，否则的话都会在休会向上级汇报工作，在得到具体指示后再接着谈判。

（二）力行

提高道德修养，除了要勤奋学习、精深思考，更重要的是要躬行，即身体力行，把学到的好的道德品质转化为自己的行动，把自我反省得出的缺点、错误在行动中改正过来。②修身是做人的学问，在社会生活中孔子强调身体力行、躬行践履，强调通过实践在严酷的环境中去磨炼成长，去完善自己的人格。一个人如果只说不做，那是一件可耻的事。③孔子告诫弟子，衡

---

① 参见《论语·先进》：鲁人为长府。闵子骞曰："仍旧贯，如之何？何必改作？"子曰："夫人不言，言必有中。"

② 戴洪才.中国传统修身理论及其现实意义（下）[J].党政论坛，2007（4S）：4.

③ 邓剑华.《论语》修身论 [M].济南：山东大学出版社，2015：106.

量人的品德应当到社会生活中去考察这个人，在"视其所以，观其所由，察其所安"(《论语·为政》)的过程中全面深入地调查这个人，这样伪装、掩饰终将无所遁形。孔子认为向社会学习、向他人学习的目的就在于在实践中践行"仁"道，"百工居肆以成其事，君子学以致其道。"(《论语·子张》)。力行务必做到：一是躬行实践，注重内化。"论先后，知为先；论轻重，行为重"，只有学以致用，身体力行，才能在社会生活中不断提高自身道德修养。[1] 孔子非常重视躬行实践说到"文，莫吾犹人也。躬行君子，则吾未之有得"(《论语·述而》)。荀子继承了孔子的躬行思想，认为力行对于德行的提升是最重要的，说道："不闻不若闻之，闻之不若见之，见之不若知之，知之不若行之。"(《荀子·儒效》)二是经受历练，成就德行。孟子认为个体要想担当重任、成就一番伟大的事业，进而提升道德境界，除了要身体力行外，还要接受各种严酷环境和艰难挫折的历练，才会有百折不回的坚定信念，在大浪淘沙中方显英雄本色，所以说"天将降大任于斯人也，必先苦其心志，劳其筋骨，饿其体肤，空乏其身，行拂乱其所为，所以动心忍性，曾益其所不能"(《孟子·告子下》)。如此，个体可获得卓越的才能，形成完善的人格，达到崇高的道德境界。千百年来，多少中华民族的志士仁人在这一精神鼓舞下，不屈不挠，艰苦磨炼，终于成就了无数惊天地、泣鬼神的伟大事业。

三、克己自省，成就嘉言懿行[2]

孔子认为"仁远乎哉？我欲仁，斯仁至矣"(《论语·述而》)，提出"为仁由己"的著名论断，激励国人修身养性，成就嘉言懿行，净化社会风气。关于求仁得仁、成圣成贤，孔子给出的答案是反省内求、慎独克己，主张凡事"反求诸己"。克己是指以主流社会所提倡的道德规范和标准来克制、约

① 邓剑华.《论语》修身论 [M]. 济南：山东大学出版社，2015：106.
② 邓剑华.《论语》修身论 [M]. 济南：山东大学出版社，2015：155.

束自己，"克己复礼为仁"（《论语·颜渊》），以达到"非礼勿视，非礼勿听，非礼勿言，非礼勿动"（《论语·颜渊》）的道德要求。孔子要求人们以高尚的道德情操去战胜自己头脑中的非道德欲望、不理智的行为和不正确的言论，使自己的言行时刻符合社会道德规范的要求；如果逾越了道德规范，则应马上加以克制，使之重新回到社会道德规范允许的轨道上来，这样就达到了"仁"的要求，符合了"仁"的规范，实现了仁道的境界。① 克己要求修身个体在三个方面下足功夫：一是要正确对待自我。准确认识自我，走出自我盲区，进入自我明察之中。二是要从小立志磨砺自我。用"天行健，君子以自强不息"的格言来激励自己，肩负起历史的责任和时代的使命，为实现中华民族的伟大复兴而不懈奋斗。三是要艰苦奋斗提升自我。在艰难困苦中积极进取，努力奋斗，有所作为，做到在顺境中激励自我，不骄傲，处逆境中鞭策自我，不气馁，闯出一条血路。省在《说文解字》中的解释为"视也。从眉省，从屮。省者，察也。察者，核也"，《尔雅》曰"察也"。"自省"强调自我在内心对自己的言行进行省察与再认知，通过不断地自行省察、自我反省，认知错误改正错误，使自己的思想更加符合社会主流价值，使自己的行为更加符合社会伦理道德规范。与其他道德活动相比，内省具有两大特征：一是自主；二是反思。自主体现在修身个体的自觉自愿上，即个体会对自身德行的不足或过失进行主动剖析，这一行为是真我与道德理想中的我的对话，是个体内心道德法庭的仲裁，可以使个体实现自我检讨、自我超越。反思是反向、反过来思考的意思，是对自己的主观经验、意志、行为等在不同情景中的自我观察，最终对自己的德行得出肯定或否定的结论。② 克己内省是以一种外在的道德原则和规范作为自我省察的标准，通过自我意识来省察自己的言行的过程，其关键在于察觉自我过失，以图弥补，从而实现道德进阶。

---

① 邓剑华.《论语》修身论 [M]. 济南：山东大学出版社，2015：97.
② 邓剑华.《论语》修身论 [M]. 济南：山东大学出版社，2015：98.

（一）严于律己

个体对自己的言行要从严要求，不可有一丝放松。"严于律己"包括如下内容：一是个体要有见贤思齐的学习心态，要时刻警醒自己向善看齐。孔子说道："见贤思齐焉，见不贤而内自省也。"（《论语·里仁》）又说道："见善如不及，见不善如探汤。"（《论语·季氏》）曾参把孔子的教导很好地付诸实践，用"吾日三省吾身"（《论语·学而》）来反省自身言行是否做到"仁"的道德要求。二是要有反躬自问的心态，随时纠正自身言行。孔子曾说："躬自厚而薄责于人，则远怨矣。"（《论语·卫灵公》）个体在社会生活中要经常进行自我反省，做到"多闻阙疑，慎言其余，则寡尤；多见阙殆，慎行其余，则寡悔。言寡尤，行寡悔，禄在其中矣"（《论语·为政》）。"君子求诸己，小人求诸人。"（《论语·卫灵公》）在遇到矛盾、问题时，思想道德境界不同的人，处理问题的方式也不同，道德高尚的人严于律己，会从自身查找问题与不足；小人为了推卸责任掩盖自身缺陷，喜欢从别人身上挑毛病。三是能够正确处理上下级关系，营造良好的工作环境。孔子盛赞子产的德性，认为子产对待上级谨敬忠诚，对待同级真诚，对待下级坦诚，"其行己也恭，其事上也敬，其养民也惠，其使民也义"（《论语·公冶长》）。在生活中为人处事上要待人恭敬、谦虚，多为对方着想，创造良好的相处氛围。

（二）涵养戒畏心

个体在现实生活中要极力克制物质欲望，一旦步入"人心不足蛇吞象"的欲望阶段，便只能是自我毁灭、自取灭亡。孔子要求弟子一心求仁，无论顺境与逆境，顺境要泽被苍生，逆境也要独善其身。佛家为了克制个人欲望，提出著名的"八戒"理论，让信众在社会生活中予以贯彻落实，具体为"一戒杀生，二戒偷盗，三戒淫邪，四戒妄语，五戒饮酒，六戒着香华，七戒坐卧高广大床，八戒非时食"。用"八戒"来要求普通人显然是不合时宜的，但是孔子提出的"三畏三戒"则在理论和实践层面给予了明确的指导，为个体修身指明了方向。孔子认为"君子有三畏：畏天命，畏大人，畏圣人之言。小人不知天命而不畏也，狎大人，侮圣人之言"(《论语·季氏》)，"君子有三戒：少之时，血气未定，戒之在色；及其壮也，血气方刚，戒之在斗；及其老也，血气既衰，戒之在得"(《论语·季氏》)在人的一生中，一是要心存敬畏，一是要心存戒惧。心存敬畏，就会三思而行而不会为所欲为；心存戒惧，就不会意气用事，避免横生灾难。人的欲望是无止境的，所以要自我克制，在社会道德规范内立身行事。陈毅对畏戒做过解读，写了《七古·手莫伸》一诗："手莫伸，伸手必被捉。党与人民在监督，万目睽睽难逃脱。汝言惧捉手不伸，他道不伸能自觉。其实想伸不敢伸，人民咫尺手自缩。"一个人的内心如果没有让他感到可怕的，无所畏惧，那这个人就完蛋了，因为有序社会无法接纳这种无法无天的人，[①] 只能走向毁灭一途。所以说，一个人如果不注意畏戒之心的涵养，稍不留神就会陷入万劫不复的境界。

（三）慎独

古人修心养性，崇尚"慎独"。个人在独处时做出的取舍，最能体现个体所达到的思想道德境界。慎独是个体对于社会道德规范的高度自觉，个体无论在何时何地都会遵循道德规范，做到"不贰过"。同时慎独也是与诚实相联系的一种道德品质。要做到慎独，必须要有诚实的态度，做到诚恳老实，不能自欺欺人。《大学》记载："所谓诚其意者，毋自欺也。如恶恶臭，如好好色，此之谓自谦，故君子必慎其独也……此谓诚于中，形于外，故君子必慎其独也。"个体做到慎独后，就会以一种高度的理性自觉来约束自身言行，使自己的言行无论何时何地都符合社会主流价值的要求，从而做到孔子所说的"从心所欲，不逾矩"(《论语·为政》)。

---

① 邓剑华.《论语》修身论 [M].济南：山东大学出版社，2015：104.

四、处事有度，树立君子形象 [①]

《论语》中的"君子"有时指代执政者，如"君子之德风，小人之德草，草上之风，必偃"（《论语·颜渊》），"有君子之道四焉：其行己也恭，其事上也敬，其养民也惠，其使民也义"（《论语·公冶长》），但是更多的时候是指思想道德品质高尚者的人，如"君子以文会友，以友辅仁"（《论语·颜渊》），"君子和而不同，小人同而不和"（《论语·子路》），"君子易事而难说也。说之不以道，不说也；及其使人也，器之。小人难事而易说也。说之虽不以道，说也；及其使人也，求备焉"（《论语·子路》）。孔子口中的"君子"是理想人格的化身，是圣贤的同义语，他认为君子形象的核心要素是在道德追求上表现为"内圣外王"，在处理事务时追求"齐家治国平天下"。在实践的层面上，"君子"是相对于"小人"而言的。其主要分野是君子文质彬彬、胸怀坦荡、成人之美、正直不阿、和而不同、朋而不党、不汲汲于富贵、不戚戚于贫贱等等，而"小人"则事事反之。[②]

（一）仁者，爱人

《中庸》："修身以道。修道以仁。仁者，人也，亲亲为大。义者，宜也，尊贤为大。亲亲之杀，尊贤之等，礼所生也。"孟子认为"仁者，爱人"，说到"君子以仁存心，以礼存心。仁者爱人，有礼者敬人。爱人者，人恒爱之；敬人者，人恒敬之"（《孟子·离娄下》）。"仁者，人也"，是人与生俱来的情感倾向，是人固有的四善端之一。个体在社会生活中修养美好的仁德是人的本性追求，是人的内在道德情感需求，"爱人"的标准是尊重人、关

---

① 邓剑华.《论语》修身论 [M].济南：山东大学出版社，2015：157.
② 同①.

心人和帮助人，要求个体能够做到"己欲立而立人，己欲达而达人"①（《论语·雍也》）。引导大学生修养身心，一是要有善恶标准，"能好人，能恶人"（《论语·里仁》）。爱人不是无原则地爱一切人，而是爱好人，爱行善之人。对于恶人，不能无原则地去爱对方，而是要引导其向善、向好的方向转化，如果恶人还是我行我素屡教不改就要施加强大的舆论压力，逼其就范促其转化。二是要扩大爱心的范围，"泛爱众而亲仁"（《论语·学而》）。仁者在社会生活中会把亲亲之爱拓展到朋友、邻里乡亲，继而拓展到社会上的每一个人。人人相亲相爱、社会和谐是社会主义社会发展的必然结果。孟子曾说"君子之于物也，爱之而弗仁；于民也，仁之而弗亲，亲亲而仁民，仁民而爱物"（《孟子·尽心上》），要爱多数人，而不仅仅是自身几个朋友。三是要责己宽人，做到"躬自厚而薄责于人"（《论语·卫灵公》）。用"君子求诸己"（《论语·卫灵公》）的心态来处理自己与他人的关系，"求诸己"有利于反省自身言行，同时有利于感化他人，增进彼此的情感交流。高校思想政治工作者要引导大学生在同学相处中崇尚团结友爱、互帮互助，遇事先从自身找症结，反省自己言行欠妥之处，不要动不动就埋怨别人或指责别人，坚持"大德不逾闲，小德出入可也"（《论语·子张》），以"大事讲原则，小事讲奉献"的办法来化解各类矛盾。

（二）自强不息，厚德载物

《周易》："天行健，君子以自强不息；地势坤，君子以厚德载物。"（《周易》）梁启超在清华大学任教时，以"论君子"为题给当时的清华学子做了一次精彩的演讲。在演讲中梁启超希望清华学子们都能学习古人志道修身的精神，继承中华"孝悌忠信礼义廉耻"的传统美德，做"自强不息，厚德载物"的仁人君子。作为新时代的大学生，在全面推进第二个百年奋斗目标的

---

① 参见《论语·雍也》：子贡曰："如有博施于民而能济众，何如？可谓仁乎？"子曰："何事于仁，必也圣乎！尧、舜其犹病诸！夫仁者，己欲立而立人，己欲达而达人。能近取譬，可谓仁之方也已。"

今天，应当效法天体永不停歇的运转，发奋图强、永不懈怠。学习孔子"其为人也，发愤忘食，乐以忘忧，不知老之将至云尔"（《论语·述而》）的奋斗境界，学习孔子"吾十有五而志于学，三十而立，四十而不惑，五十而知天命，六十而耳顺，七十而从心所欲，不逾矩"（《论语·为政》）持之以恒的进取精神。[①] 同时，还要涵养容人雅量，不得吹毛求疵一味攻击他人，这不利于社会发展，也不利于个人的成长。正如孔子所说："人而不仁，疾之已甚，乱也"（《论语·泰伯》）。

（三）为之不倦的使命担当

当前，我国正处于历史上最好的发展阶段，正在逐步接近世界舞台的中央。据世界经济学家乐观估计，中国有望在 2035 年左右赶超美国成为世界第一大经济体。在这样一个历史发展的战略机遇期，大学生要勇担使命，以扎实的专业知识和娴熟的专业技能，在自己平凡的工作岗位上干出不平凡的业绩，要立志于建设强大的祖国，肩负中华民族伟大复兴的光辉使命，时刻感知自己"任重而道远"的历史重任，充分发挥"路漫漫其修远兮，吾将上下而求索"的探索精神，凭借"世上无难事，只要肯登攀"的革命干劲，履行时代赋予的青春约定。为此，大学生应做到如下内容。一是要有志于学，夯实工作能力。学习是枯燥乏味的，没有志于学的坚守，便不可能在自身专业领域耕耘一辈子。大学生要学习周恩来总理从小立志"为中华之崛起而读书"，博览群书，向书本学习，获取马克思主义的革命理论；向实践学习，把理论运用于实践，指导革命斗争工作的开展。最终练就过硬本领，为人生辉煌铺平道路。二是要学而不厌，持之以恒。在全面建设学习型社会的今天，在知识爆炸的时代，没有"活到老，学到老"的学习激情，将很容易被时代淘汰。大学生应虚心好学，既要向书本学习，又要向实践学习，还要向能者学习，这样多管齐下，才能不断增长自身才干。

---

① 邓剑华.《论语》修身论 [M]. 济南：山东大学出版社，2015：157-158.

（四）确立社会主义的义利观

大学生要深刻领会"君子喻于义，小人喻于利"（《论语·里仁》）的内涵，在社会生活中坚守"以义御利，先义后利"的原则，凡事以"义"为标准进行义利取舍，在不伤及"义"的前提下，可以兴利、取利，以快速推进社会发展。个体内心涵养了"义"的原则，就不会做损公肥私之事，便会把个人利益置于国家、集体利益之下，使个人利益服从、服务于国家、集体发展的大局。高校思想政治教育工作者要引导大学生不斤斤计较个人得失，不利用手中的些许权力为自己谋取不正当利益，如在评选奖助学金时考虑的是自己或自身好朋友，做不到一碗水端平，便会招来同学的怨恨，破坏班级的和谐与稳定，导致班级丧失凝聚力。又好又快的发展是硬道理，高校思想政治教育工作者要引导大学生在生活中追求正当的利，在互利互惠中实现双赢。古人讲"君子爱财，取之有道"，大学生群体要形成"贵义兴利、以义谋利"义利观，这样在走上工作岗位后能够为国家发展创造尽可能多的财富，同时也为个人发展获取更多的发展红利。大学生应牢记在义利面前，一旦面临个人利益与公共利益、道义发生矛盾时，要毫不犹豫地维护道义和公共利益，做到"舍利取义"。

五、积善成德把握成人方向

孔子特别担心弟子文过饰非，鼓励弟子积极改过迁善，涵养美德，"过而不改，是谓过矣"（《论语·卫灵公》）孔子认为一个人如果有缺点、犯了错误，并不是致命的。致命的是怕别人知道自身缺点和过错，采取不承认、逃避的态度，把缺点和过错有意地掩盖起来，导致缺点和过错一直存在，这种做法非常不理智。面对缺点和过错，个体要有敢于正视的态度和直面的勇气，更要有改过的决心。"君子以见善则迁，有过则改"（《周易·益》）。《左传》记载，春秋时，晋灵公无道，滥杀无辜，臣下士季进行劝谏，期望晋灵公改过迁善，夙夜在公，达到国富民强的治理目标。晋灵公却耍滑头，当即表示："我知错了，我一定会好好改正错误。"士季见晋灵公非常爽快地答应，以为达到了劝谏的目的，便非常高兴地对晋灵公说："人都会犯或这样或那样的错误，关键是有了错误就要改正，这对个人的修为可是最大的好事。"遗憾的是，晋灵公之后依旧我行我素，最后终被臣下刺杀，死于非命。①对于改过迁善，孔子认为既要正确对待自身成就与过错，也要正确对待别人的缺点与过错，切勿小肚鸡肠认死理，无法容忍别人的缺点和所犯的错误，这不利于人际关系的和谐，也不利于个体的发展。对别人曾经犯过的错误要采取谅解的态度，既往不咎，应该用发展的眼光来看其现在和今后的表现，允许并接纳犯过错误的同志改过自新。

（一）有则改之，无则加勉

从某种意义上来说，高校开展修身教育就是引导和帮助大学生扬长避短，使学生在克服缺点和过错的过程中涵养美好德行，达到高校立德树人的目标。思想政治教育工作者要引导学生正确面对自己存在的缺点和错误，以虚怀若谷的心态来正确对待别人的批评和帮助。对于别人的批评和帮助，不能像晋灵公一样只是在口头上接受，内心却依旧我行我素，到头来只会害人害己。大学生要正确认知自己，善于发现和识别自身缺点与过错，以"知耻近乎勇"的态度来改正错误，坚持"过则勿惮改"（《论语·学而》），追求道德完善。大学生一是要仁、智、勇并举，明辨是非。《中庸》"好学近乎知，力行近乎仁，知耻近乎勇。"一个真正意义上的人，应该是具有仁爱、仁心的人，此外还要明智、理智，能够正确判断是非、明辨善恶，不会误入歧途，勇于改正缺点与过错，确保自身价值取向与主流社会要求相吻合。二

---

① 参见《左传·宣公二年》："吾知所过矣，将改之。"稽首而对曰："人谁无过？过而能改，善莫大焉。"

是要闻过则喜①，勇于改过。晏子喜欢倾听别人对自身批评，以帮助自己矫正自身行为处事。有一个叫高缭的人在晏子手下做了三年官，为人谨慎，所以没有办错过什么事，晏子却突然把他辞退了。晏子的同僚都不理解，晏子说："我是一个不中用的人，正如一块弯弯曲曲的木头，必须用墨斗来弹，用斧头来削，用刨子来刨，才能做成一件有用的器具。每个人都会有自身毛病和缺点，但如果别人不给予提示的话，自己是看不到的。但是高缭呢，他在我身边待了三年，看见我的过错，却从来不说，这对我没有什么好处。所以，我把他罢免了。"晏子把没有犯错的官员予以辞退，似乎有些不对。但在生活中，我们确实需要听到他人的不同意见，尤其是如果有人指出自身缺点与过错，这将是非常好的事。一般情况下人总是看不到自身不足，假使没有人提不同的意见，对于个体德行的提升没有半点好处。一旦有人提出，就要全面反省，认真比对，以"过则勿惮改"（《论语·学而》）加以面对，做到"有则改之，无则加勉"。

（二）见善如不及，见不善如探汤

唐太宗失去魏征后，有感于魏征对自身直面劝谏，让自己看到了自身许多的不足，在君臣的共同治理下成就了贞观之治的盛世。"人以铜为镜，可以正衣冠；以古为镜，可以见兴替；以人为镜，可以知得失。"（司马光《资治通鉴·唐纪》）孔子要求弟子在社会生活中要做到"见贤思齐焉，见不贤而内自省也"（《论语·里仁》）。在生活中要善于观察别人，看见别人好的一面就要认真加以学习，看见别人不好的一面就要反思自己是否存在类似的情况，随时改正自身存在的缺陷。《邹忌讽齐王纳谏》告诉我们，要仔细甄别想依附或谄媚自身人说的话，不要被他们的花言巧语蒙蔽了眼睛而沾沾自

① 参见《孟子·公孙丑上》：孟子曰："子路，人告之以有过，则喜。禹闻善言，则拜。大舜有大焉，善与人同，舍己从人，乐取于人以为善。自耕稼、陶、渔以至为帝，无非取于人者。取诸人以为善，是与人为善者也。故君子莫大乎与人为善。"

喜，否则的话忽略了缺点和过错的存在，会带来"千里之堤毁于蚁穴"^①的危险。在社会生活中要以好人好事为榜样，效仿他们的嘉言懿行，提高自身涵养；同时以坏人坏事为镜子，反省自身言行，摒弃不良习性。^② 如此个体便能做到"择其善者而从之，其不善者而改之"（《论语·述而》），进一步促使自己"见善如不及，见不善如探汤"（《论语·季氏》）。要向好人学习，就要善于识人，不与便辟、善柔和便佞之人结交，多与直、谅和多闻之人切磋，从而提升自身思想道德境界。^③

---

① 参见《韩非子·喻老》："千丈之堤，以蝼蚁之穴溃；百尺之室，以突隙之烟焚。"
② 邓剑华.《论语》修身论 [M]. 济南：山东大学出版社，2015：158.
③ 参见《论语·季氏》：孔子曰："益者三友，损者三友。友直，友谅，友多闻，益矣。友便辟，友善柔，友便佞，损矣。"

参考文献

[1] 杨鹤. 中共中央关于党的百年奋斗重大成就和历史经验的决议 [EB/OL].
（2021-11-16）[2022-02-02]. http：//www. gov. cn/zhengce/2021-11/16/
content_5651269. htm.

[2] 习近平. 习近平：决胜全面建成小康社会 夺取新时代中国特色社会主义
伟大胜利 [EB/OL].（2017-10-27）[2022-02-02]. http：//www. 81. cn/xue-
xi/2017-10/27/content_9283195. htm.

[3] 王玉西. 中共中央关于加强社会主义精神文明建设若干重要问题的决议
[EB/OL].（2017-10-27）[2011-10-19]. http：//news. cntv. cn/china/2011101
9/106400. shtml.

[4] 国务院. 中共中央国务院发出《关于进一步加强和改进大学生思想政治
教育的意见》[EB/OL].（2015-07-06）[2022-02-02]. http：//www. moe.
gov. cn/jyb_xwfb/gzdt_gzdt/moe_1485/tnull_3939. html.

[5] 中共中央发出关于进一步繁荣发展哲学社会科学的意见 [EB/OL].（2004-
03-24）[2022-02-02]. http：//www. gov. cn/test/2005-07/06/content_12421. htm.

[6] 中华人民共和国教育部. 中共教育部党组关于学习贯彻《中共中央国务
院关于进一步加强和改进未成年人思想道德建设的若干意见》的通知
[EB/OL].（2004-06-10）[2022-02-02]. http：//www. moe. gov. cn/jyb_
xxgk/gk_gbgg/moe_0/moe_1/moe_5/tnull_597. html.

[7] 国务院. 中共中央关于印发《公民道德建设实施纲要》的通知 [EB/OL].

（2001-09-20）[2022-02-02]. http：//www. gov. cn/gongbao/content/2001/
content_61136. htm.

[8]　国家教育委员会关于颁布试行《中国普通高等学校德育大纲》的通知
[EB/OL].（1995-11-23）[2022-02-02]. http：//www. fsou. com/html/text/
chl/180/18050. html.

[9]　中华人民共和国教育部. 普通高等学校学生管理规定 [EB/OL].（2005-
03-25）[2022-02-02]. http：//www. gov. cn/gongbao/content/2005/content_
108168. htm.

[10]　习近平. 习近平：决胜全面建成小康社会夺取新时代中国特色社会主义
伟大胜利——在中国共产党第十九次全国代表大会上的报告 [EB/OL].
（2017-10-27）[2022-02-02]. http：//www. gov. cn/zhuanti/2017-10-27/cont
ent_5234876. htm.

[11]　习近平. 在庆祝中国共产党成立 100 周年大会上的重要讲话 [EB/OL].
（2021-07-01）[2022-02-02]. https：//baijiahao. baidu. com/s?id=1705347
383754812962&wfr=spider&for=pc.

[12]　吴晶，胡浩. 习近平：用新时代中国特色社会主义思想铸魂育人贯彻党的
教育方针落实立德树人根本任务 [EB/OL].（2019-03-19）[2022-02-02].
https：//baijiahao. baidu. com/s?id=1628391593842209036&wfr=spider&for=pc.

[13]　习近平. 习近平：青年要自觉践行社会主义核心价值观——在北京大
学师生座谈会上的讲话 [EB/OL].（2014-05-05）[2022-02-02]. http：//
news. cntv. cn/2014/05/05/ARTI1399225633640358. shtml.

[14]　习近平. 习近平：在纪念五四运动 100 周年大会上的讲话 [EB/OL].
（2019-04-30）[2022-02-02]. https：//baijiahao. baidu. com/s?id=16322162
93296246797&wfr=spider&for=pc.

[15]　毛泽东：毛泽东选集·纪念白求恩：第二卷 [M]. 2 版，北京：人民出版
社，1991.

[16]　李二庆. 胡锦涛提出"八个为荣、八个为耻"的重要论述 [EB/OL].

（2008-10-09）[2022-02-02]. http：//news. cctv. com/science/20081009/109770. shtml.

[17] 胡锦涛.高举中国特色社会主义伟大旗帜为夺取全面建设小康社会新胜利而奋斗 [M].北京：人民出版社，2007.

[18] 孔子.图解论语 [M].沈阳：万卷出版，2008.

[19] 王肃.孔子家语：插图本 [M].沈阳：万卷出版公司，2009.

[20] 南怀瑾.论语别裁 [M].上海：复旦大学出版社，2005.

[21] 钱穆.论语新解 [M].北京：生活·读书·新知三联书店，2005.

[22] 杨伯峻.论语译注 [M].北京：中华书局，2006.

[23] 李泽厚.论语今读 [M].北京：生活·读书·新知三联书店，2004 年.

[24] 鲍鹏山.孔子是怎样炼成的 [M].北京：中国民主法治出版社，2010.

[25] 于丹.于丹《论语》心得 [M].北京：中华书局，2006.

[26] 于丹：于丹《论语》感悟 [M].北京：中华书局，2008.

[27] 任德山，邢群麟.《论语》的智慧 [M].北京：中国华侨出版社，2010.

[28] 邓剑华.《论语》修身论 [M].济南：山东大学出版社，2015.

[29] 傅佩荣.我读《论语》[M].北京：北京理工大学出版社，2011.

[30] 林语堂.孔子的智慧 [M].南京：江苏文艺出版社，2009.

[31] 钱穆.孔子传 [M].北京：生活·读书·新知三联书店，2005.

[32] 塞汉.草上风——也说《论语》中国文联出版社，2009.

[33] 马千里.论语新裁 [M].重庆：重庆出版社，2007.

[34] 孟子.孟子全鉴 [M].北京：中国纺织出版社，2010.

[35] 孙玉莹.孟子选注 [M].北京：光明日报出版社，2007.

[36] 潘嘉卓.荀子 [M].广州：广州出版社，2004.

[37] 周予同，朱维铮.论语二十讲 [M].北京：华夏出版社，2009.

[38] 李翔海.生生和谐——重读孔子 [M].成都：四川人民出版社，1996.

[39] 王兴康.《论语》：仁者的教诲 [M].上海：上海古籍出版社，1997.

[40] 施忠连.论语鉴赏辞典 [M].上海：上海辞书出版社，2007.

[41] 秦川.四书五经 [M].北京：北京燕山出版社，2007.

[42] 张楚廷.教育论 [M].长沙：湖南出版社，2000.

[43] 侯定凯.高等教育社会学 [M].桂林：广西师范大学出版社，2004.

[44] 张耀灿.思想政治教育学前沿 [M].北京：人民出版社，2006.

[45] 李军鹏，代贝.优秀班主任的八项修炼 [M].南京：江苏教育出版社，2006.

[46] 瓦·阿·苏霍姆林斯基.少年的教育和自我教育 [M].姜励群，吴福生，张渭城，译.北京：北京出版社，1984.

[47] 何怀宏.底线伦理 [M].沈阳：辽宁人民出版社，1988.

[48] 蒲松龄.聊斋志异 [M].上海：古籍出版社，2010.

[49] 贡华南.味与味道 [M].上海：上海人民出版社，2008.

[50] 马克思·舍勒.价值的颠覆 [M].北京：生活·读书·新知三联书店，1997.

[51] 唐汉.汉字密码 [M].上海：学林出版社，2002.

[52] 袁黄.了凡四训 [M].北京：团结出版社，2016.

[53] 萨特.存在与虚无 [M].陈宣良，译.北京：生活·读书·新知三联书店，2012.

[54] 叶永烈.历史选择了毛泽东 [M].北京：天地出版社，2019.

[55] 金耀基.金耀基自选集 [M].上海：上海教育出版社，2002.

[56] 邓剑华，陈万阳.德育视阈下的礼仪教育 [J].教育探索，2009（3）：3.

[57] 邓剑华，陈万阳.谈德育视阈下的大学生孝道教育 [J].教育探索，2010（1）：3.

[58] 邓剑华.德育视阈下的大学生诚信教育 [J].教育探索，2010（4）：4.

[59] 邓剑华，叶湘虹.颜之推品德教育思想在高校学生管理中运用的研究 [J].教育探索，2010（11）：3.

[60] 邓剑华，叶湘虹.《论语》中的修身思想在高校德育中的运用 [J].教育探索，2011（10）：3.

[61] 邓剑华，陈万阳.论当代大学生成长中存在的问题及对策 [J].湘南学院

学报，2007，28（4）：4.

[62] 邓剑华. 做好学生思想政治工作的三大要素 [J]. 湘南学院学报，2006，27（3）：119-121.

[63] 邓剑华. 试论《论语》耻德教育在高校德育中的价值 [J]. 湘南学院学报，2014，35（6）：6.

[64] 宋富军. 论基于耻感的大学生思想道德教育 [J]. 浙江学刊，2011（4）：4.

[65] 牟世晶. 儒家传统中的耻论资源对知耻教育的意义 [J]. 兰州学刊，2008（1）：4.

[66] 唐海燕. 知耻：大学德育底线伦理探析 [J]. 学术论坛，2007（2）：41-44.

[67] 刘锡钧. 论"耻" [J]. 道德与文明，2001（4）：43-46.

[68] 燕良轼，王小凤. 论羞耻感教育 [J]. 东北师大学报（哲学社会科学版），2006（3）：130-135.

[69] 王宏亮. 儒家耻德及其现代价值 [J]. 山西广播电视大学学报，2008（1）：2.

[70] 胡凡. 论中国传统耻感文化的形成 [J]. 学习与探索，1997（1）：7.

[71] 高春花. 儒家文化中的耻感品性及其当代启示 [J]. 思想教育研究，2007（11）：3.

[72] 郭聪惠. 中国传统耻感文化的当代道德教育价值解读 [J]. 青海社会科学，2008（4）：11-14.

[73] 吴潜涛，杨峻岭. 社会公德建设与公民耻感涵育 [J]. 道德与文明，2008（1）：4.

[74] 浩歌. 知荣知耻方能成人成才 [J]. 中国高等教育，2006（8）：1.

[75] 杨婷. "知耻"传统文化丰富公民教育 [J]. 思想政治教育研究，2008，24（3）：37-40.

[76] 张自慧，张静. "去羞耻化"现象的思考与对策 [J]. 现代大学教育，2008（6）：85-89.

[77] 焦国成. 论知耻 [J]. 今日浙江，2006（11）：3.

[78] 邹兴平. 转型时期的耻感文化：蜕变与重建 [J]. 湖南师范大学社会科学

学报，2010，39（2）：4.

[79] 贺新春. 社会转型时期耻感的缺失与重建 [J]. 玉林师范学院学报，2007（2）：117-121.

[80] 王晓广. 知耻是道德重建的起点 [J]. 中国德育，2017（17）：2.

[81] 贾博敏. 以知耻教育为抓手提升大学生道德素质 [J]. 才智，2009（30）：2.

[82] 胡松，赖秀冬. 知耻教育：大学生荣辱观教育的新视角 [J]. 淮海工学院学报（社会科学版），2008，6（1）：130-132.

[83] 龚志宏. 论高校荣辱观教育中的知耻教育 [J]. 教育探索，2008（5）：3.

[84] 王彦民. 如何在高校学生中开展知耻教育 [J]. 邢台学院学报，2010，25（2）：3.

[85] 张剑. 社会主义荣辱观对高校德育工作的启示 [J]. 中国商界，2010（10）：252-253.

[86] 杨峻岭，任凤彩. 加强大学生耻感教育的依据及其途径探析 [J]. 思想理论教育导刊，2010（10）：3.

[87] 张乃芳. 孔子的"知耻"教育及其当代价值 [J]. 中国电力教育（下），2010（10）：3.

[88] 龙迎伟. 当代大学生知耻教育的重要性 [J]. 中国德育，2007，2（1）：3.

[89] 马靖. 加强"明礼"教育为学生的科学发展助力 [J]. 读与写：教育教学刊，2010（5）：2.

[90] 王锁明. 传统仁爱思想的社会功能解读 [J]. 理论界，2011（11）：2.

[91] 梁万俊. "明礼"：道德建设的一个飞跃 [J]. 西南民族大学学报（人文社科版），2003，24（7）：174-175.

[92] 徐柏才. 诚信道德的历史渊源与大学生诚信教育 [J]. 中南民族大学学报：人文社会科学版，2008，28（1）：4.

[93] 赵春华. 论儒家德育思想与大学生诚信教育机制创新 [J]. 教育探索，2007（9）：90-91.

[94] 戴洪才. 中国传统修身理论及其现实意义（下）[J]. 党政论坛，2007（4S）：4.

跋

市场经济体制在我国确立后，其逐利性的一面为利己主义的复苏提供了土壤，曾经实施的计划生育政策造就的独生子女群体为个人主义的抬头播下了种子，屡屡见诸媒体的公众人物道德失范严重解构了社会主义社会倡导的价值观，深刻影响了人们的社会主义道德涵育。如果任由这类社会问题发展蔓延，其将会冲击社会主义道德建设的成果，也将会影响了中国梦实现的进程。要解决好这类问题，必须回过头来从中华优秀传统文化中寻找古人的智慧，而耻文化则是医治这类社会问题的一剂良方。

党中央、国务院明确要求各级各类学校切实担负起立德树人的重任，培养出德智体美劳全面发展的社会主义事业的建设者和接班人。如何教育和引导大学生培育和践行社会主义核心价值观，塑造完美的道德人格，切实肩负起实现第二个百年奋斗目标的重大使命，是做好大学生思想政治教育工作的一项重大课题，笔者认为应对其认真加以研究，以提升德育效果。在实践中，笔者结合自身工作实际和生活阅历，一以贯之地用中华优秀传统文化来引导大学生在校园内学会做人、做学问，不断完善自身道德品性和知识结构。笔者深知中华传统美德从各个角度对个体的德行进行了很好的规范，而违背了传统美德就会受到社会舆论的挞伐，就会令个体蒙受羞辱。个体如果涵养了羞耻感，就会自觉认知到在社会生活中"悖德""违和""不才""无羞"等都是可耻的，拥有这些弊端的人会难以融入主流社会。学生有了这种认知后会努力矫正自身言行，做到扬荣拒耻，成为德智体美劳全面发展的社会主义事业建设者和接班人。因此，高校必须大力倡导传统美德，引导大学生过具有品味的道德生活，鼓励大学生为拥有良好的道德理想而奋斗。

本书以耻文化为主要研究内容，通过对《论语》《孟子》《荀子》等经典作品和大量耻文化研究文献的研读，从字形角度来理解、辨析"耻"义，并厘定"耻"与"羞""辱"的不同之处，对"耻"文化的源流做了比较系统的梳理，对"耻"德的内涵进行了比较充分的挖掘。提出个体违背伦常即为耻、碌碌无为真可耻、违法犯罪实可耻的蒙耻观点，避免大学生在社会生活中误入歧途，蒙耻仍不自知。在古代，个体因社会地位不同"耻"德的要求也会有所不同，对于芸芸众生来说，在社会生活中不违背"仁义礼智信"为荣；士的耻德要求高于芸芸众生，还应当要弘道，做到"据于德，依于仁，游于艺"，成为芸芸众生学习的榜样；卿大夫的耻德高于士，在社会生活中要建功立业，造福一方黎民百姓；王侯的耻德高于卿大夫，要做到"天下为公，选贤与能，讲信修睦"，实现国家长治久安。本书倡导在高校大力弘扬中华优秀传统美德，让大学生从美德方面来深刻认知"耻"，从而在社会生活中涵养美德以拒耻，最终引导大学生培育和践行社会主义核心价值观，争做"立大志、明大德、成大才、担大任"的时代青年。

本书的研究属于德育实践和归纳总结性研究，由于笔者的知识面、思维方式等的局限，得出的研究结论存在一定的缺陷，笔者在以后的研究中会进行更好的提炼与总结，在去粗取精中继承和发展，并竭力进行现代转化赋予研究内容新的时代意义。同时，期望本研究能引起高校德育工作者的重视，唤起更多的人投入到对古人德育实践的研究中，大胆探索以传统文化来培育大学生美德的德育途径，让传世经典在德育过程中不再缺位，古为今用，拓宽德育资源。

后 记

在从事大学生思想政治教育工作的过程中，笔者始终坚持用中华优秀传统文化来教育引导大学生，希望用传统美德来夯实大学生的思想与道德基础，使他们能够成为习近平总书记所寄予"立大志、明大德、成大才、担大任"厚望的时代新人，全面落实高校立德树人的根本任务，培养一批又一批德智体美劳全面发展的社会主义建设者和接班人。

随着运用中华优秀传统文化来夯实大学生思想与道德基础工作的深入，笔者产生了很多感悟，并撰写了一系列论文来加以推广，如《谈德育视阈下的大学生孝道教育》《德育视阈下的大学生诚信教育》《德育视阈下的礼仪教育》《〈论语〉中的修身思想在高校德育中的运用》《颜之推品德教育思想在高校学生管理中运用的研究》《论当代大学生成长中存在的问题及对策》《做好学生思想政治工作的三大要素》等。2015 年出版了学术专著《〈论语〉修身论》，该专著对之前的引导学生修身以提升学生德性的实践进行了整理，获得了 2015 年湖南省社会科学基金成果立项的资助，在 2020 年再一次获得了湖南省郴州市第十二届社会科学成果奖一等奖的殊荣，这是对笔者学生教育管理工作的认可，也是对笔者科研成果的认同，让笔者倍感鼓舞。同时，激励笔者更好地运用传统文化来引导大学生，帮助他们成人成才。2016 年笔者申报了湖南省社科基金《高校开展耻感教育以提升大学生思想道德素质的研究》项目，由此对耻文化有了更进一步的认知，也更进一步地意识到了耻文化对于个体成人的重要性。从某种角度来说，耻文化对于当前社会道德滑坡问题可谓是一剂良方。如果每一个个体都能够涵养耻德，并随时矫正自己的言行，那么构建"三清"社会的目标便指日可待，同时可以大大加速中国梦的实现进程，早日实现中华民族的伟大复兴。

在学生教育与管理实践中，笔者的脑海里时不时地就会蹦出一串历代名人关于此类内容的论述，如"信近于义，言可复也。恭近于礼，远耻辱也""道之以政，齐之以刑，民免而无耻。道之以德，齐之以礼，有耻且格""士志于道，而耻恶衣恶食者，未足与议也""必有耻，则可教""人之不廉而至于悖礼犯义，其原皆生于无耻""士而不先言耻，则为无本之人"等。笔者自己也编了一句"学生以无知为最大可耻"来激励学生发奋读书。同时发表了《试论〈论语〉耻德教育在高校德育中的价值》《德育视域下的耻德教育》等论文。笔者认为，在文化自信的今天，如果能够把自己关于耻的感悟进行再整理，弥补当前耻文化研究中的空白（现有研究一是没有对耻文化的源流及发展脉络进行系统的梳理，二是没有对"耻"的内涵进行全面的梳理，三是没有对个体蒙耻的原因进行理性的分析，四是没有对个体应如何立身行事来避耻加以探讨），这应该是耻文化研究中的一件幸事，也能够为高校思想政治教育工作者开展耻文化教育提供一些借鉴，更是为传统文化的传承和传统美德的弘扬做一件好事。

笔者期望《说耻》这本书能够为读者认知耻文化带来便捷，为从事思想政治教育工作的同行提供借鉴，这将是笔者最大的心愿，也是笔者最大的快乐与满足。如果《说耻》这本书的出版，能够拓展高校思想政治教育资源，丰富高校思想政治教育内容，促进高校思想政治教育的有效开展，那将是笔者的荣幸。

最后需要说明的是，在写作本书的过程中，参考了国内同行们的一些研究成果。在此，我深表谢意！如有疏漏、未注明之处，恳请相关同行告知并见谅。

邓剑华

2022 年仲春于福城郴州

244